渋沢栄一　92年の生涯

秋の巻

白石喜太郎

『渋沢栄一 92年の生涯』秋の巻／目次

『渋沢栄一　92年の生涯』各巻・目次

※各巻目次の小項目は省略しています。

凡例

本書は、渋沢栄一の秘書・白石喜太郎が「和泉清」のペンネームで雑誌『経済知識』に連載したもので、「序に代えて」によれば、連載を読んだ渋沢栄一が「一々筆を加えられ、観察の正鵠《せいこく》を得ざる点、記述の不備なる点を懇切に示教」したといいます。まさに、渋沢栄一自身が添削した伝記です。渋沢栄一没後の一九三三年（昭和八）に、『渋沢栄一翁』の題名で刀江書院より出版されました。

この度の出版に当たり、左記のような編集上の補いをしました。

一、旧字・旧仮名を新漢字・新仮名に改めました。

二、難字にはルビをふり、難解な表現などには意味を（　）で補いました。

三、原本の「渋沢栄一子爵は」「子爵は」の表記を、「渋沢栄一翁は」「翁は」と改めました。

四、登場人物の年齢表記は、原本の数え歳表記を踏襲しました。

五、海外の国名や地名などの漢字表記の一部を、カタカナ表記に改めました。

六、原本は全一巻の大著で全六篇の構成でしたが、このたび新たに「春の巻」「夏の巻」「秋の巻」「冬の巻」の全四巻に分冊し、タイトルを『渋沢栄一 92年の生涯』と改めました。

七、今日の人権上の観点からしますと、不適切と考えられる表現もありますが、歴史的な史料としての価値に鑑み、原本通りとしました。

二〇二〇年一二月　　国書刊行会

秋の巻

一、転機

明治二十年代の翁の、華々しい活動を、眼も綾《あや》に咲く万朶《ばんだ》の花と見、日清戦争前後を、薫風肌に快き晩春、初夏の候にたとえた。

爾来《じらい》、十星霜、日露戦争前後までは、実に烈日眼を射る盛夏であった。実業界における関係はいよいよ繁《しげ》く、声望ますます加わり、授爵によって畏《かしこ》き辺《あたり》の恩寵に浴し、欧米旅行によって民間使節としての責任を果たし、バロン・シブサワの名は、新興日本の代表者の一人として輝いた。

しかるに、日露戦争と前後して味わった引き続いての大患は、溽暑《じょくしょ》（蒸し暑いこと）心身を役して百方奔走するを得ざらしむるに至った。新秋郊《こう》に入るの感は、明治三十七年（一九〇四）十月、病後保健の必要上、四十有余の銀行会社との関係を絶つ決意をなしたときからである。

しかし、この決意は、ただちに実行に移すに至らず、五年後の明治四十二年（一九〇九）六月、古稀《こき》を機として断行されたので、厳密の見方からは、明治四十二年をもって初秋と観てよいかと思われる。

それはとにかく、翁がいかに広汎な関係を実業界に持っていたかを知るため、煩《はん》を嫌わず、このとき辞職、退任を決意した関係を書いておこう。

東京瓦斯《ガス》会社、東京石川島造船所、東京人造肥料会社、帝国ホテル、東京製綱会社、東京帽子会社、日本煉瓦製造会社、磐城炭礦会社、三重紡績会社、日韓瓦斯会社、以上＝取締役会長。大日本麦酒会社、日本郵船会社、東京海上保険会社、高等演芸場、日清汽船会社、東明火災保険会社、以上＝取締役。

日本興業銀行、十勝開墾会社、浅野セメント会社、沖商会、汽車製造会社、以上＝監査役。

北越鉄道会社、大阪紡績会社、浦賀船渠会社、京都織物会社、広島水力電気会社、函館船渠会社、日本醋酸《さくさん》製造会社、小樽木材会社、中央製紙会社、東亜製粉会社、日英銀行、万歳生命保険会社、名古屋瓦斯会社、営口水道電気会社、明治製糖会社、京都電気会社、東海倉庫会社、東京毛織会社、大日本塩業会社、日清生命保険会社、品川白煉瓦《レンガ》会社、韓国倉庫会社、日本皮革会社、木曽興行会社、帝国ヘット会社、二十銀行、大日本遠洋漁業会社、帝国商業銀行、七十七銀行、以上＝相談役。

日本醤油会社、石狩石炭会社、東洋硝子会社、以上＝顧問。

京釜鉄道会社、清算人。日清火災保険会社、創立委員長。大船渡築港会社、創立委員長。東武煉瓦会社、創立委員長。日英水力会社、創立委員。韓国興行会社、監督。

これら五十九会社との関係を、絶つに至った。このほかに、第一銀行のごとき、特に深い関係や特別の事情から、辞職を許さないものがあったので、これらを加えて考えると、いかに多方面の関係があったかが察せられる。

かく広い範囲にわたって関係せざるを得ざるに至った理由は、あらためて記すまでもないと思われるが、翁自らその間の事情を語ったものがあるから、掲げておきたい。

私が、実業之世界社社長野依秀一氏とはじめて会ったのは、たしか明治四十年（一九〇七）頃であったと思う。その頃、野依氏は、私が多くの会社の事業に関係しているのは良くない、といって、ある所でしきりに譏《そし》ったということを、服部金太郎氏が聞かれて、私は渋沢をよく知っているが、欲張りのために沢山の事業に関係していると思って、渋沢を誹謗《ひぼう》するのは間違っている、渋沢は決してそんな人間ではない、と野依氏にいったところが、野依氏は、人間の能力には限りがあるから、一人一役が最もよい、それを一人で何の仕事でも引き受けて、二十も三十もの会社に関係し、力以上の仕事をするのは間違っている、といったそうである。

それで、服部氏は、ともかく一度渋沢に会って、どんな人物だか確かめてみるがよろしかろうといって、別れたということであった。その後、服部氏と会ったとき、このときのことを語って、一度野依氏に会ってみたらどうか、という話があったから、先方で会う気なら会ってもよいと返事をした。

こういう順序で、服部氏の紹介ではじめて会見したが、その際、野依氏から、前に述べたと同様の質問を受けたに対し、私はこういう風に答えたと記憶する。

私の実業界に立ったのは、決して自分の富を殖やそうとか、大いに栄達しようとかいうためではない。

自惚《うぬぼ》れの申し分かも知れぬが、自分の考えでは、日本も諸外国と交際を結び、通商を開始する以上は、とうてい維新前のような有様では駄目である。ぜひ一新しなければならぬ。私は、この目的のために身を実業界に投じたのであって、栄達や富ということは、少しも念頭になかった。それで、株式組織の合本法に基いて、明治六年（一八七三）、第一銀行を創立したのである。

申すまでもなく、仕事をするには、信用はもちろんであるが、相当の資力がなければ出来ない。されば、良い株を買い、相当の給料をもらい、事実において財産は減るよりも増してくるが、しかし、これは真の目的ではない。

また、一人一役というが、それは時と場合の問題である。例えば、新開地に新しく商売をはじめると仮定すれば、最初は分業的に出来るものではない。呉服《ごふく》（絹織物のこと）太物《ふともの》（綿織物・麻織物）類も置かなければならぬし、荒物《あらもの》（雑貨など）類も置かねばならず、そのほか種々の日用品など も商わねばならぬ。これは、やむを得ないことである。

日本の実業界はいまだ初歩であるから、あたかも新開地と同様である。それで、商業、運輸、保険、工業——工業にしても、絹糸、麻糸、そのほか種々あるが——これらの諸事業に関係しているのであるが、ただし、これには時機があるので、私は適当の時機を待つのである。

それから、給料のみでは今日の産をなすはずはないといわれるが、例えば、十万円である有望な株を買っても、その時機がくれば、二十万円か三十万円くらいになる。産を殖やすのは目的ではないが、事業の関係上、相当の資金が必要であり、かかる径路でしぜん多少の財産が出来たのであるけれども、それは断じて目的ではない。とにかく、私のいうことが、真実か真実でないか、それは私の今後の行動を見られると、最も明瞭である。

翁が、「適当な時機を待っている」といったのは意味がある。蛇足を加えるまでもなく諒解されるであろうごとく、明治三十七年（一九〇四）辞任の決意をし、いまだ実行の運びに至らざる、明治四十年頃の翁としては、かく明言するのは当然であった。

かくて、翁の適当の時機と見る、明治四十二年（一九〇九）に至って、一斉に辞したまでで、野依氏の注意によりて辞任の決意をしたのではなく、偶然野依氏の注意が、翁決意ののち、実行までの間にいたされたのであった。

会社関係を大部分絶つとともに、公共的方面の関係もまた整理した。このとき辞職したのは左の通りであった。

高千穂学校資金保管監督、大倉商業学校協議員、専修学校商議員、大日本海外教育会会計監督、日本倶楽部副会長、神武天皇御降誕記念祭大会監事、愛国婦人会顧問、高野山興隆評議員兼会計監督、興風会顧問、富岡八幡宮修補会会長、帝国海軍協会評議員、忠勇顕彰会評議員、福田会名誉顧問。

かくて、右などの整理後、残った職任は、左の通りであった。

実業界の関係では、第一銀行頭取、東京貯蓄銀行取締役会長、帝国劇場取締役会長、東京銀行集会所会長、銀行倶楽部委員長、東京興信所評議員会長、東京交換所委員。

社会事業、教育関係では、東京市養育院長、東京市養育院資増殖会会長、東京慈恵会理事副会長、中央慈善協会会長、東京高等商業学校商議委員、日本女子教育奨励会評議員会計監督、早稲田大学基金管理委員長、日本女子大学校評議員財務委員、埼玉学友会会長、埼玉学生誘掖会会長、埼玉学生誘掖会舎友会会長、国学院大学顧問、癌研究会副総裁、孔子祭典会評議員、陽明学会評議員、喜賓会副会長、比叡山延暦寺顧問であった。

実業界の関係が七、その他は十七で、整理前に実業界の関係六十六を数え、社会、教育、その他公共事業の関係が三十であったに比し、絶対数の激減はもちろん、その内容に多大の変化が生じた。さきに、約七割に近き割合を占めた実業方面の関係は約三割に減じ、約三割であった社会、教育、その他が七割となり、比率から見て、その位置を転倒した。この事実は、翁の活動方面の画期的変化として注意せねばならぬところである。あらためて記すまでもなく、実業方面の関係を薄くして、主として社会、教育、その他公共事業に力をいたすことになり、翁の真の活動期に入ったのである。

ここまで書いてきて、ぜひ記しておきたいことがある。それは何か。

一般に、翁のことを、財界の大御所、経済界の泰斗《たいと》と見ることについてである。翁の、財界、経済界に対する貢献と功労は偉大であり、無比である。あらためて記すまでもなく、日本財界、経済界の生みの親であり、育ての親であるといっても過言ではない。

この点のみをもってすれば、財界の大御所といい、経済界の泰斗というのに異存はない。しかし、翁は、経済界のみの人でない。財界に局限される人でない。日本の渋沢であり、世界の渋沢である。ゆえに、あえて限られたる範囲における大御所であり、泰斗であるとなすことに反対するものである。

いままで記述してきたところのみをもってすれば、実業界に限定されても、異議は挟まない。それでも、東京市養育院その他の関係において、実業界以外にも偉大なる足跡を残している。それを、実業界にのみ局限せんとするは、当を得ないといい得るかも知れない。

しかし、これまでの時代を特徴づけるのが、実業界における活動に在るということに重点をおくならば、あえて反対するを要しないであろう。しかしながら、視角を変えて、翁の全生涯を観るとき、その晩年における活動――これから記さんとする、翁生涯の秋期における活動を辿るとき、なお、この偏狭なる呼称を許す気にはなれないのである。この点を明らかにしておいて、いわゆる秋季における翁を記してみたい。その筆を進める前、今一度各期における特徴を繰り返しておきたい。

翁の大蔵省時代までは、冬とみてよかろう。奏議一篇を名残りとして官を去り、独立独歩、縦横に活躍した時代を春夏と見ても差支えないであろう。実業界の関係の大部分を絶ってからの時代を、秋と見んとするものである。

冬は、修養の時代であり、忍苦の時代であった。春は、実業界における活躍の萌芽期であり、蕾のふくらみきたった時期であり、夏は、花咲き葉しげる活躍の時代であった。かくて、春夏を特徴づけるものは、実業界の関係であった。

さらに、これから辿らんとする秋は、しだいに実業界の関係うすれ、代わって、社会事業、労資協調、教育、国民外交、国際平和などに対する努力によって、翁の真面目を発揮した時代である。最も意義深い時代である。

かくて、「秋」は、翁の生涯に関する限り、ものの哀れを感ずるものでなく、充実豊饒を意味するものである。七十年の豊富なる経験と、比類なき努力とによって固められた基礎の上に、たわわに実る美菓をもって象徴されるものである。しかも、「みのるほど頭《こうべ》を垂れる稲穂」の謙譲と円熟とを持つものである。

二、渡米実業団

国民外交

明治四十三年（一九一〇）以後――実業界との関係の大部分を辞してからの、最初の事業は、渡米実業団の組織である。日米親善増進に対する、切望と努力が翁の主なる事業の一つであり、最後までやめなかった大事業の一つであったことは、あらためていうまでもない。

翁のアメリカに関する良き意味の関心は、遠く、すでにフランス旅行のときにはじまっている。しこうして、その具体的表現は、明治十二年（一八七九）の、グラント将軍歓迎のときと、明治三十五年（一九〇二）の欧米旅行のときに、見ることが出来る。しかし、真の意味の国民外交として、翁の日米親善が明らかに現れたのは、実に渡米実業団においてであった。

日本のアメリカとの接触は、ペリー提督が来航し開国の要求をしたのが最初で、実に私の十四歳のときでありました。この事実は、少年の私の耳にも心にも、強い感触を与えたのであります。

爾来、両国の関係はしだいに密接となり、日本人はアメリカ人に対して、すこぶる深く敬意を表し、学者や実業家はお互いに親しみ、貿易上でも、親交上でも、年とともに親密を増し、好誼《こうぎ》を通じていたのであります。

しかるに、明治三十九年（一九〇六）に、面白からぬことが起こりました。それは、例の日露戦争の結果として、ポーツマス条約が、アメリカ大統領ルーズベルト氏の容易ならぬ尽力によって成立したが、これが日本人に不満足であった。

日本人としては、日本が戦争では捷利《しょうり》（かつこと。勝利）を得たのであるから、大いに都合よくなると思っていたのに、事実は、かえってロシアに都合よく、日本は陥《おとしい》れられたように見えた。そこで、あるいは、全権たる小村寿太郎氏の講和談判が拙《まず》かったからであるなどとの批評もあり、はじめてアメリカに対し、面白くない感情を抱くようになったのであります。もちろん、識者にはさようなことはなかったのでありますが、多少ともあったこの不満が、アメリカに自然反映していったのであります。

それから、また一方では、日本はヨーロッパに雄視したロシアと戦って、これに捷《か》ったのである。日本には相当の実力があるという自惚れを持ち、大手をふって歩く者も出来るという有様で、これらがいたくアメリカ人をして、日本人は誠にいやな国民であると思わしめたようであります。したがってこのころから、日本の移民が良くない待遇を受けることになりました。日本の移民は勤勉であり、従順であるにもかかわらず、賃銀が廉《やす》いところから歓迎されたのであるが、こう威張るようになっては、日本人を嫌うようになり、ついに学童問題とかその他面倒な問題がようやく起こってきました。

当時の外務大臣、小村侯爵は、この傾向を非常に憂慮して、種々交渉の結果、例の紳士協約が成立しました。これは、明治四十年（一九〇七）であったかと思います。その際、小村侯爵から、次のような話を聞きました。このときは、益田孝氏も一緒だったと記憶しております。

「移民問題は、とにかく紳士協約で、一時的のつなぎはつけたが、永久に安心してはおられぬ。何とか考えねばならぬと思うが、アメリカは与論の国であるから、直接国民に強い感じを与えるのが、最も適当と思う。それには、単に政府の尊俎《そんそ》折衝《せっしょう》（外交交渉のこと）のみでは効果があがらぬ。国民外交が必要であるから、商業会議所あたりで心配してほしい。」

私は大いに共鳴したが、益田君は起たなかったのであります。この年に、東京およびその他各地の商業会議所が、アメリカ太平洋沿岸の八商業会議所の人々を招待して、交歓することになりました。これが、両国、国民外交のはじまりでありますが、アメリカからは、婦人も混じって五十人余り見えたのであります。

私はその前年、東京商業会議所の会頭は、辞していたのでありますけれども、私の次に会頭となった中野武営《たけなか》君から相談を受け、私も喜んで同意し、多少の斡旋をしました。各地の歓迎もよろしきを得ましたので、一同たいそう悦んで帰られたようであります。

それから翌年、太平洋沿岸の商業会議所の評議で、日本の実業家を招待することになりましたので、これに応じて、日本から渡米実業団を組織して、五十人ばかりアメリカを訪ねることになり、私が団長となって行きました。

と、翁が述べたように、ただ単なる交歓や観光でなく、国交に資せんとするものであり、国民外交家としての翁の活動の第一歩であった。バロン・シブサワの名によって、さらに後年バイカウント（子爵）・シブサワ、またはグランド・オールドマン・オブ・ジャパンの名によって、アメリカ人に限りなき親愛と敬意と信頼とをもって仰がれた翁の、日米親善に関する努力の組織的発程《はってい》（出発。発足）であった。

団長は翁であり、団員――正賓の名をもって記されたメンバー三十一人、中野武営、日比谷平左衛門、佐竹作太郎、岩原謙三、根津嘉一郎、堀越善重郎、小池国三、原林之介、町田徳之助、高辻奈良造、土居通夫、高石真五郎、中橋徳五郎、大井卜新、石橋為之助、岩本栄之助、松村敏夫、坂口平兵衛、西村治兵衛、西池成義、藤江永孝、大谷嘉兵衛、左右田金作、原龍太、紫藤章、松方幸次郎、多木条次郎、田村新吉、神野金之助、上遠野富之助、伊藤守松の諸氏、いわゆる専門家が、渡瀬寅次郎、神田乃武、南鷹次郎、巌谷季雄、熊谷岱蔵の五氏、翁夫人はじめ、正賓および専門家の夫人が四人、随行員十人であった。ほかに、アメリカに着いてから、頭本元貞氏が加わったから、総員五十二名となった。

正賓は、主として実業界の有力者であり、中には少壮実業家と新聞人を含んでいる。専門家も、いちいち説明を加える必要のないほど、著名な人々である。

随行員の中に、今の大阪商船会社副社長、村田省蔵氏、「電通」の専務取締役上田碩三氏などの名がある。さきの欧米旅行のときは、翁の随行員として、八十島親徳の名が記されたが、このときは、これに代わるに益田明六の名をもってせねばならない。

益田明六の四字は、翁の明治四十年（一九〇七）以後の活動を思うとき、常に想起さるるものである。一橋を出でて三越に入り、転じて第一銀行に勤務し、日露戦争には、陸軍の主計官として従軍し、帰還後まもなき明治三十九年（一九〇六）、渋沢事務所に入った人である。明治四十年以後、翁の活動とともに光った八十島親徳の名の陰に、常に内に在って渋沢事務所を護ったが、大正九年（一九二〇）以後、漸次表に出て、爾来の翁の活動をたすけ、また幾多の会社に関係し、昭和四年（一九二九）、五十七歳をもって逝《ゆ》いた。けだし、渡米実業団は、渋沢事務所における、表面的活動の第一歩であった。

輪上の家

……五十三ヶ所の都市を廻ります順序というのが、色々まちまちでありました。また、その五十三ヶ所のことを、残らずお話をする訳にもまいりませぬが、実に鄭重《ていちょう》なものでありまして、アメリカ人の、日本の賓客を愛すること、また、客に対する接遇に念の入っていること、実に私は敬服しました。まずその一斑を申すと、商工業の発達の模様とか、あるいは国民の襟度《きんど》（度量。心の広さ）が、快闊《かいかつ》であるとか、学問を重んずるとか申すような、称讃すべき廉々《かどかど》（ふしぶし）から申すと、なかなかお話が長くなりますが、まず、概略向こうの景況《けいきょう》（様子。景気）をお話しましょう。

今度の旅行は、特に汽車を別にあつらえ、シアトルからして汽車に乗って出掛けたのが、九月の五日です。この日から、十一月の三十日まで、ずっと同じ汽車で旅行をしたのです。

ところが、日本の汽車でお考えになると、汽車旅行はどんな塩梅《あんばい》であろうかと、ちょっと想像がつきかねましょうが、かの寝台車――寝台車も日本の寝台車より広い。アメリカのは、四尺八寸のスタンダード・ゲージですから、日本の三尺六寸からみると、ずっと広い。それに、もう一つ幅がのばして取ってありますから、ほとんど汽車の一室が、小さくても一部屋になっておって、それがみな銘々戸が締まるようになっております。

その列車に総体の一行——吾々《われわれ》どもは五十幾人であったが、かの地で付いて歩いた人が十幾人、そのほか汽車に乗り込んでいる人々、あるいは汽車の世話をする車掌というような種類の人、総てを合わせたら百二、三十人、もしくは百五十人も乗っておりましたろう。その汽車の一構がまったく吾々の住居で、一行のほかには一人も入っておらぬ。

私は団長というから——従者もありましたが、三つの部屋を取って、そうしてその三つの室を我が家として、始終その汽車に乗って旅をする。汽車が着くと、自動車が四、五十台くらいずっと停車場へくる。朝九時という約束であると、七時頃に着きます。

汽車の中で朝飯を終え、朝飯を終えると、歓迎委員の人々が自動車で迎えにくる。それへ、皆分けて乗って、方々をずっと乗り廻して、そうして、場所によると、多くは市役所へ寄る。そこへ行くと、少なくも百人くらい寄っていますが、そこで歓迎の辞がある。ご馳走も何もない。ただ、寄って、よく来たという辞を掛ける。

そこで、代表者が答辞をしなければならぬ。

それから、学校を見るとか、あるいは公園を見るとかして、多くはカントリー・クラブがある、そのクラブで昼飯を食べる。そういう振り合い（なりゆき）であって、クラブへ行って見ると、かねて案内がしてありますから、そこにクラブ会員が百人、百五十人、もしくは三百人と寄っていることがある。

午餐というものは、それほど丁寧のものではありませぬが、また、場所によって大変丁寧のところもある。中には、また至って簡略のところもある。相集《あい》まって、手を握り、これは誰である、これは誰である、といって、ことに私は団長の位置におりましたから、種々なる人が来て、手を握って、こういう訳である、ああいうことである、アメリカをどう見る、アメリカで何に驚いたか、アメリカにはこういうものがある、これからさき十分に見せる、というような話がだんだんある。

かれこれと、話をしている中に、食事の用意がよろしいからというので、食堂へ案内される。食事が済むと演説で、この方も一人二人挨拶をしなければならぬが、ことによると、昼でも五人くらいの演説がある。だから、午餐の終わるのは、たいてい三時、四時くらいになる。

それから、また、電灯あるいはガス工場というような、種々なるその土地の名物を見せられて、そうして、その晩餐会の席は、多くは立派なホテル、あるいは特に設けた食堂などもあります。また、一個人のだれそれの家で開かれることもある。この晩餐会が、また、昼からみると、さらに演説が多い。早く終わっても、たいてい午前一時過ぎくらいになる。それから、また、すぐ汽車に帰ってくる。汽車へ帰って、やっと着物を脱いで、寝衣にかえようとすると、汽車がゴロゴロ出かける。

また、その翌朝も、そういう塩梅で、毎日、そういう有様で、経過したと申してよろしい。その見物をしました中で、鉱山について申しますと、アナコンダで銅の精錬所を見たとか、あるいはビューテというところで、銅を掘り出す坑道を見たとか、あるいは、フィビングというところで、鉄の鉱山を見ました。また、シカゴのゲリーというところで、製鉄所を見ました。あるいは、グランド・フォークというところで、大きな農場を見、また、シカゴの市で、ストックヤードという、牛、豚、もしくは羊などを、殺す大工場を見ました。

その他、水道、火災予防法、あるいは、近頃東京にもあります三越などのようなデパートメント・ストアと申しまして、何品にかかわらず、一つの店ですべてのものを間に合わせるという組織の商店を見ました。

これが、たいがい、一市には二ヶ所、三ヶ所ずつあって、しかも壮大なものである。ほとんど、ぐるぐる廻ると、一日廻っても同じようで、出るのか入るのか分からぬような有様である。そういうところを、総て見物するので、そうして、ある都市においては、有力なる人が出て、種々なる話をして聴かせる。

とくに驚いたのは、今申すフィビングの鉄山です。実に盛んなもので、どうしてあのような豊富な鉄鉱があるのかと思うくらいでした。その鉄の原料によって、主に製鉄をしております。シカゴの新規に出来た鋼鉄工場、また以前からあるピッツバーグのカーネギー工場、これらの製鉄工業というものは、主に驚き入ったものであります。

まず、各地を巡回して、ご馳走を受け、歓迎をされた有様は、前に申す通りで、また、残らずの各都市に、悉く《ことごと》大工場があるとは申しませぬが、ところどころに有名な大工場がある。その工場を尽く《ことごと》丁寧に見せられ、ある場合には、いたってモノが粗雑であるが、ある場合には、いかにも広大である。

まず、アメリカの総ての事物は、ほとんど日本の人々から見ると、ちょっと端倪《たんげい》（推測すること。

測り知ること）すべからずという有様で、はなはだ比較しにくいことが多いのです。その大なる有様について、二、三お話しするとワシントンの停車場です。これは、以前行ったときには無かったが、今度は立派に出来ておりました。停車場に入ると、鉄道線路が、三十三線ばかりある。それが、みな、停車場の屋根に入っているから、ほとんど大きな原みたいに見える。それほど、列車が入っているかどうかというと、ちっとも入っていない。ワシントンというところは、政治の都府で、決してそのように、貨物のたくさん輻湊《ふくそう》（方々から物が集まること）するところではない。

しかし、ペンシルバニア中央線、そのほか四線ばかりの大鉄道が、どうしても政治の中心だから、一つ連絡をつけておかねばならないというので、何でも政府から四百万ドルか補助を仰ぎ、中央連絡線を設けてあるが、人はたくさん来ず、貨物はそのようにないから、さようにたくさん線路は輻湊しているにかかわらず、車はまことに寂寥たるものでありますが、たいてい大理石で出来て立派で、ほとんど、私ども行って見ると、今の東宮御所と間違えるくらいであります。前の庭などは、まことに塵ひとつもなく綺麗で、青々と芝が生えて、ずっと広い。

何ゆえ、あんなつまらぬことをしたものか。立派ではあるけれども、ほとんど資金の使い場がなくて、あんなことをするのであろうといいたいくらいで、少し無用の長物という感があるのです。

また、他の例をあげますと、費府に慈善事業のジラード・カレッジというものがある。これが千五百の捨て子を収容しているところです。ところが、その捨て子の扱い方が、とても、大金持の息子さんでも、あれほど丁寧の扱いはされないと思うくらいであります。これらはまず、アメリカの鄭重に失すると思う、いちじるしき例であります。

されば、そういう風に、総てのことがみな鄭重かと思うと、また、思いのほか簡略のことがある。饗応の仕方もその通りである。前に申したフィビング鉄山のすぐ近くに、ダルーズというところがある。

スペリオル湖の側で、そこへ一日招かれたときに、その湖水から白い魚が取れる、それをご馳走するという触れ込みであったから、たいそう馳走があることと心得て行ってみると、なるほど、白魚というものはくれたけれども、それよりほかに何もない。水ばかりで、酒もない。大いにあてが外れて、まだ何か出るだろうと思っていると、麺麭《めんぽう》（パン）の食いかけも何も、みな給仕が持っていってしまって、食べることが出来ない。あとでホテルへ行って、スープの飲み直しをしたというような滑稽があります。

そこで、かの地の饗応の有様、接待の仕方が、大変簡略なこともあるというのが、まずアメリカの有様です。人の客に対する待遇も、なお、しかりで、えらい鄭重なことをするかと思うと、いたって真摯である。日本などとはまるで、反対のことが多いのです。

お互いに日本人は、なるだけ自らいうことを卑下《ひげ》する。いわゆる、謙徳《けんとく》（へりくだって高ぶらない徳）を守る。ちょっとしても、

「いえどういたしまして」

と、己のことを卑下するのを、一つの礼儀としてある。

反対に、アメリカの人は、己のことを誇るのを、礼儀ともしますまいけれども、習慣としている。はなはだしきは、自分の妻君を日本一――日本一とはいわぬが、アメリカ一の婦人だという。それはまるで、戯れにいうかと思うと、決して戯れではない。

笑いもせずに、

「今日近頃、貴下の見たことのない美人をお目にかける」

そこで、手を握られて、

「これです」

というのが、自分の妻君です。そういうような有様で、真率と申せば真率《しんそつ》（正直で飾りけのないこと）、乱暴と申せば乱暴で、とかく自国のことを自慢に思っている。ですから、アメリカを旅行していると、毎日、アメリカ一に出くわす。

これがアメリカ一だ。中には、世界一もあります。笑いますと、向こうも笑って、これはアメリカ人の癖です、などといって、そういうことは、とんと構わぬ。そこに至ると、東洋主義、ことに日本の国などから行ってみると、人がみな平等で、階級などを構わぬから、人に対する遠慮がごく少ない。

そうして、我が意思を、人前で表白することが、ごく無作法である。

それに引き替え、こちらでは、ちょっとしたことでも遠慮するから、大いに総ての点において、調子の違うことがありますが、しかし、何にいたせ、一体の国力は実に盛んなものであって、前に申す通り、鉱物であれ、森林であれ、総ての天産物がはなはだ豊富であります。これに人工を加え、機械を応用し、盛んにその富源を開発する。しかも、国民の気風が、いたって敢為《かんい》（物事をおしきってすること）で、また大胆です。

敢為、大胆でありながら、すこぶる学問を重んじます。この学問を重んずるということからして、総ての設備がただ乱暴に流れない。

まず、経済界においては、あれくらいに急激に進歩した国は稀であるということは、ヨーロッパ人も申しておりますし、私どもが見ても、いずれの方面も、わずかの歳月に非常なる進歩をなしたというのは、真に驚き入るようでございます。

特に断わるまでもなく、帰朝後、翁みずから話したのである。淡々と叙し来たったこの旅行については、記すべきことが多い。しかし、そのいちいちを記すことは到底出来ないが、主なるものを拾うてみよう。

乗用自動車の想い出

九月十六日午前十一時五十分、ファーゴをあとにし、午後二時半、グランド・フォークスに着き、ただちに市中を巡覧し、かつ農場を視察した。

このあたりは、アメリカ唯一の大農場にして、南北三百五十マイル、東西五十マイルありという。かくて、農場を馳せめぐること約十五マイル余り、午後四時過ぎ、リンカーン公園内の田園倶楽部に入り、屋内に茶菓の饗応を受け、庭園に臨める廊下にて略式歓迎会あり。と、『渡米実業団誌』に記されたところである。

停車場に五十三台の自動車を備えて、実業団の一行を迎えたるにより、この市の倶楽部において、市民より歓迎の宴を開きて、一行を饗《きょう》せられたるとき、余は自動車の多きに驚きて、我が帝国の首府東京市にても、五十台余りの自働車を、卒爾《そつじ》（にわかに、急に）に集むることは難しといいて称誉《しょうよ》（ほめたたえること）せしに、その市民中の一婦人、すなわち自動車の所持者は、余の言を不満として、当市にてはなお二百七台の自動車ありと、一行中の人に誇りたる一笑話ありしところなりき。

と、特に翁が付記している。

この付記によって連想せられるのは、翁の使用した乗物の変遷である。

自ら語るところによって、その跡を辿ってみよう。

馬車は、早くから乗った。大蔵省の役人となったとき、ガタ馬車を用いていたことがある。

馬は、若い時代に侍《さむらい》になるつもりだったから、稽古した。上州の境町から一里くらいあるところに、伊与久というところがある。そこに、当時、馬の先生があったので、三、四度、教わりに行ったことがあるけれども、ちっとも上手になれなかった。

一橋家に奉公するようになって、村田円次郎という馬の掛役人の弟子となって稽古したが、馬場廻りをしたりすると落とされた。しかし、手綱捌きは、一通りやっと覚えることが出来た。

その後、歩兵取り立てのため、播州（今の兵庫県）の今市というところに出かけたことがあった。そこの人は、みな馬が上手だった。ちょうど私に、

「高砂へご案内しようと思うが、歩いては大変だから、馬はいかがですか」

といってきた。私は不安だったけれども、なに先方は百姓だ、こちらは武士だと思って、馬で行こうと答えた。そのとき、私の方は、伊藤長次郎、入江某と三人であった。馬で出かけたのは五人で、実は私が先輩という関係から、一番先に行くべきところであったが、道を知らぬところから、鈴木というのを先頭に立てて、私がその次に従った。

しばらくすると川に出た。これを渡らねばならぬ。みなの馬はずんずん進んで入るが、私の馬はどうしても入ろうとしない。みな行ってしまうのにいまだ馬が動かぬ。しかたがないから、馬の口をとって渡った。これが第一の失敗だった。馬は私のが一番よかった。

不幸にして、私の馬が速すぎる、振り落とされそうになる、そして先頭の鈴木に追いつこうとする、止めても止まらぬ、何度も鐙《あぶみ》が外れる、やっとのことで馬にかじり付いて、高砂に着いた。そして、そこの料理屋で酒を飲んだりして、帰るときはだいぶ酔いがまわったからといいぬけて、歩いて帰った。

それからフランスへ行ったときも、一度やりそこなったことがあった。馬に乗って、帽子を落とした。しかも、あちらでは、シルクハットをかぶって馬に乗るのである。何でも馬場ではなく、公園によくあるポアードとかいうのであった。このときも、きまりのわるい思いをした。それから馬には乗らなかった。

日本へ帰ってからもちょっと乗ったが、あぶなくてしかたがないから、湯島にいる頃、半年ばかりでやめた。

駕籠には乗らなかった。

馬車は早くから乗った。そのときの馭者は何とかいった。八木安五郎も別当《べっとう》（乗馬の口取り。馬丁《ばてい》）だったが、これは走る方だった。八木は、グラント将軍が来た頃から使っていた。

自動車になったのは、明治四十年（一九〇七）からだと思う。吉田新太郎が、乗れ乗れとしきりに薦《すす》めるので、乗るようになった。

何でもあの頃のは、ヘッドライトは一つだった。

さらに続けて、こういうている。

人力車は早くから用いた。人力車がはじめて出来た頃から乗った。そのときの人力車は、何でも蒔絵《まきえ》の付いたものだった。

右を総合して、翁の乗物は、「馬」から「馬車」になり、「人力車」の出来たての頃、いっときこれを用い、さらに「馬車」にもどり、最後に「自動車」になったといえるであろう。

かくて、公人としての翁を考えるとき、馬車と自動車が連想される。馬車は、翁も自らいう通り、「ガタ馬車」であった。そのガタ馬車を駆って、かの絢爛《けんらん》目を奪うばかりの、実業界における活動をなしたのであった。水道鉄管事件によって起こった、壮士の襲撃のときも、また馬車であった。

かくて時代は移り、いわゆる翁生涯の「秋」に入ってから、自動車を用いた。けだし、先の欧米旅行において、「電気自動車」を見て、その利便を知ってのち、吉田新太郎の勧誘があったので、これを買い入れ、用いていよいよ気に入ったため、爾来、また馬車を用いることがなかった。最初のものは、ハンバーという英国製で、スプリングもわるく、クッションもひどく、あたかもトラックに乗るごときものであったということである。

この車の番号は、「一二三」であった。この番号によって推察される通り、翁は自動車常用者として早い方であった。

渡米実業団のとき、チャルマーズという米国製の自動車を買ってきた。これが最初の「七七」であった。

その後、車台は幾変遷し、ウーズレーからダイムラーになり、次にハドソン、さらにウーズレーとなりリンカーンとなった。

渡米実業団当時は、「ガタ馬車」から自動車に変わった当時で、車台番号「一二三」のときであり、日本の自動車界の黎明期であった。

かくて、グランド・フォークスにおける翁の付記となったのであった。

翁の乗用車の番号は、「七七」が代表的のものであった。「七七」の自動車の動くところ、幾多の公共事業が起こされ育てられた。「七七」と公共事業とは、常に連想されるところであるが、この「七七」が、渡米実業団のとき携え帰ったものに付したのが最初であり、その前に「一二三」の自動車に乗っていたことは、余り知る人がないのではあるまいか。

ウーズレーは、大正二年（一九一三）頃、チャルマーズが故障を起こすようになってから買ったもので、番号は「一〇七」であった。その後ダイムラーを買い、これが「七七」になり、大正六年（一九一七）に再び買ったチャルマーズが「一二三四」になった。

かくて、「七七」と「一二三四」が翁乗用車の番号になり、そののち買ったウーズレーにしても、ハドソンにしても、リンカーンにしても、そのいずれかであった。

大統領タフト

九月十九日午後七時、ミネアポリスに着いた。日曜日であったので、一同教会に赴き、午後ミネトンカ湖畔のラファイエット・クラブに行った。大統領タフトに接見のためである。

階下ホールにおいて、レセプションののち、別室において午餐の饗を受けたが、翁はその席で述べた挨拶の中で、こういっている。

……七年前、不肖が特に周遊したる際、幸いにして当時の大統領ルーズベルト氏に接見の栄を蒙《こうむ》りたるが、その際、氏は日本の陸軍および美術に関し、幾多の讃辞を与えられたるも、商工業に至りては何ら言及せらるるところなかりき。

思うに、当時日本における商工業の進歩は、なおいまだ、注意に値せざりしならん。ゆえに、不肖はその席において、次回会見の際には、我が経済の進歩につき、吾ら実業家に対し、多少の批評を蒙るに至らんことを、期待する旨を述べたり。

七年間における我が商業の発達は、いまだもって、誇るるに足らずといえども、今回再び貴国に来遊するに当たり、日本有史以来、先例なき、商業団体の団長としてこの宴席に列し、貴国の尊敬すべき大統領閣下の臨席に座を占め、かつ、閣下より我が経済上に関し、熱誠にして真摯なる商業倶楽部長の意見に認識を与えられたるごときは、不肖に取りて、はなはだ愉快にして、また衷心、感謝に堪えざるところなり。

また、こういっている。

余らは、何ら官職を帯びきたりたるにあらず。しかも、これを広義に解釈すれば、平和の使節なりというを得べし。しかるに、余ら本国を出発するに際し、我が天皇陛下は、国史あって以来かつてなき酒宴を賜わりたり。これ、我が国においては、空前の名誉というべきなり。

この記憶すべき場合において、宮内大臣は勅旨を奉じて、余ら実業団の渡米は、深く聖旨に適せらるる旨を伝えられ、なお、余ら実業団の成功は、陛下衷心の御希望なる旨を述べられたり。叡慮《えいりょ》すでにかのごとし、しこうして、我が国民の注意もまた、これに譲らず。上下斉《ひと》しく、余らに対して、熱誠なる送別の意を表すること、なお、出征の勇士を送るがごとし。これをもって、諸君は、余ら一行に対し、日本において国民が表したる賛成、熱心が、いかに強く、いかに大なるかを推知せらるべし。

また、これをもって、日本国民が、この文明なる共和国の人民に対して抱きつつある、特殊情誼の例証と認むることを得ん。

大統領は、これに対し、三十分にわたって意見を披瀝《ひれき》した。

かかる勢力あり、識見に富み、かつ最も愉快なる日本紳士諸君とここに会することは、欣喜に堪えざるところなり。

を冒頭とし、あるいは、

今やアメリカ人諸君が、この国の凡百の事物を、彼らに示すに吝《やぶさ》かならざれども、これもと、我が国人が日本に遊びしときに、日本人が我に向かって表したる好意と歓迎の、わずかに一少部分を酬《むく》いつつあるにほかならず。

と述べ、あるいは、

日本の実業界の一行は、今や観光漫遊の客たり。しかれども、彼らは用意周到なる国民なれば、かかる方面において、得らるるだけの教訓を得て、去らずんばやまざるべし。

しかれども、予は毫《ごう》もこれを悲しまず、予は諸君があたうべきだけの教訓を持ち去らんことを希望し、しこうして、その教訓が日本を裨益《ひえき》せんことを希望してやまず。

といい、あるいは、排日運動に触れて、

現に近き過去において、アメリカ人の一部は大いに扇動されたるも、もちろん一部にほかならず、何となれば、吾人の中、真の事実を知るものは、決して日本とアメリカとの間に、国際的面倒ありなどという記事によって、扇動さるること決してあらざる可ければなり。――予が信ずるところによれば、かかる記事を掲ぐることをあえてせし新聞紙さえも、今においては、もはや日米間の紛擾《ふんじょう》など、毫も筆にせざるに至れり。

と切言し、最後に、

いま予はここに、一つの乾杯辞を提唱するの大なる愉快を有す。――その寿盃はある高貴なる人格――終始渝《かわ》らず、その民衆の福祉を慮《おもんぱか》ること誠実にして、国家臣民を愛する熱情に富み、かつ、適材を適所に置くに巧妙なる手腕を示し、もって輓近《ばんきん》（近ごろ。最近）、日本の驚くべき進歩を成就したる――高貴なる人格に対して、ここに寿盃をあげんとす。

予は今アメリカの親友にして、予が親しく知遇を辱《かたじけな》くするをもって、光栄とし愉快とし、しこうして、予を遇するに懇篤いたらざるところなく、その治下の人民の利益および成功のために、畢《ひっ》生《せい》の力を仮して惜しまざる、賢明なる君主のために、ここに謹んで寿盃をあげんとす。予のあげんとする寿盃は、大日本皇帝閣下のためなり。

と結び、さらに、

「バンザイ」

と叫び、一同唱和し、「萬歳の声、三たび湖上に反響」した。

伊藤博文の死

タウンゼント・ハリスの墓を訪ねて、

古寺蒼苔秋色深　古寺《こじ》の蒼苔《そうたい》、秋色深《しゅうしょくふか》く、
孤墳来弔涙沾襟　孤墳《こふん》に来《きた》り、弔《とむら》いて、涙《なみだ》、襟《えり》を沾《うるお》す。
霜楓薄暮燃如火　霜楓《そうふう》、薄暮《はくぼ》、燃《も》えること火《ひ》の如《ごと》く、
留得当年錦繡心　留《とど》め得《え》たり、当年《とうねん》、錦繡《きんしゅう》の心。

＊霜楓《そうふう》……霜にあたって紅葉したかえで。
＊錦繡《きんしゅう》……美しい紅葉のたとえ。

と賦し、秋雨煙るペリーの墓に詣でて、

異洲早已記英名　異洲《いしゅう》、早已《そうい》、英名《えいめい》を記《き》し、
来与幽魂訂旧盟　来《きた》りて幽魂《ゆうこん》と旧盟《きゅうめい》を訂《ただ》す。

日暮蕭々風送雨　日暮《ひく》れて蕭々《しょうしょう》として、風《かぜ》、雨《あめ》を送《おく》り、
併将暗涙濺墳塋　併《あわ》せて暗涙《らくるい》を墳塋《ふんえい》に濺《そそ》ぐ。
＊早已《そうい》……早くすでに。ずっと前に。
＊墳塋《ふんえい》……墓。墓所。

おくつきに手向くる花の一束に涙の雨も添へてけるかな

と感慨を叙した翁は、十月二十六日、イースターにつき、伊藤博文長逝の報に接した。

今朝、イースター停留所に着するや、報ずるものあり、伊藤公、ハルピンにおいて、韓人数名のために暗殺されたりと。一同、すこぶる危惧の念をもって、ことの真否を知らんことを望む。すでにして、スプリングフィールドにおいて、外務省よりニューヨーク総領事館に宛てたる公電に接す……。ああ、凶報は不幸にして真なりき。一同驚愕、相顧みて大息《たいそく》（ためいき）するのみ。

と、『渡米実業団誌』に記してある。

異境にあって、この悲報に接したときの人々の、疑《ぎ》と驚《きょう》とは、察するに余りあるが、翁の感慨に至っては、真に無量であったろう。帰朝後、その霊前に供した。

異域先驚凶報伝　異域《いいき》、先《ま》ず驚《おどろ》く、凶報《きょうほう》の伝《つた》わるを。
霊壇今日涙潸然　霊壇《れいだん》、今日《こんにち》、涙《なみだ》、潸然《さんぜん》。
温容在目恍如夢　温容《おんよう》、目《め》に在《あ》り、恍《こう》にして夢《ゆめ》の如《ごと》く、
花落水流四十年　花落《はなお》ち、水流《みずなが》れ、四十年《しじゅうねん》。
＊潸然《さんぜん》……涙がはらはらと流れるさま。

＊温容《おんよう》……おだやかな顔つき、その様子。

この詩を見て、その心境を察すべきである。なお、翁は当時、スプリングフィールドの「デイリー・リパブリカン」紙の記者に、こう感想を披瀝している。言葉は少ないが、一字ごとに涙のにじむを覚えるのである。

伊藤公爵暗殺の報道は、はなはだ突然で、私はこれを信ずることが出来ないほどで、夢のようであります。しかし、今やこれを疑うの余地なきことのように思いますが、はたして事実であるとしますと、我が国の損失は、容易ではありません。

公爵は、個人としてははなはだ寛大で、かつ人情味のある人であります。ゆえに、公爵とご懇意に願っている人は、みな公爵を敬愛しておりました。かくのごとく、敬愛されましたけれども、公爵はご承知のごとく、新日本創設の殊勲者でありますから、その五十年間における生涯中には、暗殺の危機に遭遇せられたることは、一再にしてとどまりません。

が、幸いに幾多の危機を凌《しの》ぎ、常に強壮の健康を維持し、引き続き日本のため偉大の貢献をされ、なお、将来も日本のために、多く尽くさるるところがあるだろうと、期待しておりました。公爵の政治上の活動は、多方面に渉《わた》っておりますが、ことに最も顕著なるものは、憲法制定についての努力であります。憲法は、天皇陛下の御定めになったところであります。

しこうして、我が日本の政治上における異常なる大事実でありますが、これは、伊藤公爵の先見の明に基くと申し得るかと思います。伊藤公爵が、陛下の御信任最も深き諮問者であって、公爵の死去は、陛下の深く惜しませ給うところであろうと、国民一同拝察するしだいでございます。

公爵は、いかなる困難にも怯《ひる》まずに進む方の人でありました。前後五回総理大臣となり、公生涯は、きわめて繁劇でありました。かくのごとく、公務の繁忙なる中に在って、はるかに常に動揺常なかりし朝鮮のことに思いをいたし、朝鮮の国情安定をもってその任務となし、また国家のため貢献するゆえんと考え、政友の熱心なる忠告あるにもかかわらず、進んでこれに赴き、その晩年を朝鮮経営に捧げられました。

朝鮮に関する公爵の方針は、朝鮮国王およびその人民を指導して、日本に対する信頼を深くし、かつ、極端なる暴挙に出でて、いたずらにその国運を危殆《きたい》（非常にあぶないこと。また、その状態）ならしめざらんことを、期しておられました。

公爵の方針に対しては、だいぶ痛烈な反対がありました。なかんずく、朝鮮の事務を処理する上において、余りに微温的なりしと、やかましく論じ立てました。しかし、公爵の方針は、畏《かしこ》くも陛下におかせられて、日本および朝鮮にとり最良のものと御信認あらせられたところであります。

私が、公爵とご懇意になったのは、一八六九年、私が静岡から上京したときで、当時公爵は、いまだ明治政府に仕えなかったのであります。その後、私が大蔵省に入ったときは、公爵は私の上役でありました。爾来、四十年間、常に変わらざるご懇情に浴したのであります。

私は、公爵の、朝鮮に対する方針をもって、最適当のものなりと信じております。また、公爵が何人からも愛敬を受けたことを知るものであります。ことに、公爵が陛下に対し奉り忠誠なるは、私のみでありません、天下の挙《こぞ》って称揚するところであります。

日本人は誰でも、尽忠奉公《じんちゅうほうこう》を願《ねが》うことは、あらためて申すまでもありません。その中でも、伊藤公爵のごときは、最も忠節の臣といわねばなりません。ゆえに、君国のためにその生命を擲《なげう》つことは、公爵の本懐とするところであろうと、お察しします。

かくは考えますものの、四十年の知己《ちき》をにわかに失って、真に感慨無量でございます。私は、全日本国民とともに、深く公爵の死をご追悼申し上げます……。

だいぶ脱線したが、五十三都市訪問という、多忙にして変化極まりなかりし、全米にわたる大旅行を終わり、サンフランシスコを発して帰途についたのは、十一月三十日であった。大陸をあとにするに当たり、一詩を得た。それは、牛島謹爾氏の贈った詩の韻《いん》に次《じ》するもの（贈られた漢詩の韻字を用いて作詩すること。次韻）である。

握手先欣情誼真
分襟却覚客愁新
雲涛従是六千里
船出金門無故人

手《て》を握《にぎ》り、先《ま》ず情誼《じょうぎ》の真《しん》なるを欣《よろこ》び、
襟《えり》を分《わ》け、却《かえ》って客愁《かくしゅう》の新《あらた》なるを覚《さと》る。
雲涛《うんとう》、是《こ》れより六千里《ろくせんり》、
船《ふね》、金門《きんもん》を出《い》ずれば故人《こじん》無《な》し。

＊客愁《かくしゅう》……旅にいる人のもの思い。旅愁。
＊金門《きんもん》……ゴールデン・ゲート・ブリッジ（金門橋）。

匆忙《そうぼう》として暮らした、大陸における日々を思い返しつつ、過ぎし八旬の疲労を回復《かいふく》しつつ、愉快なる航海を続け、十二月十七日、「今暁已に東京湾口にあり。天晴れ、気清く、富岳皚々《がいがい》として中天に聳え」たるを見、午前七時横浜に入り、午後零時半、東京商業会議所において催された歓迎式に臨み、渡米実業団を代表して謝辞を述べた。その結辞にこういっている。

……私はここに、右らのことを総合いたして、はなはだ拙作でございますけれども、一つの詩を朗読いたして、諸君の清聴を瀆します。

ごく拙劣な詩でございますから、かかるご多数の前で申し述べるのは、よほど恥ずかしゅうございますけれども、今申し述べたる精神が、この一詩に含んでいると思いまするので、文字の拙劣はお笑いくださるとも、精神だけどうぞご採用願いたいと思うのであります。

舟車二万一千里　　舟車《しゅうしゃ》、二万一千里《にまんいっせんり》、
路似連珠縈作環　　路《みち》は、連珠《れんじゅ》の縈《めぐ》りて環《わ》を作《な》すに似《に》たり。
到処只聞邦土富　　到《いた》る処、邦土《ほうど》の富《ふう》を只聞《しもん》し、
一誠酬得万情還　　一誠《いっせい》、万情《まんじょう》を酬得《しゅうとく》して還《かえ》る。

＊邦土《ほうど》……国土。アメリカの国土の意。
＊只聞《しもん》……ただ、ひたすらに聞くこと。
＊酬得《しゅうとく》……むくい得ること。大きな収穫の意。

詩はまことに拙劣でございますけれども、旅行の精神は、全くこの通りであったのでございます。

三、除外例

帝国劇場

「私の知ってる人の中で、井上侯は音楽を好み、音楽を解することの出来た人で、常磐津《ときわづ》と清元《きよもと》との別ぐらいは、聴き分け得たのみならず、自分でも多少は何か唄えたのである。

花柳の巷《ちまた》で、芸者を相手に遊ぶときなどは、いたって悪戯《いたずら》好きのわがまま者で、知人の中に芸者と出来合った男でもあると、別に悪意でも何でもないが、その男の細君を焚きつけて、良人《おっと》を苦しめさせたりなどし、家庭に風波を起こさせて、何食わぬ顔で傍観し、面白がって楽しんだりしておったものだ。

それから、男が二人以上の芸者と関係が出来でもすれば、彼処《かしこ》の芸者にも焚きつけ、こちらの芸者にも焚きつけ、両方に嫉妬の競争をさせたりなどして、男を両方の芸者の板挟みに会わせ、ウンウン困らせて、外部で知らぬ顔をしながら、悦んでいるというようなこともあった。私なども、若くって、遊んでる時分には、だいぶ井上侯の悪戯に困らされたものである。

伊藤公は、井上侯と違って、常磐津と清元との別さえ判らぬ、音楽にはほとんど、耳が無いといってもよいほどの人であったが、芸者を聘《よ》んでも、別にこれという話をするのでもなく、いたって無口であったのである。

それでありながら、花柳界での遊びは、いたってわがままの方で、たくさんきた芸者の中に、気に入ったのが見つかると、他人の前だからとて、遠慮するなどという気配は、つゆいささかもなく、いっこうお構いなしに、その気に入った芸者を拉《ひし》ぎ、どこかへ雲隠れしてしまうのが、公の奥の手であったものだ。

たしか明治四年（一八七一）であったと思うが、私が大阪へ行ったときに、伊藤公に伴《つ》れられて、兵庫で遊んだことがある。

これより先、公はかつて兵庫県に県令をしておったことがあったので、兵庫ならば自分の勢力範囲も同然、どうにでもなるから、兵庫で遊ぼうというので、私も伴れられて出かけたのだが、そのときに、公は、渋沢という男は堅苦しい一方で、すぐ鯉口《こいぐち》（刀のさやの口）でも切りにかかる人とばかり思ってたのに、芸者買いができるとは、存外話せるなどと、笑いながら閑談されたように記憶する。

私は、これでも、音楽は少し解るほうだ。芸者の唄ってるものを聴いても、すぐ拙《まず》いか巧《うま》いかの見当はつく。若い時分には、芸者から教えられて、少しは自分で唄いもしたもので、義太夫、長唄、常磐津、清元、一中節ぐらいの別は知ってるのだ。

なかんずく、義太夫の方ならば、これについての話も出来れば、また少し自分でやれもする。身を入れて稽古したら、一段ぐらいは語れぬでもなかろうと思う。私がこのように義太夫に趣味を持ち、義太夫を多少理解し、少しぐらいは語れるというほどになっているのは、郷里の血洗島と申すところが、たいそう義太夫の流行《はや》る土地で、亡父も大変義太夫を好き、田舎芸ではあるが、とにかく、相当に語れたもんだから、慰みに、其処此処《そここ》と語って歩いたりなどしたので、しぜん幼少の頃よりその感化を受けた結果である。

今の帝国劇場を創立するのに、私が多少骨を折るようになったのは、私が多少芸事を解するからでもあるが、その趣意とするところは、帝国ホテルを設立するに尽力したのと同一で、外国貴賓の来朝された際に、その観覧を仰ぐべき演芸の場所が無いから、これに利用し得らるる建物を一つ設けておきたいと思ったのと、また一つには、これによって、演劇改良の道を講じたいと思ったからだ。

もと演劇改良論は、演劇改良会から起こったもので、福地桜痴《ふくちおうち》などがしきりにこれを唱道し、当時、福地は私に勧め、自分は技芸方面を担当するから、お前は経営やら事務の方を受け持ってくれとのことである。私は、それもよろしかろうというので、その気になっているうち、福地は自分で歌舞伎座に関係し、俳優や興行師とも密接の間柄となり、全く芝居道の人になってしまったのである。それでは、演劇改良事業に福地を親しく関係さしては、かえって面白くないからとのことで、この事業もいっとき沙汰止みになってしまった。

しかるに福沢諭吉氏がその発頭人になったわけでもあるまいが、福沢捨次郎氏そのほか慶応義塾出身の人々が意見をまとめて、明治三十九年(一九〇六)頃、伊藤公のもとへ押しかけて行き、ぜひ演劇改良の事業に力を添えてくれよと、相談を持ちかけたのである。

その結果、築地の瓢屋《ひさごや》で会合し、色々と話を進めたのだが、会合の当日、私は折あしく箱根に行って出席しかねたもんだから、その罰だというので、席上委員を選んだ際に、私は委員長を仰せつけられたのである。

東京に帰って、伊藤公より、かの趣を聞知し、ぜひそれを承諾せねばならぬことになったので、帝国劇場の設立に力を尽くすに至り、資本金を百万円としてはじめたのだが、最初はオペラがかったものを上演する予定であったにもかかわらず、それではとても経営が出来かねるというので、西野恵之助氏が、最初の専務取締役となって諸事を切りまわし、結局、今日のごとき状態に落着いたのである」

西野氏について、かつて『渋沢子爵を繞《めぐ》る人々』を書いたとき、

……西野氏は、今の白木屋の社長である。若くして山陽鉄道に支配人として凄腕を揮《ふる》い、御見出しに預かって新たに出来た帝劇に買われて支配人となり、花の都に乗り込んでからも知略縦横、ついで専務に押し上がった。何の素人と小屋者から鼻であしらわれながら、椅子席から、切符の先売り、女給の採用、演技時間の短縮など、素人ならでは出来ぬところを断行して成功し、今は歌舞伎座までも真似をしている。

と記したことがある。

歌舞伎座は、東京における劇場の王座を占むるものである。その歌舞伎座さえ、帝劇の真似をするに至ったというのは、いずれの劇場も、帝劇のなすところを真似たという意味であった。大阪や京都のことは知らないが、現在においては、東京で椅子席のない、切符の先売りをしない大劇場はない。桟敷で飲食し、喫煙する小屋はない。

この画期的の改革をなし得たのは、西野氏の敏腕によることもちろんであるが、取締役会長として終始骨を折った翁の理想、抱負に負うところも少なくない。

翁の演劇改良についての努力は、すでに明治十九年（一八八六）の「演劇改良会」のときに現れている。「演劇改良会」は、当時の新帰朝者、末松謙澄《すえまつけんちょう》の主張を基礎とし、翁が熱心に尽力して生まれ出たものである。その目的として掲げたのは、次の通りであった。

一、従来演劇の陋習《ろうしゅう》を改良し、好演劇を実際に出さしむること。
一、演劇脚本の著作をして、栄誉ある業たらしむること。
一、構造完全にして演劇その他音楽会歌唱会などの用に供すべき一演技場を構造すること。

しこうして、

我が国の演劇は、猥褻野鄙《わいせつやひ》にあらざれば、観者の耳目《じもく》を楽しましむるに足らずと妄想し、世とともに変遷するを知らざるによれり。よろしくこれをして、高尚なるも人情に遠からず、閑雅なるも世態に背《そむ》かず、……上等社会の観に供して恥じるところなきの域に達せしむべし。

……本邦近時の脚本作者を見るに、その人は一つも学術文章の士なく、いたずらに陳腐の思想を左右弥縫《びほう》し、もって下等人民の歓を得るをつとめざるなし。

けだし、本邦において、脚本作者と俳優と、共に士君子のために齢《よわい》されず（相手にされず）、心を尽くして妙案を構造するも絶て栄誉を一身に来たさず、しこうして、その利益のいかんを問えば、すなわち版権および興行権の法備わらざるがゆえに、もって学術文章の士の労を償うに足らざるによれり。よろしく旧習を一洗し、脚本著作の学術文章の士の自ら任ずべきところたるの実を明らかにし、もって栄誉をその業に帰せしむべし。

……すでに世間に現在せる諸劇場に求むるも、とうてい、すぐにその効を見るべからず。初めより全く一新場を設けるにしかず。ゆえに、よろしく適当の方法を求め、一の演技場を建築し、改良の演劇はもちろん、ときありては、来航の西洋俳優もその技を演ずるを得せしめ、ときありては、歌唱会もしくは音楽会などをも催すことを得せしむべし。

まさに、また本邦演劇粧飾の粗悪なる、時間の冗長なる、劇場出入りの混雑なるなど、演劇改良に附属して改良を要する者一にして足らず。これまた、本会のこれを改良せんと欲するところなり。

といっている。この運動は、団十郎の有名な「活歴」を生み、劇作家としての福地桜痴を生んだけれども、いまだその目的を達するを得なかった。当時、翁は、自ら語るごとく、この会の事務方面を担当して努力したが、時勢がいまだ至らなかったか、または他に理由があったか、その抱負の十分の一をも実現し得なかった。

しかるに二十年後、帝劇の誕生に当たって、百事を総攬し演劇改良会の目的としたところを——全部とまではいえぬにしても、大部分を帝劇によって実現した。しかも、支配人として、専務取締役として、有為果敢《ゆういかかん》の西野氏があり、俳優としては、当年の名人、団、菊、左に比較出来ないまでも、なお有数の人々がおり、脚本は世の推移によって、いわゆる「学術文章の士」が続々見るべきものを発表し、「版権、興行権」も、法律によって確保せられるようになっていた。

かくて、「帝国劇場」——インペリアル・シアターたるに恥じぬ洋風劇場の先鞭《せんべん》をつけ、「西洋俳優もその技を演ずることを得せしめ、ときあっては歌唱会もしくは音楽会などをも催すことを得せしむるものとした。「時間の冗長なる」を矯《あらた》めんとして、開演を午後四時とし、「劇場出入りの混雑なる」を防ぐため、椅子席に番号を付して、切符の先売りを断行した。

かくて、漸次芝居道の革新に資したのは、あらためて記すまでもないであろう。

この意義深き帝劇と、翁との関係は、翁の話したように、明治三十九年（一九〇六）八月、創立委員長を引き受けたときにはじまり、明治四十年（一九〇七）二月、取締役会長となり、四十三年（一九一〇）十月、その建築を終え、翌年三月、開場式を挙行し、爾来、その経営に任じ、大正三年（一九一四）八月、取締役会長を辞して、相談役となった。

翁の活動に、一期を画する動機となった、明治三十七年（一九〇四）の肺炎以来――いわゆる翁生涯の秋立ち初《そ》めてのち、帝劇の創立委員長となり、成立後これを主宰したことは、年来兄事した伊藤に対する義理からであって、どこまでも除外例である。この除外例を作ったことが、凝滞《ぎょうたい》（とどこおって進まないこと）なき翁の面目を物語るのである。

大日本製糖会社

・沿革　帝劇の関係を除外例とする以上、「日糖」との交渉もまた、これに属せしめねばならぬ。

翁の「秋」立ち初めた明治四十二年（一九〇九）、実業界における関係の大部分を絶ったこの年に、大日本製糖会社の相談役を辞退しなかった。相談役の職分に鑑《かんが》み、大日本製糖会社との関係を考え、何ゆえにこの関係のみをそのままとしたかを考えざるを得ない。

四十年来関係ある銀行方面と、創立まもなき「帝劇」とを残した意味は分かるが、同時に、大日本製糖会社の相談役をそのままにしたのは、特別の意味がなければならない。この点について、少しく遡《さかのぼ》って記しておかねばならない。

大日本製糖会社は、明治二十九年（一八九六）一月、東京市外小名木川畔において、鈴木藤三郎の経営せし小規模の製糖所を基礎として、発展したものである。当初、日本製糖会社と称し、資本金三十万円をもって創立されたが、時運の進展にともない、漸次発展して、明治三十八年（一九〇五）一月、資本金四百万円となった。

当時、大阪に日本精糖会社あり、九州大里に神戸鈴木商店経営の、大里製糖所があった。これらは、有力な競争者として、常に相争った。

当時の日本製糖会社の支配人磯村音介、参事秋山一裕などは、これら三製糖所を合同し、一挙に内地市場における独占的地位を獲得せんとし、株主中の同志を糾合して、有志団体を組織し、この実行を、社長鈴木藤三郎に迫った。

鈴木は、その意志はなかったが、株数において、有志団体の方がはるかに優勢であったため、いかんともしがたく、明治三十九年（一九〇六）七月、臨時株主総会を招集して、重役改選の件を付議し、かつ合同の時機尚早なるを理由として、後事を有志団体に託して辞任を申し出で、席を蹴って退場したため、総会は紛擾《ふんじょう》を極めたが、結局、旧重役と有志団体とから重役を選挙して、ひとまず静まった。

表面一応平穏に帰したけれども、真に解決したのではなかった。それは、糖界の前途観において、旧重役と有志団体とは、全然反対の立場にあったからである。

どこまでも積極的に出て、内地糖業を独占すべしとする、有志団体の主張は、旧重役の絶対に容るるあたわざるものであった。かくて、旧重役は、断然就任を肯ぜず、一度案出された糊塗策《ことさく》も内部から破れた。

しこうして、村井吉兵衛の首唱で、大株主会を開き、新重役のみをもって経営の衝に当たることを決議し、同年九月、臨時株主総会を開き、日本精糖会社と合併の件、資本金増加の件、ならびに定款改正の件を付議し、さらに翌月継続会を催し、これらの議題全部を可決し、磯村音介、秋山一裕、伊藤茂七、中村清蔵、馬越恭平、渡辺福三郎、その他の人々を取締役に、鈴木久五郎、藤本清兵衛、福川忠平などの人々を監査役に選挙した。取締役の互選により、磯村は専務に、脇山は常務に就任し、中堅として活動することになった。

また、このとき、翁を相談役に推し、まもなく農学博士酒匂常明《さこうつねあき》を迎えて社長とした。翁が相談役となったのは、実業界の先達であったためであるが、さらに大阪の日本精糖会社の関係からであると見たい。同社は、翁が東洋紡績会社の関係で懇親にしていた、佐野常樹の創設経営するところであり、翁も重役として関係したものである。

日本製糖会社は、明治三十九年（一九〇六）十一月、日本精糖会社を合併し、資本金を一躍千二百万円に増加し、名称を大日本製糖会社と改めた。

かくて翌十二月、台湾斗六《どうりう》に工場設立の許可を得、明治四十年（一九〇七）一月、工場新設に着手し、同年八月、社債七百五十万円を募集し、六百五十万円をもって大里製糖所を買収し、製造協定契約を成立せしめ、進んで精糖協同販売契約を結び、明治四十一年（一九〇八）、台湾製糖、明治製糖会社と協同して、名古屋精糖会社を買潰《ばいかい》し、さらに東洋製糖会社をも掩有《えんゆう》する（残らず自分のものにすること）の計画を樹《た》てるなど、最も迅速にその所信を断行し、たちまちにして我が国糖業界の覇権を掌握するに至った。

しかし、積極一点張りで進んだため、自《おの》ずから無理もあり、幾多の禍根《かこん》を残したのはやむを得なかった。資金の大部分が固定し、運転資金の枯渇したこと、大里製糖所および名古屋精糖会社の買収費、台湾工場新設費を、社債または借入金によって支弁したこと、合同後の総能力八百五十万トンに達し、当時の内地消費額の約三倍に当たる過大なる設備は、経営の基礎に非常の重荷たるに至りしことなどが、その主なるものであった。

いかにして、これらの禍根を排除し、難関を突破し、新生面を拓《ひら》くかは、重役の最も苦心するところであったが、当時、日露戦後で、いわゆる戦後経営のため、政府は財政の膨張に苦しみ、歳入増加に汲々《きゅうきゅう》たりしときである。

その一方策として、砂糖消費税を増徴することとなり、従来四種糖百斤七円五十銭であった消費税は、一躍十円に引き上げらるるの形勢を観、その反対運動を試みるとともに、見越輸入によって利益を得んとし、また砂糖官営を実現して活路を開かんことを期し、銀行より極度の融通を求めて、原料を輸入し、巨大なる製造能力を利用して精糖に腐心したが、明治四十一年（一九〇八）二月、増税案は議会を通過し、即日施行と決し、かつ台湾精糖業の発達にともない、四種糖に近き二種糖が、盛んに移入され、見込みは全然はずれ、計画は失敗に終わった。

この齟齬《そご》は、たちまち株価の上に現れ、一時は最高百七十円見当まで昂騰《こうとう》した払込済の株式は、明治四十一年（一九〇八）下期に至り、突如として激落し、あるいは財政状態の紊乱《びんらん》を説き、あるいは重役の失態を評し、株式は下落に下落を重ね、底止するところを知らざるに至った。

・**整理**　かくて、明治四十一年（一九〇八）下期の定時株主総会は、未曾有の紛糾をきたし、株主中より調査委員を挙げて、資産状態の調査をなさしむべしとの議論出で、喧々囂々《けんけんがくがく》、収集すべからざるに至った。わずかに、相談役たる翁の、懇篤なる諭告によって、ことなきを得、かつ瓜生震《ふるう》以下新監査役を選任し、株主はこれらの人々の材幹《ざいかん》（能力、うでまえ）を信頼して、徹底的の調査をなさしむることとなった。

かくて、瓜生監査役は調査の結果、前期決算における利益金八十五万円は、かえって損失に計上すべきものなることを発表したので、一同の驚愕いうばかりなく、かつ、明治四十二年（一九〇九）新春初頭、各新聞は筆を揃えて、内状摘発に勤めたので、株式市価さらにいっそう急落し、たちまちにして十三円内外になった。取締役馬越恭平氏は、さきに辞表を提出していたが、続いて社長酒匂常明以下相前後して、連袂《れんべい》（行動をともにすること）辞職し、整理に関する一切の事務は、残留監査役を中心として行わるるのやむなきに至った。

よって、瓜生監査役は、善後の方策につき、株主として尽力することになり、百方苦心奔走し、翁をはじめ、三井銀行の早川千吉郎、三菱銀行の豊川良平の三巨頭に救済を求めた。瓜生が、翁ら巨頭に示した整理案は、債権者および大株主会に提出し、数回の斡旋尽力によって承認された。ときに明治四十二年（一九〇九）二月上旬で、ようやく整理の曙光を見るを得たと信じたのであった。

しかるに、滞納税金担保中、「日糖」の株券を包含することに関し、一部の物議《ぶつぎ》を醸《かも》し、ついに台湾工場を債務保証として、銀行に提供することあたわざるに至ったのと、その他にまた事情もあって、銀行との諒解破れ、期待した貸付金三百万円はこれを得るあたわざるに至り、瓜生の整理案は根柢より破壊され、整理の前途、暗澹《あんたん》たるに至った。

かかる折から、瓜生は健康を害し、辞任を申し出で、他の監査役もまた辞意を洩らし、ただ潮田万蔵が監査役として留まるのみとなった。かくて、有志株主指田義雄、阿部吾市、大海原尚義、仙波太郎右衛門などは、当局者を鞭撻して、整理の急施を企画し、まず、指田邸に会合して、後継役員選挙のため、三月二十五日頃を期し、臨時株主総会を招集すること、右総会において選挙すべき役員候補者の詮衡につき、尽力すべき委員五名を挙げ、翁その他と交渉してこれを決定すべきこと、右尽力委員を、藤山雷太、大海原尚義、浜木義顕、阿部吾市、仙波太郎右衛門の五名とすることを決議した。右によって、三月八日、同気《どうき》倶楽部において、大株主会を催してなされた決議は、後継役員組織の端緒をひらき、整理の基礎となった。

当時「日糖」は、伏魔殿《ふくまでん》をもって目せられ、一世の非難攻撃を浴び、あたかも孤城落日《こじょうらくじつ》の観があった。取締役として、中村清蔵、恒川新助などあり、万難を排して死守し、わずかに命脈を保つ有様であった。ゆえに、新たに入社して整理の重責を担い、新局面を展開せんこと、ほとんど絶望なりとしたので、役員を詮衡《せんこう》（選考）せんとする翁および委員などの苦心は、とうてい筆紙のよくつくすところでなかった。

かくて、三月八日の大株主会において、予定された同月二十五日の臨時株主総会は、これをひらくに由《よし》なく、越えて四月二十七日、役員決定まで前後五十日間、連日連夜の活動を継続せざるを得なかった。

当初、後継役員の主班として、金子直吉氏を推すことに一致した。けだし、主たる債権者鈴木商店を主宰し、かつ糖業に関する多年の経験があるからであった。

よって翁は、親しく同氏に勧説し、また酒匂前社長自ら神戸に急行し、同時に浜木義顕もまた、金子氏の知友武藤山治氏を介して、懇談を試みるなど一同切に勧説したが、金子氏はついに肯んじなかった。翁および委員などの最適任者として、その就任を切に勧めた金子氏に拒絶され、役員詮衡《せんこう》は停頓し、前途光明を見るを得ざる折から、債務の始末に関し、債権者と交渉しなければならなかった。よって翁は、債権者を日本橋倶楽部に招き、残留取締役、監査役の出席を求め、前記の委員もまた列席し、諸般の協議をなした。

債権者団の主張は、旧株四株を一株とし、新株は八分の一に減少し、その二十株を合して払込済株一株とし、四百六十万円の債権を年八分の優先株に引き直し、会社解散の場合は、優先株に優先配当権を与うべしというのであった。実に虫のよい案である。

当時、銀行からの借り入れは不調に陥り、役員詮衡は停頓し、会社の前途、真に暗澹たるものがあり、株主としては会社を挙げて、債権者に委付する外《ほか》なしとまで、考えていたときではあったが、かく具体的に切り出されて、いまさら驚いたのであった。ただでさえ、影の薄かった「日糖」は、いよいよ最後の運命においつめられた。しかし、悪ければ悪いだけ、苦しいければ苦しいだけ、粘るのが翁である。最後まで望みを捨てないのが、その特徴である。

このときも、また、その真面目を発揮して、既倒の「日糖」を蘇生《そせい》せしめた。それは、後継者として、藤山雷太氏を起用したからである。藤山氏は当時、壮齢四十七、かつて芝浦製作所、王子製紙会社、東京市街鉄道会社において、責任者として事業界の苦労をした人である。

しかし、容易にきかなかった。百方手をつくし、藤山氏が受諾の解答を与えたのは、四月二十七日正午、臨時株主総会に先だつ、わずかに一時間という際どいときであった。同日午後、日本橋倶楽部に開催された臨時株主総会は、「日糖」にとり、記念すべきものであった。

いよいよ議事に入るや、議場沸騰してあたかも鼎《かなえ》のわくがごとく、質問々々の声かまびすしく、相談役たる翁に対し、恨み言を放つ者もあった。

かくて、翁は起って、製糖業に関係した沿革より説き出し、相談役就任の事情、日糖破綻の顛末《てんまつ》、善後の尽力に至るまで、縷々《るる》数万言、切々衷情を述べたので、喧噪の声静まり、ついに満場一致、翁に役員の指名を一任し、翁は、藤山雷太、星野錫《しゃく》、浜木義顕の三氏を取締役に、大海原尚義、指田義雄の二氏を監査役に新たに指名し、かつ旧重役、中村清蔵、恒川新助を付加し、さらに翁は、実業界の関係の大部を辞したるにかかわらず、「日糖」は引き続き相談役たるべき旨を承諾した。

かくて、重役会において、藤山氏を社長に推し、藤山氏の日糖整理がはじまった。藤山氏が就任挨拶の中に、

私が進んで債権者と会見するにつきましては、もちろん債権者の感情を害することがあるだろう、また、病気を治すためには、あるいは諸君の非常な攻撃を受けることがあるだろうと信じている。また、政府に向かってお願いする場合には、政府からも大いにお叱りを受けるようなこと

があるだろうと信じます。

ほとんど私は、いかなる手術、いかなる整理を施すにしても、総ての人の満足を受けることは出来ず、株主諸君中からも、あんなことはいけないじゃないか、といわれるかも知れぬ。また、債権者に向かって談判しても、その債権者は必ず十分に、吾々《われわれ》を同情をもって迎えてくれないだろうと信じます。

しかしながら、そういう困難は、私はいっこう顧みない。……この会社に私が入って、その整理の任を尽くすについては、諸君から大いに攻撃されるだろうと思いますが、その攻撃や自分の骨折りは顧みないで、幾分か外科療治をしなければならぬと、私は今日から考えております。

人間の生命を保つには、それ相当の方法がある。あるいは、足の一部分を切って、全身の病を治すことがある。それは、病のしからしむところで、いたしかたないと、私はここに明言しておきます。私は会社の利益、株主ということを基礎とし、道理によって働くつもりでございます。その一事を諸君に告白しておきます。

つきましては、足を折られ手を折られるような場合において、外科手術は痛いとか何とか、非常な攻撃を向けてくだすっては、はなはだ難しゅうございます。それは、あらかじめ、あなた方がご記憶あらんことを希望するのであります……。

と述べた通り、非常の決心をもって、ことに当たり、債権者との交渉、政府滞納税金始末、ならびに鈴木商店関係も、同年十月までに解決し、年賦借入れ金第一回の納入も遅滞なく終わり、明治四十四年（一九一一）に五分の利益配当をなすことを得、今日の「日糖」たるべき第一階梯に達したのであった。

明治製糖会社

「日糖」のことを記した以上、「明糖」についても記さねばならない。明治製糖会社は、相馬半治氏の発案になるもので、氏は糖業研究のため多年欧米に遊び、明治三十六年(一九〇三)、帰朝するや、同郷の先輩小川錦吉《ぜんきち》に説くに、名古屋に精糖工場を起こすことの有利なるをもってし、その賛成を得て、調査を進めつつありし折から、日露戦争勃発したるため、計画は停頓した。

翌三十七年(一九〇四)、相馬氏は東京高等工業学校教授より転じて、台湾総督府糖務局技師となり、実地指導の任に当たるにおよび、親しく幼稚なる斯業《しぎょう》の実情を視、改善の余地多きを知り、新式工場設置の急務を感じ、再び小川氏を説いた。小川は、実際の調査に基く相馬氏の案を容《い》れ、浅田正文に諮《はか》り、製糖会社設立の決意をした。

明治三十九年(一九〇六)六月、小川ならびに浅田は、相馬氏とともに、折から上京中であった台湾総督府財務局長兼糖務局長、祝辰巳を訪ね、計画の内容を陳《の》べて許可を請うた。

しかるに、当時台湾製糖会社にしても、塩水港製糖会社にしても、その他の会社にしても、いずれも、すこぶる困難な状態であったため、最初から大規模の経営を標榜《ひょうぼう》した「明糖」の目論見《もくろみ》に対しては、総督府として警戒していたので、相馬氏などから懇談したときも、祝局長は気乗りがせず、時機尚早と称して同意しなかった。

しかし、熱心に説いた結果、総督府と電報を往復するまでに至り、結局、「内地大資本家が堅忍持久もって事業経営の任に当たるの大決心あらば、総督府はこれを歓迎するものなり」という内意を確かめた。かくて、計画はにわかに具体化し、翁、森村市左衛門など有力者の賛助のもとに、一般に発表されるに至った。

明治三十九年（一九〇六）十月、発起人会を開き、翁、小川鉀吉、浅田正文、三氏を創立委員に選び、翁は推されて創立委員長となった。繰り返して記したように、翁は、明治三十七年（一九〇四）に、実業界の関係を絶つ決意をなし、これを実行に移したのは数年後であったが、「明糖」創立の当時、すなわち、明治三十九年（一九〇六）は決意後であり、その実行前である。

従来の関係をさえ絶たんとするときに、たとえ創立までのこととはいえ、新たに営利事業に関係したことは、拘泥《こうでい》した観方からは議論があるかも知れない。それを、あっさり引き受けたところに、翁らしいところがある。が、しかし、翁生涯の「秋」における除外例たることは、動かし難い。

かくて、明治三十九年（一九〇六）十二月下旬、創立総会を開き、翁は委員長として議長席につき、役員の選任、その他会社設立に関する法定事項を議決した。このとき、取締役に、小川鉀吉、相馬半治、浅田正文、薄井佳久、植村澄三郎、監査役に、山本直良、荒井泰治の諸氏が就任し、さらに互選の結果、取締役会長に小川、専務取締役に相馬氏が当選、就任した。植村氏については、すでに記したことがあるが、このときの取締役就任についても、翁と関係がある。それは、

外遊に当たっては、まずハワイに一日滞在し、その砂糖耕作地を視察したが、工場長も支配人もアメリカ人で、労働に従事しているのは日本の移民である。そして、その生産高は日本の全消費よりも多かった。すなわち、この砂糖工業の実際を見て感ずるところがあり、船中から先生に、

「新領土台湾をして、砂糖の産地たらしむるよう、お考えになってはどうか」と手紙を書いたが、そののち、明治三十九年（一九〇六）に、青淵先生が、創立委員長としてご尽力になり、一会社をつくられた。これが、今日盛大に赴いている明治製糖会社で、私は先生から、「お前は砂糖のことを調査しておるから、重役に入るがよい」とのお口添えで、同社に関係した。

と、植村氏自ら記しているごとく、翁の推薦によって、経営に関与することになった。

発案者であり、実際の中心たる相馬氏と相知る間柄であったことも、もちろん理由の一つであるが、創立委員長たりし翁が、親しく実際経営に携わるを得なかったため、自分の代理の意味を含めて、植村氏を推薦したことが主なる理由であった。

かくて、会社成立の当夜、小川取締役会長は、重役一同を浜町常盤に招待した。この日相談役を引き受けた翁も、また招かれて席に列した。そして、相馬氏が自ら『還暦小記』に記したように、「書生技師あがりのホヤホヤ実業家たる」氏に対し、

自己担当の仕事は、己のものと思い、誠実にこれを遂行せよ、金銭は他人よりの預りものと心得、いつでも返し得るよう整理しておけ。

との訓言を与えた。これを聞いた氏は、

事業家の服膺《ふくよう》（心にとどめて、忘れないこと）すべき千古の金言である。しかし当時は、何となく十分理解し得なかった点もあったが、漸次その真理たることを了解した。この教訓は、いまなお念頭に新たにして、自分は日々、一意これに背かざらんことを心がけている。

と記している。この記述の、いかに事実に即しているかは、今日の「大明治」を築きあげるまでの氏

の態度と精進とを見れば、首肯出来よう。

明治製糖会社の生みの親となり、その中心となった相馬氏に、この指導精神を示した翁は、爾来、明治四十二年（一九〇九）の実業界引退発表のときまで、相談役として名を列したが、先に記したごとく、五十余の会社関係を辞するに当たりてこれを辞し、直接の関係を絶った。しかるに、そののち大正の末葉、間接ながら、翁と「明糖」とは交渉を生じた。それは、十勝開墾会社の買収のためである。『還暦小記』の記述を引こう。

十勝開墾株式会社は、明治製糖清水工場の西北五マイルの地、熊牛にある。明治三十一年（一八九八）、渋沢子爵および大倉男爵などの創立に係るもので、資本金百万円、社長は植村澄三郎氏である。同氏は、明治製糖の取締役である関係上、これが合併を申し込まれた。

明治製糖にとっては、甜菜糖耕作上《てんさいとう》必要であり、旧会社にとっては、時代の趨勢《すうせい》上、個人経営よりも大会社に移す方が得策であり、双方相談まとまって、大正十三年（一九二四）四月、明治製糖に買収し、清水工場に属する土地をもあわせ、百万円払込済の会社とした。

そののち明治製糖が、東洋製糖の台湾工場買収に際し、同社が北海道に所有する清水付近の土地をも買収し、同社所属とした。

現在の農場は、熊牛の二千五百町歩をはじめとし、清水、人舞、上然別、士幌、および新得などであって、総面積八千町歩、うち既墾地五千町歩、農家の数四百九十戸、三千百余人である。農作物は、甜菜《てんさい》、大豆、米、燕麦《えんばく》など、年額八十万円を産し、北海道における模範的開墾地と称せられている。

農場長は、永らく故吉田嘉市氏であったが、いまは中村新作氏である。

十勝開墾会社は、翁の創始経営したものであるが、この種の事業――農業、牧畜などについては、犠牲多き翁の努力を語るべき幾多の事実があるから、さかのぼって記しておきたい。

四、農業と牧畜

十勝開墾会社

若かりし日の翁の盟友、のちに翁の援助によりて、実業界に活動した渋沢喜作のことは、しばらく筆にする機会を得なかったが、十勝開墾会社のことを記すについては、まずその名を挙げねばならない。同社の萌芽は、明治三十年（一八九七）一月に見ることが出来る。当時、北海道製麻会社社長であった渋沢喜作が、十勝地方の未開の地多きを慨し、翁ほか十人とともに約三千五百万坪の貸付予定敷地を出願したのが、それである。

かくて、翌年二月、資本金百万円をもって、十勝開墾合資会社を組織し、その第一回社員総会において、起業の方法を協議し、ついで第二回社員総会において、設立契約書、出資分担額を決議し、役員の選挙をなし、業務担当社員社長に、渋沢喜作、業務担当社員に、渋沢翁、大倉喜八郎、田中源太郎、田中平八、監査役に、中村太三郎、植村澄三郎の諸氏が当選、就任した。

また農場長には、農学士町村金弥、副農場長には、小田信樹が就任したが、町村は翌年辞し、小田が代わって農場長となった。

小田は、翁の旧知である。かつて、翁の一橋藩時代を記したとき——一橋藩の人となる動機であった尾高長七郎の苦境打開のため、黒川嘉兵衛の添書によって、幕臣小田又蔵を訪ねたことを書いたが、その小田の後身が小田信樹である。

しかし、このときの就職は、その縁故のみによったのではない。十勝開墾会社の創始以来、この事業に深き興味をもった植村澄三郎が、旧師として力強く推薦したためであった。

当時、十勝には鉄道なく、また、交通機関がほとんどないといって差し支えない状態であったから、見るかぎり人煙稀で、ことに帯広以北は無人の原野であった。これを開墾せんとするのであるから、その困難は想像に余りがある。

諸物資は、函館から海路大津港に送り、十勝川をさかのぼって帯広に至り、さらに駄馬によって農場に達する状態であった。十勝川を利用するというものの、ようやくアイヌの独木舟によったので、帯広までに七日を要したのであった。かかる状態であったから、移民の募集に苦しみ、また、収穫物は運搬の便なきため、極端に低価であり、需要品はすこぶる高価であったから、社長はじめ当局の苦心は、容易ならぬものがあった。

かくて、明治三十四年（一九〇一）に至って、異論百出し、出資社員の退社するものが相ついだ。そこでやむなく、資本金を一挙三十六万円に減少し、したがって起業の方法を変更し、一部分の未開地を返還した。これによって第一段の整理はしたが、社員の脱退なお続き、ついに残るものわずかに六名となった。翁はもちろんであるが、渋沢篤二、渋沢喜作、大倉喜八郎、和久伊兵衛および植村澄三郎氏であった。よって更に減資して十九万円とし、貸し付け地の一部を返還すると同時に、移民奨励の目的をもって、明治三十五年（一九〇二）四月、小作人規定を改正し、土地譲与の方法を定めた。

かくして、更生の方針確立し、積極的に進むことになった結果、小作人漸次増加し、事業もややその緒についいた。しかるに、まもなく日露戦争となり、またしても移民の募集について苦しんだが、常務者の努力によって凌《しの》ぎ、予定計画の完成に向かって、力強い歩みを続けた。

かくて、明治四十年（一九〇七）九月、予期のごとく鉄道開通し、将来の発展を期待し得るに至り、翌四十一年（一九〇八）八月、渋沢翁の訪問によりてさらに気勢をあげた。翁のこの行は、小田に会って久闊《きゅうかつ》を叙し、その労を慰めんためであった。

さればこそ、植村氏が記憶せるごとく、「農場の小田の家へ、三晩ばかりも宿泊して、その労を慰め、かつ農場を巡視せられ、自ら小作人の食物である粟にゴショ薯《いも》の煮込み飯を食べられた」のであった。

爾来、順調の経過を辿り、開墾はしだいに進み、農業にもまた経験を加えた。かくて、明治四十二年（一九〇九）、内田瀞氏を顧問に、吉田嘉市氏を農場長に迎えた。けだし、創設以来、刻苦尽瘁《こっくじんすい》した小田が病に臥し、再び起つ望みを失ったからであった。

吉田農場長就任ののち、日夜精励ことに当たり、開墾の進捗《しんちょく》を計り、移民を補充し、また道路を開削《かいさく》し、排水溝を増設するなど、起業方法に関する諸般の整理をなし、牧場千二百六十二町歩は成功検査を経て、明治四十三年（一九一〇）九月附与を得、畑三千四十三町歩は、四十五年（一九一二）五月附与を受けた。

爾来、農事の改良奨励とともに、道路の開削、排水溝の掘鑿《くっさく》、水田経営などに力をそそぎ、大正四年（一九一五）に、五分の初配当をなし、翌年、組織を変更して株式会社とし、資本金を二十万円に増加し、社長に、植村澄三郎、取締役に、尾高幸五郎、八十島親徳、監査役に、大倉喜八郎が就任した。かくて、しだいに内容充実につとめ、好成績を続けきたり、大正十三年（一九二四）に至って、明治製糖会社に買収されたのであった。

翁は、創始の当時より、業務担当社員となり、明治四十二年（一九〇九）に辞任するまで、この難事業の実際的指導者としてつとめた。ただに経営について努力するのみでなく、事業維持についての目標となった。

それは、前に記したように、出資社員の落伍するもの相ついだとき、

大倉さんは、

「渋沢氏がやるというのだから、手を引かなくてもよい」

といい、大阪の和久という人は、

「渋沢さんとか大倉さんがやられる以上、損はないだろう」

といって、脱退しなかった。

と、植村氏が記述しているように、翁の与えた、モラル・インフルエンス（道徳的影響）によって、会社挫折の一歩手前で食い止めることが出来たのであった。

三本木農場

三本木の今の農場の土地を引き受けた最初は、明治二十年（一八八七）であったろうと思うが、当時、第一国立銀行の支店が盛岡にあって、その分かれで八戸に出張所があったが、その店でだいぶ貸金《かしきん》をし、それが滞ったため、その整理をすることになり、その一部を引き受けたものである。

これは、銀行へ迷惑をかけては相すまぬ、というところから引き受けた訳であるが、同時に尾高藍香の失態の尻ぬぐいをしたのであった。藍香は立派な人で、私の子供のときは、師事した人であるが、仕事の出来ぬ人であった。とっかかりは、なかなかよく理屈をつけるが、あとの取りまとめが至って下手で、いわゆる初めは敏く、終わりは拙《まず》しの方であった。

第一国立銀行は、その初め東北各地に支店を置いたもので、藍香は、初め仙台の支店長になり、ついで盛岡の支店へ移った。この時分、だいぶ貸し倒れを造ってしまったので、その結果、三本木の土地を引き受けることになったのである。わるくいえば、本店の許可を受けず、放漫な貸し出しをしてひっかかった訳である。

しかし、私としては前の関係もあり、あまり叱言もいえぬというので、困ったのであった。佐々木さんなどはよく知っていると思うが、藍香の人となりは誠に敬服に堪えなかったが、事業上には働きがなかった。働きがないばかりでなく、出来もせぬことを考える傾きがあり、いわゆる軽信する風があった。

その結果、ここに至ったので、方々へ迷惑をかけてもよろしくないというので、借金を渋沢の家で引き受け、その代わり担保に入っていた土地も引き受けたというしだいで、その土地が現在の三本木農場の土地である。だから、因縁ずくで引き受けたので、進んで買った訳ではなかった。

しかし、引き受けた以上、何とか方法を立てねばならぬ。相当な方法で維持すれば、時の進みによって、おいおい値も出るであろうから、一概に心配せんでもよかろう、とにかく尾高のやったことで、銀行に迷惑をかけてはならぬというので、引き受けた。

今もいったように、土地は持っていれば、将来日本の国運が進めば、だれかしら手をつけるであろうから、無駄にはなるまい。借金を肩代わりするため、利息は損するが、それ以上のことはない。急にはいかぬが、時の経過を待てば、捨てたものでもあるまいと考えたのであった。

と、翁が談話した通り、三本木農場は、積極的にその経営を企画したのでなく、第一国立銀行の関係より土地を引き受けることになり、ついに農場を経営するに至ったのであった。しかも、この原因となった土地も、三本木開墾会社の株式を引き受けた結果、これに附属して所有するに至ったのである。

三本木開墾会社は、安政年間、旧盛岡藩士、新渡戸《にとべ》伝《つとう》の計画した三本木原開墾を萌芽とするものである。伝《つとう》は、国際人、新渡戸稲造博士の祖父である。三本木開墾は、伝の晩年の事業で、予期の結果を得ることあたわざる中、明治四年（一八七一）、その病没とともに、ほとんど廃絶に瀕したのであった。

しかるに、明治九年（一八七六）、奥羽御巡幸の際、伝の遺功を追賞され、その子孫に御下賜金《おんかし》などがあったので、時の岩手県令山田秀典、大いに感激して、伝《つとう》の遺業の再興を図り、熱心に斡旋したため、明治十七年（一八八四）、三本木共立開墾会社が生まれた。同社は、資本金五万円をもって創立され、水利を通じ、三本木原を開墾するを目的としたもので、ほかに官金二万二千円の貸し下げがあった。

かくて、募集された株式一千株には、三本木原野が割り当てられ、「株地」と称した。この株式の中を肩代わりし、したがって株地を引き受けたのが、三本木農場創設の原因をなした。

この農場の沿革を辿って、ここまできて記さねばならないのは、広沢安任《やすとう》のことである。安任は、翁の旧知であって、維新後、陸奥南部に移り、開墾、牧畜を営んでいたが、かねて南部曠野《こうや》の開拓を主張していた。

懇意であった関係から、翁はしばしばその主張を聴かされたが、親しく手を染むる機会もなく、また、その気持ちもなかった。しかるに、三本木共立開墾会社の株式肩代わりによって、翁は三本木に土地を所有することになったので、広沢は年来の主張実現の機至れりとなし、極力翁に農場開設を勧め、翁もこれを容れたのであった。

かくて、農場を置き、開墾に着手したのは、明治二十三年（一八九〇）であった。

普通作物の栽培および牧畜を主とし、もっぱら直営の方針をとり、大農法の適否を試みたが、その結果、面白くなかったので、明治三十年（一八九七）ころより、徐々に方針をあらため、小作経営を加え、鋭意移民に力をいれた。これら移民は、福島県よりきたが、土地の状況が違うのと、耕作法に慣れざるため、とかく落ち着かなかった。

ただでさえ落ち着かなかったところへ、明治三十五年（一九〇二）が、はなはだしい凶作であったため、逃亡するもの相つぎ、戸数半減するに至った。しかし、残った移民は、しだいに気候風土に慣れ、かつ付近よりの移民も加わり、漸次定着するようになった。よって、明治三十八年（一九〇五）、直営を廃し、全部小作経営とした。

爾来、移民は年とともに増し、開墾もまたしたがって成績をあげ、大正三年（一九一四）、株地全部の払い下げを受けた。

かくて、ようやく新渡戸伝《つとう》が夢みた三本木原の開墾は、曲がりなりにも実現したが、実現してのちの経営は困難に困難を重ねた。その詳細を記すべきかぎりでないが、翁のいったように、

「時の経過を待てば、捨てたものでもあるまい」

といい得る状態に達したと断言することを、躊躇せざるを得ないのは遺憾である。農場開設以来、四十五年にして、翁の予期に達し得ないことを思い、いまさらながら翁の事業に対する、執着の強さに感嘆するものである。

奥箱根の開発

箱根――親しみをもって響く、温泉郷箱根の名は、箱根登山鉄道沿線か、または、いわゆる箱根七湯にかぎられるように、一般に諒解せられる。しかし、事実はさようではない。

箱根国立公園を実現すべき地域――「大箱根」から見ては、これらはわずかに一部分に過ぎない。交通機関の関係もあろう。地勢の関係もあろう。その原因はいずれにあるにしても、他の部分――奥箱根を知る人は少ない。

奥箱根は、駒ヶ岳、冠ヶ岳、大涌谷をつなぐ線を境とし、湖尻峠、長尾峠、乙女峠などの外輪山を

もって囲まるる部分である。軽井沢、富士見とともに、関東三大高原といわれる、仙石原《せんごくはら》を中心とする高原地帯である。

奥箱根と渋沢翁との関係は古い。グラント将軍を迎えて、空前の大歓迎の中心となって働いた明治十二年(一八七九)、当時常に事を共にした益田男爵と計《はか》り、毛布の原料たる羊毛の原料たる羊毛を得んため、勧農局に、「純粋のメリノ種羊五百頭拝借の儀」を出願したのが、その最初である。明治の初年、すでに羊毛の輸入防遏《ぼうあつ》(ふせぎとめること)を企画したところに、翁の面目が躍如としている。もちろん、翁らの希望は容れられ、綿羊貸し下げの許可があった。これら綿羊飼育の方法練習のため、同年、須永伝蔵を三里塚牧場に派遣した。

須永は、翁の従弟で、かつて、渋沢喜作などと共に、彰義隊に在って活躍した人である。三里塚に赴き、指導者ジョンスにつき実務練習中、須永は、翁らの牧畜業経営の計画を聞き、候補地として仙石原を推薦した。けだし、ジョンスの主張をそのままとりついだのであろう。

須永の提案により、益田男爵は親しくその実地を踏査し、好適地なるを認め、翁もまたこれを賛し、神奈川県庁との間に払い下げの手続きを了し、いよいよ開拓に着手したのは、明治十三年(一九三八)二月であった。かくして、翁らの仙石原における事業が開始されるとともに、須永は選ばれてその主任となり、文字通り野に臥し山に寝て、専心努力した。

しかし、須永の懸命の努力にかかわらず、原を埋めた萱《かや》は、刈るにしたがってのび、限りある人力をもってしても、いかんとも出来なかった。かくて、やむなく、まず乳牛を牧して草の質を改良し、しかるのち、おもむろに綿羊飼育に移ることに方針をあらため、「綿羊拝借願」を取り消した。

羊毛の輸入防遏《ぼうあつ》という、当初の目的は放棄したが、その代わり、牛乳とバターの販売によって、当時の時代相であった欧化主義の具体化に資した。おそらくは牛肉を戸外にて煮たであろう明治初年に、牛乳の普及につとめ、バターを製造販売した苦心は察するに余りがある。

乳牛の飼育と牛乳の普及に鋭意するそば、また馬の放牧をも営んだが、仙石原を埋骨の地として奮励刻苦した須永の、二十余年にわたるこの事業——耕牧舎に対する努力は、しだいに実を結び、東京(中根岸、築地、芝、および四谷)、宮ノ下、箱根、小田原、沼津、猿橋などに支舎を設置するまでになった。

しかるに、明治三十七年(一九〇四)、須永が病に斃《たお》れ、にわかに中心を失った耕牧舎の事業は、一頓挫をきたした。かくて、各地支舎は、それぞれの主任者の自営に委ね、独立せしめて始末したが、仙石原は、またもとの原野にかえり、萱草《かやくさ》いたずらに生い、空しく枯れつつ二十余年の春秋を送り、昭和三年(一九二八)七月、仙石原地所会社として更生するまで、静寂を守りつづけた。

五十年の無駄の累積は、長尾峠下に鬱蒼たる杉林となり、また長尾以西につづく傾斜面に青く浮かぶ植林地となり、さらにこの仙石原地所会社となった。

しこうして、この会社の関係から——明治初年以来、翁と益田男爵が奥箱根に交渉を持った関係から、これら有力者の手で、箱根温泉供給会社が生まれた。箱根温泉供給会社は、仙石原を中心とする奥箱根一帯を、温泉の普及、温泉の大衆化によりて開発せんことを目的として設立されたもので、その成立については、翁の主張と配慮とをあげねばならない。さかのぼって記してみよう。

我が国医学史に偉大なる足跡を印したベルツ博士は、明治二十年（一八八七）、長文の意見書を宮内大臣に提出し、箱根大涌谷を中心として、バーデン・バーデンのごとき大温泉郷を設け、大衆の衛生保健に資せんことを主張した。宮内省はこの意見に基づき、大涌谷、蛭子付近一帯の土地山林を漸次買い上げて、御料地に編入したが、ベルツの理想は実現するに至らず、三、四の人々が、温泉の払い下げを受けるに過ぎなかった。

しかるに、昭和三年（一九二八）に至り、宮内省は本来の目的に副《そ》わんことと、温泉払い下げ権利者統制の煩を避けるため、大涌谷の開放を決意し、これを基礎として、「温泉供給」を目的とする会社を組織せんことを希望するに至った。かくて、昭和三年（一九二八）二月、この宮内省の内議は林野局長官より内示され、翌三月、翁は益田男爵、安川雄之助、渋沢敬三などの諸氏を渋沢事務所に招き、これが対案を練った。

実業界を脱してのち十数年、社会公共、国民外交などの広き分野に働いた翁が、形式から見て一営利会社のことに関係したように見えるこの事実は、翁の凝滞《ぎょうたい》なき大人格を語るものであるとともに、社会大衆を思う熱情の現れである。

それは、この記念すべき会合において発表した、翁の意見によっても明らかである。

私は、益田男爵と共に、昔から箱根の奥、仙石原に土地を持ち、牧畜、開墾など、種々の事業を経営しましたが、いずれも成績があがらずに今日になりました。これまで、たびたび宮内省当局の方々に対し、大涌谷の開放についてお話しましたが、容易にご同意を得ることが出来ませんでした。ところが、今回、宮内省における、大涌谷開放の内議を洩れ承り、欣快《きんかい》に堪えません。

しかし、今度のことは、仙石原のみを目的とするものでありませんので、私らの関係した土地は、何らの影響を受けないかも分かりませんが、私は自分の関係ある土地へ、たとえ一滴の温泉がこなくとも、地方一般の利益を増進し得るならば、真にけっこうであると喜んでおります。

この内議が、私どもの仙石原に土地をもっておる関係から、最初に私どもの耳に入ったことを考えますと、仙石原に関係したことがはじめて意義あることになり、明治初年以来の苦心が酬いられたように思われまして、まことに喜びに堪えません。

しかし、この種の事業は、利益を主として考えるようでは、とうてい目的を達することが出来ないのと、宮内省の希望により、これに代わって経営するという訳でありますから、これらの点を考えて、よほど慎重に進まねばならぬと思います。

翁のこの感慨と注意とを基礎として組織されたこの会社は、パブリック・ユーティリティーの模範として立つ覚悟をもって出発し、「営利」よりは「奉仕」を目的として経営せんため準備につとめ、爾来、幾春秋を基礎調査と設計とに送り、ようやくにして第一期計画を完成し、翁の指導と激励によって成れる新式木管によって、強羅《ごうら》ならびに仙石原村に予期のごとき温泉を送ることが出来、翁の希望した「奉仕」の第一歩を踏み出したのは、昭和八年（一九三三）三月一日であった。

翁の、開墾に関する努力の跡を辿って、昭和時代まで入ったが、今はひるがえって翁生涯の初秋における活動を記さねばならない。

五、教育

日本女子大学校

翁生涯の晩夏、初秋の交《こう》（変わり目）の事業として、目につくものは教育である。すでに、女子教育としては、東京女学館の関係があり、商業教育としては、東京高等商業学校の関係があった。さらに、この頃から努力し出したものに、日本女子大学校がある。

東京女学館にしても、東京高等商業学校にしても、真に容易ならぬ努力をしてきたことは、すでに記した通りであるが、あらたに関係するに至った日本女子大学校に対しても、また絶大の尽力をした。日本女子大学校に関係するに至った事情、ならびに爾来の経過について、翁自ら談話したことがあるから、それを掲げよう。

……それから、女子大学の方は、故成瀬仁蔵氏が、その創立のことをいってきた。それは、明治二十九年（一八九六）であった。成瀬は大阪で梅花女学校をやっていたが、東京へ来て、まず大隈さんのところへ行き、女子教育の必要と、最高学府として女子大学建設の希望を話した。

しかるに、大隈さんは、

「俺一人では駄目だから渋沢に話せ」

といったそうで、私に相談にきたので、種々の曲折を経て、ようやく出来あがったものである。ゆえに、女子教育の機関を創立するについて、私が相談にあずかったという話は、東京女学館と似ているが、両者の成り立ちは非常に差がある。

それは、東京女学館の方は、交際社会に出る女子を教育するのが目的で、むしろ私らがその必要を首唱し、幸いに政府や宮内省方面で力をいたしたから出来あがったのであるが、後の女子大学の方は、成瀬が相当な知識をもってかかったので、組織的に女子教育をやろうとしきりに主張し、私はむしろ後から加わり、かつ一切民間の力でやったのである。

はじめ女子大学の相談を受けたとき、私は、これはなかなか容易でないと思ったから断ったが、成瀬は、

「とうてい他の人では成就せぬから、ぜひお願いする」

と、泣くように頼むので、ついに断わり切れず、相談に乗ることにした。成瀬とたびたび会う中に、成瀬がいうには、

「婦人も国民ではないか。渋沢さん、あなたは夫人を人と思わない。あなたの欠点はそこに在る。あなたは外には何ら申し分のない人であるけれども、どうもこの点だけは同意しかねる。私は、真にあなたに敬服すればこそ、こんなことを申し上げるのです」

などと、しきりにいうので、

「君の説には大いに賛成する。しかし、女子に高等教育を与えたために生意気な風を生じては困る」

と、その点をはっきりといった。松平楽翁公も申されたように、「あるもなきにおとるは誠なき人の才、女の才……」で、このことは十分弁《わきま》え置かなければならないと思う。

それだからといって、婦人教育を完全にすることは大いに肝要である。将来、利用厚生の考えのない婦人は駄目である。私は、婦人にこの方面の能力が欠けているとは思わぬ。ただ、従来のやり方がわるかったのである。

概して、武力のみによって立つ国家には弱肉強食の弊が行われやすく、ひいては力の足りないものを蔑視するのである。日本の封建時代には別してその傾向が強かったが、その後、女子教育によって、大いに面目を一新することが出来たと思う。

しかし、現在の女子教育が完全に行っているとは思わぬ。現在、制度上から見て、女子には本当の大学の設けがない。もちろん、これには経費その他種々な事情があるであろう。けれども、女子にも男子同様、大学の必要があると思う。

それから私は、明治四十二、三年頃、男女共学の是非について、大いに論じたことがある。しかし、当時においてはなお弊害があるということになった。その頃、私はアメリカへ行ったから、序《つい》でにあちらで、その筋の人々が集まった席上このことを討論したことがある。

アメリカには、すでに、ミネアポリス、ボストン、フィラデルフィアなどの地における大学で、男女共学が実施されておった。それで私は、

「日本の現状はこうである。それについて、あなたの国では男女共学を実際実行なさっているが、その成績はどうか、あるいは弊害がありはしないか、女子の方で害を受けるようなことはないか」

と、突っ込んだ質問もしてみたが、先方ではそんなことはないとのことであった。

これは後になってのことであるが、成瀬の熱心な話があったとき、最初、故外山正一氏などは、女学館といっしょにしようと心配した。そこで、それも面白かろうと、二つをむすびつけてやらせようとしたが、いきなり、成瀬と外山とが喧嘩をして、外山は、

「成瀬というやつは山師のような男だ」

という、成瀬の方は、

「外山は何も知らないのに我意ばかり強い」

と反目し、結局不成立に終わった。

したがって、女子大学の方は中止せねばならぬかと思われるほどの成行きになったが、大和の土倉や大阪の広岡浅子などという人々が、資金を出すことになり、とにかくやりかけた。

しかし、なかなか思うようにいかず、私にぜひ力を入れてくれ、そうしなければ完成は困難であると、しきりにいうてまいりましたが、私はどうも今いっそう力をそそぐという覚悟が出来ず、引き受けるに至らなかった。かつ、かような教育事業は、政府の方でやるべきものであるとの意見を持っていた。

ところが、そのうち、森村市左衛門さんが、大いに力を入れる気になった。それは、ある日、成瀬がきて熱心に、

「資金を出すについては、渋沢さんと相談するといっておられますから、森村さんを説得してください」

というので、森村さんに会って話してみた。結局、森村は、豊明会から二十万円近くも出すことにしたので、ここに学校を進展せしめることが出来るようになり、そののち三井、藤田、岩崎なども出資して、今日の盛大をいたした訳である。

私は、女子教育は必要だと信じているが、余り趣味は持っておらぬ。ことに、大学程度のものには、国が力を入れねばならぬものだと思っている。それならば、何ゆえ私が女子大学に力を入れているかと、疑うかも知れぬが、今日の状態は、私が棚を差し上げているようなもので、私が手をはなせば、棚が落ちるからである。

前にも述べたように、大学程度のものは、国家としてやるべきことで、私立としてやりはじめ、中途で挫折するようでも困ると思ったから断ったが、そののち森村が十七、八万円出すことになったから、成立したといってよい。当時の十七、八万円は、なかなかの大金であった。

私は、前にも話したように、女子の高等教育によって女子が生意気になるようでは困ると思っておったから、成瀬に「生意気な女子をつくらぬように、いわゆる新しい女をつくってはならぬ」と、口癖のようにいった。

私の、女子教育に力を入れておるについての観念は、常に女らしくない女を出さぬようにということにあるが、幸いに女子大学などの教育方針を見ても、その主張が多少とも効果を奏しておるかと思われる。

女子大学も今のところでは、金が不足して、真の大学にはなれぬ有様である。大学令による大学にするには、積立金も必要だから、なお五十万円ほど必要であるとのことである。そしてまた、私は、日本の女子教育の実情を見て、現状では満足しないが、しからば、いかにしたらよいかといわれると、よい思案はない。

何度もいうようだが、虎の門の女学館の方は、政治上から外見をよくするためのもので、十年過ぎてのちの女子大学校は、成瀬が女子教育の必要を説いたものであって、私は今でも、民間の力のみでは発展しないと思っている。しかし私は、やれるだけやっていくつもりである……。

翁は、「今日の状態は、私が棚を差し上げているようなもので、私が手をはなせば、棚が落ちるから」しかたなく力をいたしておるといっているが、その関係は果たしてさようであろうか。かくのごとく逃げ腰であろうか。

創立以来幹事として、また長く同校校長として尽瘁《じんすい》した、麻生正蔵氏のいうところによれば、こうである。

青淵先生は、成瀬校長の、人格、教育主義、および方法、ならびに手腕を信頼し、教務のこと一切をあげて校長に一任されたのである。先生は、本校の産婆たる創立委員として、また保母たる評議員として、その誕生を助け、その生長発育に深大の力をそそがれたのである。なかんずく、財務委員として、最も多大な保護と援助とを賜わったのである。

単に教務上に一切任せ切りなばかりでなく、財務上においても、ただ要求せられたる資金を、調達する方面にのみ力を尽くされ、資金をどういう風に要するか、また、どう使用するかは、ほとんど一切任せ切りである。何という信任ぶりであろう。

したがって、校長も、その尊い精神と知己とに感じ、一所懸命に経費を節約し、無用の軽費はこれを要求しなかったのである。そこに、人格の調和一致があり、事業の円滑なる運転が存するのである。学校の生長発展も、そこに起因するのである。

もちろん、教育上なり、財務上なり、詳細な点に至れば、意見の相違も多少あるべきも、青淵先生は、小事に拘泥《こうでい》せず、常に大海のごとき広き心をもって、私どもを抱擁し、希望と元気をもって、ことに当たらしむるのである。

青淵先生は、本校の教育事業をもって、自分の事業として経営せらるるがゆえに、財務に対して極めて熱心であると同時に、深く責任を感ぜらるるのである。

明治四十三年（一九一〇）八月、成瀬仁蔵氏、森村市左衛門男爵とともに、信越地方に女子教育奨励講演旅行を企て、約二週間を費やして、女子高等教育の必要を力説し、女子教育に関する誤《ご》謬《びゅう》を論じ、大いに我が校教育主義の宣伝に努められたのである。

さらに、翌四十四年（一九一一）の初夏には、再び成瀬仁蔵氏、大隈侯、森村団男爵とともに、京阪神および岡山に、前同様、女子高等教育奨励の目的をもって、講演旅行をされたのである。こういう名士揃いの、しかも女子高等教育の奨励講演旅行は、おそらく空前絶後の出来事であろう。

青淵先生は、我が校創立以来、満二十七年、病気または外遊中のほか、いまだかつて一度として、卒業式及び評議員会に欠席されたることはない。またもって、先生が、いかに我が校を愛護せらるるかを知るに余りあるのである。

青淵先生は、大正八年（一九一九）一月二十九日、成瀬校長が不治の大病を押して最後の告別講演を試みた際に、その席に参列され、大隈侯とともに、総合大学の設立に関する校長の遺志を実現せんがために、ご老体を提げて大いになすべく心に誓われ、爾来、今日に至るまで、学校に会合のあるごとに、このことに言及せざるはなく、今日に至るも、なお十分にその設立の要求に応ずることの出来ないのは、財務委員として赤面の至りであるとて、縁の下の力持ちの力足らなさをかこち、謙遜に詫びながら、いかに困難であっても、今後この世を去るまで、決してその準備に対する力添えをやめないがゆえに、力強く思ってくれよと、仰せらるるのである。

何という尊い、ありがたいご精神であろう。我が校は、このうるわしいご精神にはぐくまれて、今日の生長発展を遂げ得たのである。

青淵先生が、我が校に対する助成法は、実に前記の通りであって、我が校の主義信念である信念徹底、自発創生、共同奉仕のごとき教育主義や、自治制度による課外教育法や、寮教育のごとき、または校内及び軽井沢三泉寮の夏期修養のごとき方法などに対しては、先生は一切、信任の態度をとられるのみであって、ただ、主義方法の実現に必要なる資金を供給せらるるのみである。

青淵先生は、我が学校が胎内に宿って以来、その誕生の日に至るまでの七年間、ひとかたならぬ産婆の苦役を尽くされ、その誕生するや、今日に至る二十七年の長い年月の間、終始一貫、注意周到《しゅうとう》、親切丁寧に、その保育の労務を果たされ、ときに経営難の病魔に侵され、相当に思い切った外科手術を施したることあるも、日本女子大学校と称する先生の愛娘は、心身とも無事息災《ぶじそくさい》に生長発達し、今日の隆盛をきたし、孫娘たる卒業生は、現に本校の三千五百六十一名に、高等女学校の二千三百七十六名を加えたる合計五千九百三十七名に達し、当初の大学部二百二十二名と高等女学校二百八十八名との合計、五百五十《ママ》名の学生に対し、現在、学生は大学部千六百十六名と、高等学部百二十名とに、附属学校生徒五百名、および小学校、幼稚園の児童を加えたる総計二千六百三十六名におよび、教職員も開校当時の五十三名に対し、目下二百四十九名を有し、当初二棟七寮の寮舎は、今や二十二棟二十六寮に増加し、現に九百五十七名の寮生を収容するに至り、校地一万四千坪を使用し、校舎十七棟、五千三百八十三坪に達したのである。しこうして、第一年度の経常費一万七千七百円は、目下二十八万円に増加したのである。

我が校が、わずか二十七年間に、かくのごとき発展を遂げたのは、一は、成瀬校長の熱誠なる努力と計画、二は、評議員の犠牲的援助、三は、同情者の厚き後援、四は、教職員の協心同力、五は、卒業生の熱烈なる愛校的奉仕、六は、学生の純なる愛校心、七は、時勢の要求、八は地の利のしからしめた結果であることは、先生のいわれる通りであるが、もし先生の前後一貫せる抱擁的援護がなかったならば、果たして、かくのごとき成功をまっとうし得たか否か、はなはだ疑わしいことはもちろんである。

麻生氏は、翁の指導に浴した人である。翁を尊敬する人である。筆端あるいは礼讃に過ぎるものがあるかも知れない。しかし、麻生氏の感触、感銘を割り引きしても、これだけの事実を見ては、翁の日本女子大学校に対する関係が、表面的であり逃げ腰であるというものはないであろう。麻生氏が校長をやめてのち、翁が九十歳を過ぎた身で自ら校長となったことに見ても、その関係は察せられるであろう。

早稲田大学

日本女子大学校とともに記さねばならないのは早稲田大学のことである。早稲田大学は、明治十五年（一八八二）に、大隈重信が創立した東京専門学校を前身として発達したものである。東京専門学校は、明治十四年（一八八一）の政変によって失脚して野に下った大隈が、理想実現の方法として設立したものである。当時の大隈の主張は、国会開設と国民陶冶にあった。そして、国会開設の準備として、改進党を組織し、国民陶冶《とうや》（育成）を目的として、東京専門学校を設立した。

大隈はかつて、長崎致遠館に教官たりしことがある。また、廟堂にあって活躍した当時、慶応義塾の人材を抜擢して、私学出身者の官立学校卒業生に劣ることなきを知っていた。野に下るとともに、東京専門学校を創立したのは、主としてこれらの経験に鑑み、相当優秀の成績をあげ得る自信があったためである。

東京専門学校設立のことが公けにされたのは、明治十五年（一八八二）九月二十二日であった。大隈は、自ら地を早稲田に相《そう》し、資を投じて校舎の建築を創始し、十月下旬、開校式をあげた。当時の早稲田は、東京郊外の一寒村で、馬車を通ずる道さえなく、見渡すかぎり茗荷《みょうが》畑が点在し、朝夕農夫の姿を見るに過ぎなかったとのことである。

東京の西北隅、顧みるものもなき一寒村に生まれ出た東京専門学校は、大隈などの容易ならぬ努力によって、明治十六年（一八八三）八月には、学生二百名にのぼり、講堂を増築し、翌十七年（一八八四）七月、十二名の得業生を出した。かくて、漸次発展の歩を進めたが、政府ははなはだ喜ばなかった。

けだし、大隈が改進党を率いて、政府に対し一大敵国の観をなすとともに、青年に政治教育を授けて、自己の勢力を張らんとするものと誤解したためであった。ことに、当時は、西南戦後数年を経たるに過ぎずして、物情騒然たるものがあり、加うるに、学校関係者に大隈の政治的幕僚が少なくなかったので、政府が色眼鏡をもって見たのはやむを得ない。かくて、種々の方面から、種々の手段をもって、東京専門学校は圧迫された。

政府の圧迫によって、設立後しばらく苦しんだが、苦しみながらおもむろに発展し、明治二十一年（一八八八）、政治、法律、行政、英学の四科に分かち、翌二十二年（一八八九）、文学科を創設し、明治二十六年（一八九三）、研究科を置き、越えて三十一年（一八九八）、社団法人となった。明治三十三年（一九〇〇）六月、大学部設置を決議し、翌三十四年（一九〇一）一月、基金募集の議を交友会に諮り、講師、校友を委員として、各地に派遣した。けだし、第一期拡張計画である。

同年（一九〇一）四月、文部大臣の認可を経て、学部を大学、専門、高等予科の三とし、大学部に政治、経済、法律、文学の四科を、専門部に政治、経済、法律、行政、国語漢文、歴史地理の六科を置き、ほかに研究科を設け、明治三十五年（一九〇二）九月、早稲田大学と改称し、同年十月、早稲田大学開校式ならびに東京専門学校創立二十周年記念式を挙行し、翌三十六年（一九〇三）、大学部に商科を新設し、また高等師範部を設けた。

明治四十年（一九〇七）四月、定款を改正し、従来の校長、学監を廃し、総長、学長を置き、大隈が総長に、高田早苗が学長になった。設立の当初から、名は出さなかったが、常にその経営に容易ならぬ力をいたした大隈が、早稲田大学総長として乗り出し、名実ともにその主宰者となったのはこのときで、実に改進党の後身、憲政本党総理を辞してのちであった。

かくて、翌四十一年(一九〇八)、第二期拡張を計画し、その基金を広く募集するに当たり、翁は、前島密、森村市左衛門、中村武営、村井吉兵衛および大橋新太郎などとともに、基金管理委員を嘱託され、同時にその委員長になった。

翁と大隈との関係は、遠く明治初年からである。大隈の誤解によって、面白からぬ関係にあったこともあるが、まもなくとけて、翁のいわゆる「五十年の親交」を訂《てい》したのであった。日本女子大学校が、大隈から成瀬を紹介されたのに端《たん》を発していることは、前に記した通りである。しかし、早稲田大学とは、その東京専門学校時代には直接関係なく、大学組織となり、大規模の経営を計画し、資金醵集《きょしゅう》(金品を出し合い、集めること)の必要を生じたこのときからであった。

翁は、麻生氏の記述したごとく、「特によく私立学校を理解され、深き同情をもってこれを援助」する人である。日本女子大学校のために、「財務委員としても、最も多大な保護と援助」を与え、「財務上においても、ただ要求せられたる資金を調達する方面にのみ力を尽くされ、資金をどういう風に要するか、またどう使用するかは、ほとんど一切任せ切りである」翁は、同様の態度と、同様の心境で、早稲田大学のために力を尽くしたのであった。

このとき、基金管理委員長を委嘱されたゆえんが、大隈との年来の関係からであり、また翁の財界における声望、閲歴と、寄附金募集に関する態度から考え、早稲田大学内容充実のため、必要欠くべからずとしたためであることを思うとき、翁の資金醵集に関する努力が、いかに要望されたかは、あえて蛇足を加える必要はないであろう。しこうして、また、翁がいかなる態度をもってこれに対したかも想像に難くないところであろう。

かくて大正六年（一九一七）二月、翁が七十七歳を迎えるや、早稲田大学が翁の肖像を揮毫《きごう》せしめて、恩賜記念館に掲げ、また、帝国ホテルに校友会を開いて祝賀し、もって年来の労を慰したのは当然であった。

これより先、明治四十五年（一九一二）五月、大正天皇がいまだ東宮であらせられたとき、恩賜記念館の落成を嘉《よみ》せられ、大隈邸および早稲田大学へ鶴駕《かくが》（皇太子の車）を枉《ま》げさせられた。『大隈侯八十五年史』には、こう記してある。

食後東宮は、一同を従えて、若葉涼し気な庭園に降り立たせられ、靴の歩み軽く温室に入って、異国情調のゆたかに香る、熱帯植物や蘭花などを賞玩あらせられた。そして、少憩せらるる間にコーヒーを召され、心地よげに君に座を賜い、種々談話せられた。そのとき君は、渋沢栄一が実業と教育との二方面に尽瘁《じんすい》して、老来国家のために働く功績を上聞に達した……。

この温室における拝謁については、翁の謹話があるから、掲げておきたい。

いとも畏《かしこ》きことなれども、陛下がいまだ東宮にあらせらるるとき、早稲田大学へ行啓《ぎょうけい》あらせられ、私は、大隈伯爵邸で御陪食《ばいしょく》を仰せつけられて、親しく拝謁の光栄を荷いました。

やがて、御午餐《ごさん》を済まさせられて、暫時の御休憩中、畏《おそ》れ多くも経済上のことについて、特に御下問《かもん》あらせられました。

「現在の経済界は、概括的にいうたら、だいたいにおいて格別心配すべきほどのことはないか。これまで発達した有様を継続して、さらに進歩拡張する状態といい得るか」

という御下問でありました。

よって私は、ある点からは多少心配がないでもございませぬ、しかしながら、国民は打ち挙《こぞ》って努力勤勉しておりますから、事々物々満足に進歩発達を遂ぐるとは言上しかねますけれども、だいたいにおいて、順当の進運を見るという状態にありますと、私が常に思っておるところを、ごく率直に拝答しましたら、

「なお精々《せいぜい》勉強するように」

という御言葉を賜わりました。尊き御身でありながら、御気軽に御言葉を賜わり、前に述べたようなことを御下問《かもん》あそばさるるについても、威厳ある中に御愛情を含ませられて、臣下に接せらるる御有様の、いわゆる、「威《い》あって猛《たけ》からず」という御容子《ようす》を拝見して、深く感佩《かんぱい》(ありがたいと心に感ずること。感銘)したしだいであります。

翁が、大正天皇に拝謁《はいえつ》したことは、あるいはこのときのみであったかと推察される。この記録すべき光栄が、早稲田大学基金管理委員長たりし関係からであることを考えると、このことを特に記すのも、また理由あることを首肯されるであろう。

基金管理委員長として、早稲田大学のため資金醵集《きょしゅう》に努力しきたった翁が、その後いっそう踏み込んで、早稲田大学のために尽力せざるを得ざるに至った。それは何ゆえであろうか。翁の談話をもって、説明に充てよう。

大正六年(一九一七)、例の騒動後、大隈さんから呼ばれた。私と、中野、豊川の三人が相寄って、学校の将来を相談した。このとき、森村男爵もくるはずになっていたところ、病気で来なか

った。そのときは病臥中とて、さすがの大隈さんも、ひどく弱った模様で、「どうか頼む」といわれたので、真にお気の毒に感じ、「万事お引き受けしますから、ご安心ください」とお答えした。

この早稲田大学の騒動は、中野さんの尽力で無事に納まり、高田さんを総長にすることになったが、私は特に頼まれた関係もあるので、今日でも出来るだけ学校の経営には相談にあずかり、田中穂積さんなどとも親しくしている。

翁のいわゆる、「例の騒動」とは、天野博士の頑張りを原因とし、久しく一般に喧伝された、「学長問題」の紛擾《ふんじょう》である。学長問題は、早稲田大学の歴史に、一期を画した大事件で、総長たりし大隈の手に余り、翁ならびに中野武営、豊川良平など有力者の尽力によって、ようやく落着したものである。その原因が何であるか、その経過がどうであったかは、ここに記すかぎりではないが、従来発展充実を目標として一致努力しきたった早稲田学園の同人の間にやや緩みを生じ、その緩みが争いの種となり、長き協同者がかえって怨みの的となったとみるのは、誤りであろうか。その当否はしばらく措き、一度病気をすると、いかに快癒したといっても、再びもとの身体に帰らず——少なくとも病気の痕跡をとどめると同様、翁ら有力者の尽力によって収まったこの騒動も、なおその痕跡までを拭うに至らなかったのは、やむを得ないことであろう。かくて、爾来、ことあるごとに、常に不安の空気を醸成し、機会あるごとに、騒ぎを生ずるに至ったのであった。

それはとにかく、同年九月、翁は総長大隈重信の懇嘱により、早稲田大学最高決議機関たる維持員に就任した。維持員制度は、学長問題解決のために出来たものである。同年十月、さらに校規改正委員長となった。これまた、学長問題の後始末を目的とするものである。

翁がいかに、学長問題のために煩わされたかは、想像に難くないであろう。いわんや、単に員に備わるのみでなく、ことあるごとに、また、ときに自ら会を招集して、熱心討議する翁としては、その労苦、真に察するに余りがある。かくして、翁が、早稲田大学のために不断の努力を続ける中に、大正十年（一九二一）、大隈は逝き、翌十一年（一九二二）、早稲田大学が故総長大隈侯爵記念事業を企画発表するや、翁は有力者を勧誘し、その後援会を組織して会長になった。

かくて、昭和三年（一九二八）、翁の米寿に際し、「明治四十一年（一九〇八）、本大学基金管理委員長にあげられしより、以来ここに二十有三年、直接間接に、たえず本大学の事業に尽瘁《じんすい》せらるるのみならず、前後数回にわたり、自ら七万円の金員を本大学に寄付され、精神的に、はたまた物質的に、本学園の発展に貢献されつつあり、学園関係者一同の深く感激するところ」なるをもって、米寿祝賀のため、島田墨仙の筆に成れる三幅対画幅を贈呈した。

早稲田大学との関係を終わるに当たり、塩澤昌貞氏の記述を掲げておこう。

（渋沢）子爵が、早稲田大学に直接関係するようになったのは、明治四十一年（一九〇八）、大学の第二期拡張が行われた際であります。早稲田大学は、その基金募集について、子爵に管理委員長たることを依頼いたしました。

それから以後、基金管理に関する委員会には、必ず出席して、細大のことに関し、篤懇《とくこん》なる指導をなされましたが、さらに大正六年（一九一七）の、早稲田大学部内の紛擾は、いっそう子爵との因縁を深くしたのであります。

折悪《あ》しく、大隈老侯は重患に臥して、大いに心痛の上、かねて親交のある渋沢子爵をはじめ、森村市左衛門男爵、中野武営氏、豊川良平氏の方々を招いて、その善後処置を託されました。

やがて、問題落着とともに、特に子爵を、大学維持員の地位に就いていただき、親切なる相談役として、重要のことについては、常に子爵の意見を伺い、かつ配慮を煩わすこととなったしだいであります。

頼む人の多く、頼まるる人の稀な社会に、早稲田大学が子爵を得たことは、幸いの至りであります。

老侯は、常に子爵に対して、衷心より尊敬と信頼の情が深かったのでありますが、同時にまた、子爵も老侯に非常な好意を寄せられたことと思います。老侯は、大正十年（一九二二）一月に、没せられましたが、老侯が、重要なることについて、最終の会見をなされた人が、渋沢子爵であることは、決して偶然ではないのであります。それは、大正九年（一九二〇）十月のことであります。

子爵が、ワシントンに開催の軍備縮小会議に関連して、アメリカに渡られる前であります。その会見の内容が、何であったか、私などは推知し得ないのでありますが、面会を断たれてから、すでに時あるに際して、病苦の老侯と、老軀にして渡米なさる子爵との対談は、すこぶる意義深きものであったでありましょう。

子爵が、アメリカにおいて、民間外交の使命を了えて帰朝されたのは、翌十年（一九二一）二月で、老侯没せられた翌月でありました。私は、子爵を横浜の船にお迎えして、その労をねぎらい申し、なお老侯終焉の次第をお話しましたが、このとき、子爵のお嘆きになった有様は、今も眼前に髣髴《ほうふつ》としております。

それからしばらくして、四月と思います。大学では、老侯追悼会を行いました。そこで、侯の生前、最も親交があり、そして私らがひそかに大学の元老と仰ぐ、渋沢子爵に一言の追悼の辞をお願いすることとなって、私は大磯に子爵を訪れました。

ところが、あいにく寒風の日が続いて、ご疲労ご静養中の子爵に、ご出席を願ったことを、大学当局者一同、大変心配いたしまして、早速手紙をもって、ご出席をお控えくださるよう申し送りました。しかし、子爵は、老侯の追悼会へ出ることは自分の望むところだと、電報をもって、席に臨む旨をお報《しら》せになり、会の当日には、席上一場の追悼の辞をもって、老侯の霊を慰められたのであります。

言かならず信あり、子爵は、言あればかならずこれを実行されます。現在も、毎月一回の大学維持員会には、ほとんど必ずご出席があります。ご多忙の身をもって、とりたてて討議すべき問題がない例会にすら、子爵がご出席くださるときなどは、誠に恐縮するしだいであります。

かかる実例の細大をあげて示すならば、枚挙に遑《いとま》がありません。

世上幾多の社会事業、慈善事業に意を用い、形式的に関係している人々は多々あります。けれども、名実ともに、その参与者たり、援助者たるに至っては、ほとんど稀であります。老侯生前には、老侯とともに大学のために各地をご巡遊になり、老侯歿後も、大阪までご出張になったこともございます。

近くは、老侯記念事業の基金募集にも、少なからぬご心配をくだされ、東京の有力なる方々の勧誘には、私をもご同行くだされたこともあります。子爵が、早稲田大学のために、犠牲的に尽力くださるのは、すべてこの類であります。

子爵が常に国家社会のため、はたまた、世界人道のために、誠心誠意尽力せられつつあることは、周知の事実でありますが、早稲田大学に対する関係も、その至情の一端であると確信し、私どもの深く敬意を払いつつあるところであります。

六、社会事業

中央社会事業協会

翁は、実業界のために尽瘁《じんすい》するとともに、常に社会事業に関係してきた。その主なるものに、東京市養育院があり、東京慈恵会があった。先に、明治四十二年（一九〇九）、関係諸会社の役員を辞したとき、幾多の社会事業との関係を絶ったが、それによっても推察されるであろうごとく、この方面に広汎な関係があった。

しこうして、明治四十二年（一九〇九）の整理前後、あらたに関係した社会事業として、中央慈善協会がある。中央慈善協会は、のちに、中央社会事業協会と改称したもので、その萌芽はすでに日露戦争前に見られる。

明治三十二、三年頃、内務省参事官として、衛生局に関係していた今の枢密顧問官、窪田静太郎氏の首唱により、同省に長く在勤し、貧民救助法案の調査に努力した、久米金弥、のちに社会政策の権威となった、桑田竜蔵、在監者教誨《きょうかい》、出獄人保護などに多年の経験がある留岡幸助、原胤昭《たねあき》、警察当局者として社会改善の必要を痛感していた松井茂、監獄学の泰斗であり、その当局者であった小川滋次郎、内務省に在って救済事業の当局者であった井上友一、清野長太郎、相田良雄、東京養育院主事、安達憲忠などの諸氏と謀り、研究会を設け、研究報告をなし、講演を聴き、実情を視察した。

この会は、最初、貧民研究会と称し、のちに庚子《こうし》会とあらためたが、会を重ねている中、英米における、「チャリティー・オーガニゼーション・ソサエティー」の組織に倣《なら》って、有力な団体を組織することの必要を説くものを生じた。

しかるに、明治三十六年（一九〇三）、大阪に内国勧業博覧会が開催されるに当たり、同市内の慈善救済事業関係者が発起して、全国慈善同盟大会を開き、その会議において、全国の慈善事業団体を糾合して、協会を設立することを提案して決議した。そして、創立委員を選び、東京の有志と提携して、目的達成に努めることとなった。かくて、委員は上京して庚子会に謀り、かつ協会創立に関する一切の事項を、庚子会に委託した。

委託を受けた庚子会においては、協会創立に関してしばしば議を練り、会則草案を作り、目的を慈善団体相互の連絡統一を図り、慈善事業を奨励し、慈善団体と慈善家との疏通と連絡を図る」ことと定め、名称を中央慈善協会とし、まさに発表せんとしたとき、日露戦争が起こった。

国運を賭《と》しての戦に総てをあげて熱中し、自然（に）この計画も停頓の状態となり、かりに慈善研究会の名のもとに、協会設立に関する潜行運動を続け、かたわら戦時慈善事業を取り扱った。かくて、数年を送り、明治四十一年（一九〇八）に至り、中央慈善協会は組織された。

貧民研究会以来、常に幹部もしくは中心となって努力した人々は、この種事業の関係で、翁の指導を受けたものが多かった。また、長く内務省に在って、警察監獄の事務を担当した清浦圭吾伯爵を、先輩と仰ぎきたった人々も少なくはなかった。これらの関係から、協会創立のときに当たり、清浦伯爵に指導を仰ぎ、その斡旋によって翁に会長たらんことを請うた。

翁は、明治初年から東京市養育院の経営に苦心し、また他の幾多社会事業を育ててきた関係から、斯《し》界《かい》における権威であった。理論のみでなく、実際に通暁《つうぎょう》せる第一人者であった。しかも、当時の心境が、実業界という狭い埒《らち》を超えて、社会のため、公益のため、いっそうの努力を払わんとするに至ったときである。これを受けたことはいうまでもない。

引き受けた以上、出来るだけの努力をすることが、翁の方針である。この会についても、また、その通りであった。翁と社会事業団体との関係については、窪田静太郎氏の記述がある。

先生は、病中のごとき、やむを得ざる場合のほかは、常にこれらの会合に臨んで、一場の講演を試みられ、もって会員を指導奨励せられる。また、各地方で、最寄りの地方の社会事業関係者の会合を催すことが、従来しばしばあるが、これらの会合にも臨んで、講演を試みられる。

また協会では、たとえば細民住宅改良に関する問題の調査会とか、児童保護に関する調査会とか、釈放者保護に関する調査会、花柳病《かりゅうびょう》予防に関する調査会など、種々の調査会を設けて、会員および会の役員はもとより、会員外の専門家などにも、問題に応じて参加を乞うて、徹底的に調査研究を遂げ、その結果を機関雑紙または世間一般に発表するのである。

これらの調査会にも先生は出席されて意見を述べられ、または調査上指導を与えらるるのである。なおまた、先生は、半ば協会の会長として、半ば個人として、種々の機会において、社会事業の奨励指導に努められた。その事例は、ほとんど年中日常の行事というべく、いちいち列挙することは出来ない。

ただ、そのうち自分の知っているところで主要なるものについて、一、二の事例を語れば、つぎのごときこともあった。

中央慈善協会創立の前後にかかわらず、社会事業従事者が東京に集合し、斯業《しぎょう》の研究協議をなすがごとき場合には、先生は常に王子邸を開き、これらの参集者を招きて、園内の逍遥《しょうよう》を許し、時宜に応じて、種々の歓待をなし、もって慰安奨励を与えらるるを常としたるが、中にも、明治三十七、八年の頃、熊本回春病院の資金募集について、リデル嬢を援助せられた場合とか、明治四十年（一九〇七）の初夏、救世軍のブース大将が来朝せるに当たって、王子邸において大将歓迎会を開き、我々庚子《こうし》会の同人をはじめ、多数官民を招き、大将の講演を聴き、また歓迎の宴を設けられた。

中央慈善協会創立前後のことは、この記述によって察せられるが、爾来の交渉の概要を記してみると、翌四十四年（一九一一）十一月、私立衛生会館において、第四回総会を開き、大正元年（一九一二）十一月、曖依村荘《あいいそんそう》において、第五回総会を催した。

大正二年（一九一四）六月、東京市養育院本院において、住宅問題に関する研究会を開き、席上、翁は意見を述べ、また細民住宅問題対策考究のため、細民窟《さいみんくつ》を視察した。同年十一月、私立衛生会において、第六回総会を開き、同年十二月同会会長の資格で、全生病院長、光田健輔氏などを帝国ホテルに招き、癩病《らいびょう》予防講話会を催した。

大正四年（一九一五）、千葉公会堂において、関東、東北、北海道の感化院長会議を開催し、翁は、中央慈善協会会長として講話をした。

大正六年（一九一七）、地方支部漸次整備せるため、本部の事業を拡張する必要ありとし、内務省と協議したる結果、具体的の調査に着手したが、まず中央慈善協会を慈善事業の研究機関たらしめ、また各支部との連絡を図り、二重救済を防止し、さらに進んでは、現に内務省において行われつつある、救済事業講習会をも引き受けた。同年十一月、偕行社において、第四回全国救済事業大会を行い、翁は、中央慈善協会会長として挨拶を述べた。

大正七年（一九一八）二月、ジョン・カッティング・ベリーの来遊を機とし、帝国ホテルにおいて歓迎会を催し、翌八年（一九一九）十月、アメリカ社会事業の権威、ロバート・アーチー・ウッズ博士夫妻の歓迎晩餐会を開いた。

大正十二年（一九二三）九月、対震災善後策協議会を開き、変災に現れたる国民の社会奉仕的精神、ならびに、これが事蹟の調査、罹災社会事業団体の調査および慰問、ならびに援助方法の攻究、社会事業団体の保護能力調査、罹災善後策として増設ならびに新設を要する社会事業の種類および範囲の調査、『大震災と救護』編纂資料の蒐集《しゅうしゅう》、罹災地における社会事業の復興ならびに建設策、および、これに要する資金募集の方法を決議した。

中央社会事業協会と翁の関係を辿って、逸するあたわざるは、癩《らい》予防協会を発起創立し、方面委員制度の実施について、多大の努力をしたことである。これらについては、別の機会で記すことがあろう。

救世軍

私が救世軍を援助するようになったのは、救世軍そのものよりも山室軍平氏との知り合いからである。山室は、二十年も前から知っており、最初に会ったときは、二十歳そこそこの年配でありました。なかなか活発で、うかつなこともせず、実直に救世軍のために働いた。多少卒爾《そつじ》の嫌《きらい》(軽率な傾向)はあったが、生意気ではない。

例の廃娼問題で、女郎屋側からほとんど腕力沙汰にもおよばれそうであると聞いては、主義のため行きがかり上やることならやむを得ず、わるいことではあるまいと思って、山室その人を見、その宗教をもって人心を救い、職業をも与え労役にも就かせる。そして、ただ単に働くのでなく、精神と肉体とをともに改善する方法でやるというのであるから、社会事業としては助けていくべきものとして、山室に力添えをしていた。

ところが、そのうち、救世軍の方はいよいよ組織が固まって、だんだん完成してくる。このときに当たって、その発意者であるブース大将が日本に来るというので、その歓迎をすることに賛成した訳であります。実際ここまで事業を拡張したのは容易なことではない。まったく偉人であると思ったから、その人の精神や趣旨を詳しく知りたいと、個人としての歓迎会も開き、ブース大将に養育院をも見せました。

とにかく、救世軍と私との関係は、山室と私との関係でありました。また、だいたいに、霊と肉とを働かせるのがよいと思った。すなわち、信仰心を起こさせて霊を救う。しかし、パンがなくては何ごとも出来ぬので、働かせるという。

根本の趣旨はどうか知らぬが、その方法が、経済道徳の合一と似通っておりますから、特にこの飛鳥山へ呼んだ訳で、名高い人、評判の人だから歓迎したのではないのであります。

爾来、救世軍には幾度か寄附もしましたが、ブース大将との交際は、みな山室からの関係であります。

翁によって、かく見られ、かく信じられた山室軍平は、どう思うているであろうか。そのいうところを聴こう。

日本の救世軍を、今日あらしむるために、外部から後援者とし、また軍友として賛助された方々の多くある中に、渋沢子爵のごときは、その随一にあげねばならぬお方である。

渋沢子爵が、はじめてあらわに救世軍を賛助されたのは、明治四十年（一九〇七）、軍の創立者、大将ウイリアム・ブース来朝のときのことであった。

その少し前に、私は、島田三郎氏のご紹介状を得て、子爵を飛鳥山の邸にお訪ね申し上げ、大将の歓迎についてご相談申し上げると、子爵は喜んでその企てを賛成され、東京市会議事堂におけるその歓迎会に出席して、長文の歓迎の辞を朗読されたのみならず、数日ののちには、大将を案内して、養育院を参観せしめ、また、飛鳥山邸に朝野の名士二百余名を集め、大将からその社会改善に関する講演を聴聞せらるるようなこととなった。

これはただ、半日の催しに過ぎなかったけれども、その影響するところは、あんがい大きかった。というのは、これらのことが、当時おいおい芽生《めば》えんとしつつあった我が朝野有識者の社会事業に対する注意を促進し、助長し、ある意味においては、これらの催しが、日本における社会事業の一新紀元を象徴したものといってもよいように見えたからである。

それと同時に、このときまで、約十二年間、いじめられたり、追い込められたりしながら、しきりに事業上の基礎工事をやっておった日本の救世軍が、こうした機会をもって、はじめて社会の明るみに引き出され、爾来、その運動上に多大の便宜を得るに至ったのは、これまた忘るべからざる事実であった。

ブース大将は、日本における一ヶ月余りの滞在を終えて、帰英せんとするに先だち、大隈重信侯、渋沢子爵など九人の紳士に宛てて、それぞれ懇《ねんご》ろなる書面を発し、「今後何ぶん日本救世軍のために援助を与えられんこと、また、差し当たり、一貧民病院を設立したい計画があるにつき、それに助力を与えられんこと」などを依頼して行かれた。

そこで、幾ほどもなく、右九人の紳士方は、名を連ねて、救世軍病院設立の計画を助くるために、帝国劇場にて、二回の慈善観劇会を催されることとなったのであるが、これはその実、渋沢子爵が主となりて、大隈侯などと打ち合わせ、ときの東京市長、尾崎行雄氏と連絡をとって、その計らいをされたもののごとく見えた。

この慈善観劇会の催しをされる前に、私は、帝国劇場の一室にて、子爵にご面会申し上げたのを記憶している。私は、子爵からこのたびのご計画のことをうかがったとき、はなはだいいづらかったけれども、やむを得ず正直に、私どものそれについての立場を申し述べたのである。

「実は、私どもの救世軍では、平生なるべく芝居など見物に行かず、その時間と金銭とを、もっと有益なことに用いよ、というようなことを教えております。

しかるに、このたびのお催しは、救世軍のための慈善観劇であるから、こんどにかぎって見にお出でなさいといい出したのでは、平生の主張と矛盾します。どう考えても、主義を二、三にするごとき恐れがありますから、せっかくのお催しに対してははなはだ済まぬことながら、このたびの慈善観劇会には、私どもとして誰一人見物に参らず、また一枚の切符をも売らないことを許していただきたいのですが、いかがのものでしょうか」

と。

この当時はまだ日陰者のような状態にあった救世軍を、せっかく引き立てて日向《ひなた》（日光の当たる方。恵まれた状態）に出そうとしてくださる有力者に対して、はなはだ失礼な言い分とは思ったが、しかし実際、やむを得ないことであるから、心配しいしい、正直ありのままのところを申し述べたのであった。

すると、子爵は、それを聴き終わって、

「なるほど、それがあなたがたの主義であるなら、主義は大事なものであるから、どこまでも尊重したがよろしい。ついては、このたびの観劇会に対し、救世軍では切符も売らない、見物にもこないということは、それでよいとして、しかし、そうして作った金は受け取らないというかね」

とのお尋ねであった。それに対して私は、

「否、そのことについては、あなたがたのご寄附くださるお金を、どうしてお作りになったかまで立ち入って、私どもがかれこれ申し上げるべき筋とは心得ません。そこは、ブース大将がかつて申しましたように、私どもはその寄附せられた金を、寡婦《かふ》と孤児との涙で洗って使用すればよいわけであろうと思います」

と、こんなご返事を申し上げると、子爵は、いささかともわるい顔をせず、かえって非常に興あることとして聴き取られ、すなわち、私どもの方では、そのために指一本動かさずとも、一切のことはもっぱら観劇会の方で弁ぜらるることに取り定められ、前にいうごとも二回の同じ催しの結果、ほどなく救世軍病院設立費の中へ、金八千五百円を寄贈せらるることとなり、それに、イギリスの慈善家エミリー女史から、ブース大将を通じて贈られた金を合わせ、計五万円を投じて、下谷区仲御徒町に、ちょっとした一病院を設立することとなったのである。

私は、当時のことを憶い出ずるごとに、子爵の海のごとく大きな度量と、その他人の主義を重んぜらるることと、またその救世軍に対する理解ある賛助とを、いつになっても感佩《かんぱい》（ありがたいと心に感ずること。感銘）に堪えないのである。

子爵が、救世軍の事業に対して、熱心なる賛助者となられたわけは、軍の創立者に出会うて、彼の崇高なる人格、また、徹底した見識に共鳴せられたためでもあろう。その大将からの懇篤《こんとく》なる依頼状に対し、片肌脱がるるに至ったためでもあろう。けれども、それと同時に、子爵はまた自分で親しく救世軍の施設を見てまわられ、その規模は小さく設備は貧弱であれど、それにもかかわらず、一同がどこまでも献身的に、真剣にことにしたがっておるのを観て取られ、これを引き立ててやろうという決心をせられたことによるもののごとく見える。

そのかつて私に告げられた言に、

「山室君、実業家は金を作ることを知っているばかりか、どんなにこれを使うたらよいかということを弁《わきま》えている。それだから、自分らよりも余り下手に金を使うのを見ると、出したくなくなる。

しかし、あなたのところでは、比較的わずかな金で大きな事業をなし、金が活きて働いているように見えるから、それで私は熱心に賛助しているのです」

といわれた。また、他の場合に、自ら筆を執って認められた、長文のお手紙の中に、

「老生が、特に本軍の挙措《きょそ》に敬服するゆえんは、常に博愛弘済の大道を基礎とされ、ことを処するや真摯質実にして、いやしくも、形式理論に偏せず、要はその事物の真相に徹底するにありとす。これをもって、その費途僅少にして、よく優秀の成績を見る。

これ、本軍の一特長所にして、しこうして、その世間を裨補《ひほ》（助け補うこと）するの功、また偉大なりというを得べし」

といっておられる。

私どもは、果たして子爵のお言葉通りに、その事業を経営し得ているや、否やを、自分でも危ぶむのである。しかしながら、期するところは、どうか右のお言葉に副《そ》うように、これをやっていきたいことである。それにしても、子爵がかくまで行き届いて、私どもの事業に注意を払い、も

ったいないような理解をもって、何ぞの機会には、あらゆる援助を与えらるることを、心から感謝しているのである。

そののち、府下和田堀町に結核療養所を設けたときにも、アメリカの太平洋沿岸に、救世軍の日本人部を開いたときにも、神田区一ツ橋通町に救世軍本部を建てたときにも、ブース大将第二世の七十の賀に対しても、また同大将の来朝歓迎に対しても、子爵はいつも率先して自ら多大の援助を与えらるるのみならず、また各方面の紳士を勧誘して、これらの計画を助けしめられたお陰で、いずれも意外の好結果を見るに至ったのである。

のみならず、名古屋に会館を設けるといっては、子爵からのお手紙をいただき、大阪の社会事業をはじめるといっては、子爵のご紹介状を願うなど、私どもが、折に触れ事に応じて、子爵を煩わしたことといかばかりか知れない。

私は何遍か、今度は子爵のお助けなしにやってみようと、ある財政上の運動に取りかかったが、さていよいよ事を進めて見ると、行く先々で、

「このことについて、渋沢子爵は何といわれますか」

とか、

「すでに渋沢子爵にはご相談になりましたか」

とかいうような問いをかけられ、どうしても、また子爵のご厄介にならねばならないような場合が、一再ならずあった。

欧州大戦の突発してまもない頃、某大会社の重役某氏が、用事があって、大隈重信侯を早稲田

の邸に訪問され、誘わるるまま一室に入られると、いましも侯と渋沢子爵とが、しきりに何ごとか語り合っておられる最中であった。聞くともなしに聞いていると、

「どうもあれほど本気でやってきた仕事を、戦争の影響で行き悩ませては気の毒である。ぜひ何とかしてやらねばなりますまい」

というようなお話である。何かのお話かとうかがっていると、やがてそれは救世軍のことであると解ったので、

「さては救世軍も、えらいところに真実なる同情者を得たものである」

と、重役は用事を終えて、早稲田からの帰途、救世軍本部に私を訪ねて、今見てきた事実を語って、一緒に喜んでくれられたようなこともあった。

あるとき、F某という男があり、何年か刑務所に行っておったのち、放免になると、渋沢子爵を訪問した。もとより、前々から面識があったわけでも、何でもなかったらしい。

このF某は、いささか誇大妄想のような傾きを持ったもので、誰かに数万円の金を出してもらい、ある事業をしたいというような、実行不可能とおぼしきことを夢想しておったのであるが、彼の妻は、夫に似ない働きのある女で、現にどこかの賄《まかな》い方を勤めて多少の収入を有し、夫がおとなしくしてさえおれば、これを養うに不自由はなかった。

こんな男が子爵を訪問したのであるから、子爵としては、

「大袈裟なことばかり考えないで、落ち着いて手に負う仕事を勤め、家内と仲睦まじく暮らしたがよかろう」

というくらいに忠告でもして返されたら、それでも済まないはずはなかったのであるが、子爵はそんなことでは満足せられなかった。一面には、彼を釈放者保護で有名な原胤昭氏に紹介して、懇ろに依頼せらるるところあり、さらにまた、私にも同人のことを頼んでよこされたのである。それで安心しておられるかと思ったら、数週を経て、ある日子爵から私のところへ電話があり、

「ちょっと会いたい」

とのことであるから、ただちにお訪ね申し上げると、

「ときに、何某のことはどうなりましたろうか」

とのお尋ねであった。私は、このときぐらい、子爵が申し訳のためでもなければ、誰に対する義理からでもなくて、本当に人間一人を心にかけらるる方だということを、痛切に感じたことはなかった。子爵は、ただちに人間を愛する人である。真の博愛家であると、私はそのとき以来、なおさら子爵に敬服するに至ったのである。

かくして私は、二十有余年、子爵から事業上に多大の援助を与えらるるにつけても、もし何か多少でも、私の方からこれに報いる法があったら尽くしたいと、真面目に考えてみたが、それはただ一つ、私は毎日、神の御前《みまえ》にぬかづくとき、子爵の上に祝福あれと祈る以外に、何も見出し得なかったのである。それゆえ、私はそれを勤むることにしました。

すでに、少なくとも二十余年間、私は毎朝、神の御前に子爵の名を呼んで、その上に御助の加わらんことを祈らぬ日とてはないのである。

それと同時に今一つ、子爵は誰も知るごとく、『論語』によって安心立命を得ておらるるお方で

はあれど、私どもの信仰からいえば、どうかさらに一歩を進めて、孔子のいわゆる、「天」を、キリストの、「天にましますと我らの父」と認められ、孔子のいわゆる、「いまだ生を知らず、いずくんぞ死を知らん」から進出して、キリストの、「我は復活なり、生命なり、我を信ずる者は死ぬとも生きん。凡そ生きて、我を信ずる者は、永遠に死を見ざるべし」というところに到着してくださるなら、どんなに幸福のことであろうと、思わざるを得なかった。

それゆえ、折々は、そんな意味のことをお話の中へ混え、または手紙の端に記して差し出したようなことも、幾度かあったが、それがどれほどお役に立ったかは、私のまったく知り得ないところである。

ただこうした、非礼に近い行動の奥に、いかにもして、子爵のご親切に、多少でも報いたいと願う真実のこもっておったことを、明言するをはばからないというまでである。私はなおも、幾久しく天父の恩寵、渋沢子爵の上にあらんことを祈りつづくるであろう。

七、教化事業

帰一協会

翁は、ついに、キリスト教信者たるに至らなかった。キリスト教のみでない、仏教も、神道も、その他の宗教も、信仰しなかった。しかし、説教は聴き、講義も聴いた。あるいは、いわゆる、信者以上に知っていたかも知れないが、ついに、信仰の道には入らなかった。

宗教をよく聴き、理解し、しかも信仰するに至らなかった翁に、帰一《きいつ》協会――宗教統一をもって目的とする事業のあったことは、見方によっては、興味深きものがある。

翁の、帰一協会のことに関して発した第一声は、明治四十四年（一九一一）夏、成瀬仁蔵、森村市左衛門、井上哲次郎、中島力造、浮田和民、姉崎正治、およびシドニー・ギューリックの諸氏を、飛鳥山の邸に招いた席上であった。その趣旨はこうである。

日本は、明治年間に非常の発達を遂げ、自分も財界に微力を尽くして、いささか国家の進歩に参与したが、日本の前途について、私に思いをひそめると、気がかりなのは、精神思想の問題でであります。

あるとき、一外国人が来て、日本の発達について色々話したとき、明治維新の精神について、愛国心や倫常《りんじょう》（人倫の道。五倫。五常）のことを説明しました。しかるに、その外国人は、

「維新の改革は、そのごとき精神で貫かれたが、しからば、今後の日本も同じことでいけるかどうか、今後の社会変動に対してどうするか」

という問いを出しました。この問いに対して、自分には的確の答えが出来なかったのであります。その後この問題について考えてはいましたが、そのままになっていたのであります。

自分としては、『論語』を中心としているが、儒教だけで人心を統一することは出来るかと反省してみますと、出来るという確信はどうもつきませぬ。

これではならぬと気になっていたとき、成瀬君が訪ねてこられ、思想信仰の問題は世界の問題であるから、日本だけでは出来ないといわれたので、大いにしかりとし、この点では公正なるお考えを持っていられる皆さんのお寄りを願って、思想界前途のことについて協議したいと思って、この会を催したしだいであります」

翁が、この運動をなすに至った理由、ならびにその後の経過を、こう説明している。

帰一協会は、偶然に出来たものでないということはいえる。主として、森村市左衛門氏と女子大学の成瀬仁蔵氏とが力を入れて、会を作るようになったものである。

私は、森村氏とは多少趣味を異にしたけれども、同じく銀行業者として精神界に尽くしてみたいとの考えが一致しており、女子大学の発達に協力したという深い関係がある。森村氏は、私をよく理解し、信頼してくれていたし、私もこの人はしっかりした信念を持った人であると思っていた。けれども、私が初めて知り合ったときは、いまだ深いキリスト教信者ではなかった。帰一協会の成立のときもいまだ、確乎たる宗教的信念はなかったようである。

私自身は、初めから宗教に頼らず、孔子の教えをもって、是れあれば足る、と堅く信じていた。小にしては、一身、一家をかまえることが出来るし、大にしては、一村、一郷、一国をも、これによって治められる。『中庸』の序に、

「之を放つときは則ち六合に弥《み》ち、之を巻くときは則ち退いて密《みつ》に蔵《かく》る」

とあるが、全くその通りである。

森村氏は、私と違って、儒教主義に由らず、初め仏教にしようか、キリストに頼ろうかと迷っ

ていた。そして、私の説を聴いて、

「貴方の説は尤《もっと》もであるが、単に人道はこうだといったのみでは、頼りない。アーメンとか南無妙法蓮華経とかを唱えて、初めて信仰がかたまる」

といった。しかし私は、太鼓を叩いてお題目を唱える気持ちには、どうしてもなれない。申さば、志士仁人《じんじん》（仁愛の深い人。仁者）は、そんな盲目的にただただ信ずるということは出来ないのである。

帰一協会組織のときは、成瀬氏などは、新宗教を作りたいと、偉い主張をなした。何でも仁義忠孝では、宗教的に一切を包含したものでないというのであった。これに対して、大内青巒《せいらん》氏がひどく反対して、

「そんな突飛《とっぴ》なことが出来るものではない。日蓮宗を起こすにしたところで、日蓮聖人の苦辛《くしん》（非常に辛い思いをすること）は、並大抵《なみたいてい》のものではなかった」

と、嘲笑的に反駁《はんばく》した。

しかし、成瀬氏のいうところでは、

「日蓮上人が日蓮宗を作ったについて、その苦辛の並々でなかったことは認める。けれども、聖人は、たいして学問があったとは思えぬ。この聖人にして、しかりであるから、我々でもやってやれないことはない」

とのことであった。私は、

「精神的のことを事業と引きはなして論ずるときは、まことに漠然たるものになる。宗教も、政

治界なり実業界に応用してこそ、活《い》きてくる。経済的観念のない宗教信者の働きは、すこぶるまだるっこい。また、経済に従事する者が、それのみに傾けば、守る主義がなくなる。事業家が、行《ぎょう》住《じゅう》坐《ざ》臥《が》、常に信仰することは出来ないにしても、だいたいの教旨を作り、それに由って信念を持つ必要がある。それにしても、耶蘇《ヤソ》（イエス）や仏や神でも困るから、儒教主義を根本として、一種の宗教を組織したら……」

との意向を持ち、これを主張したが、賛成者も少なくなかった。その前に、穂積（陳重博士）と話をしたとき、穂積は、

「形式のみでは駄目である。それよりも、人は知識を進めると、自ら利害得失が明らかになる。利害が明らかになれば、善に移ることが出来る。ただ無我夢中に、一種の宗教を信ずることは、盲目的に陥《おちい》り、かえって人を誤らしめるものである」

といった。

私も、そのときは、尤《もっと》もだという感もしたが、さらに進んで考えると、知識が進んで利害得失が判ったからとて、必ずしも善に進んで悪が少なくなるとは限らない。あるいは、かえって道徳を排斥するに至る。

古人もいったように、智はもって悪を飾るに足るのである。それで人は、どうしても何かの主義を建て、これを守り本尊としてやることが必要であると、考えるに至った。

帰一《きいつ》協会の方針は、すなわち、一身の由るべき道を講ずることであった。経済に従事する人も、道徳家も、あらゆる人々が各方面から一に帰するという意味から、「帰一」という名を付けたので

ある……。

さきに、渡米実業団を率いて、いわゆる「輪上の家」に起臥《きが》して、国民外交に忙殺されたとき、プレスビテリアン教会（長老派教会）主催の晩餐会において、翁が、

将来の道徳は、宗教によるの必要を認むる者なり。しこうして、この宗教は、いかなるものを採るべきかは、今日断言し難《がた》きも、ただその何たるかを問わず、単に信仰にのみ重きを置かず、いわゆる実践躬行《じっせんきゅうこう》（自分で実際に行動すること）、すなわち信念と躬行と並び立てるものたらんを要す。

と述べたことを思い返すと、帰一協会のことは、明治四十四年（一九一一）にはじまったのではないといえよう。かくて、大理想のもとに発程《はってい》（出発。発足）した宗教統一の運動は、服部宇之吉氏が話したように、

姉崎幹事の在米中、幹事の役をいたしましたが、そのことで思い起こすことは、帰一協会の本来の目的について、色々議論の出たときに、ある人が、

「帰一しないということだけ帰一している」

と冷やかし半分の言を弄《ろう》したので、あの温厚な子爵は、ただ一度、多少憤慨のご口調で、

「もっと真面目に考えてほしい」

といわれた。それほど子爵は、この帰一協会に対して熱心であられた。

それにもかかわらず、ついに実を結ぶに至らなかった。後年、翁をして、

ところが、実際やってみると、なかなか容易なことでない。それで私は、少なくとも自分一身だけでも、身を持するに過ちたくないという考えに縮んでしまった。さらばとて、いったん組織

したものを、やめる訳にはいかない。幸いに姉崎正治氏が種々世話をして、今では宗教的団体でもなく、学術研究の会でもなく、単に一種の相談会として存在している始末で、私もめったに顔を出さない。

と述懐せしむるに至った。

宗教統一ということが、不可能であるためか、協同者にその人が無かったか、ただしはその方法が適当でなかったか、はたまた、ときが至らなかったか、その理由を知らないが、事実帰一協会は、当初の目的を達するを得ずして終わった。翁の数多き無駄の一つとして、毛色の変わった計画として、ここに記しておくのも、徒爾《とじ》(むだなこと)ではあるまい。

修養団

帰一協会と前後して関係を生じたものに、修養団がある。修養団との関係について、翁が談話したものがある。

たとい、いかなる辛苦《しんく》艱難《かんなん》があるとも、赫々《かくかく》たる名声をあげ得れば、これを喜ぶは人の常でありますが、国を憂うる志士が、人の見えないところで、苦心惨憺《さんたん》たる事業をいたしておるのは、容易に世間に現れませぬ。人もこれを称讃する者は稀であるが、私はこれら志士の一片の赤心《せきしん》(まごころ。誠心)が、天地の正道を維持するところのものであると信ずるのであります。

今日世の中が、全然に堕落している、腐敗しているとは申しませぬ。しかし、維新以後四十五年間の文明は、少しく智に偏《へん》したようでありまして、科学における進歩は目覚ましいものでありますが、精神の上において、欠けるところはなかったのでありましょうか。一般に表面の広告を誇大にして、浮薄なる言語を弄し、万事が粗製濫造《そせいらんぞう》的となり、羊頭《ようとう》をかかげて狗肉《くにく》を売るという傾向（見かけは立派であるが、実質がともなわないこと）を生じました。けだし、適当なる書物も、一方に偏してまいれば、人間の弱点、社会の弱点で、あまりに文明を追って、文弱《ぶんじゃく》の弊風を生ずるは、また数の免《まぬか》れざるところであります。

修養団は、当初より、この弊の改善に意をそそぎました。この点は、私も大賛成であります。人は、形の上より、美しき着物をつけたがる。誰も労せずして、安楽に世を送りたがるものである。官吏でも商工業者でも、とかく労力を厭《いと》い、出来るだけ口先にて、用務を弁じようとするところのものが多い。これらの精神は、渡辺華山《かざん》、頼三樹三郎《らいみきさぶろう》などとは、まったく反対の悪傾向であります。

今日の有様がかく成りゆきてはならぬと、国家将来を思って立ったのが本団であります。年月をつまびらかに記憶しておりませんが、明治四十一、二年頃、蓮沼門三氏が来て、修養団のことについて話をしたが、青年が労働を厭い、華美を好み、何らなすことなきを歎きました。蓮沼氏のことは、岡田良平氏からか、高等工業学校校長だった手島精一からか聞いていた。

蓮沼氏の話を聴いて、さまで（それほどまで）感服はしなかったけれども、青年として堅実であり、将来あるように思われ、かつ、精神方面のことがとかく閑却《かんきゃく》（なおざりにすること）されるのを、心配していた折からでもあったので、私はこれに賛成しました。蓮沼氏のやっていることが、ただちに精神の修養にかなうものであるかどうかは知らぬけれども、少なくとも精神的方面に努力しようというのは、けっこうであると思った。

蓮沼氏は、いつ会っても堅実である。ときどき空想に近いことをいうが、しかし間に合わせでない。氏は宗教信者でない。ただ道理に合った考えでやるつもりでいるので、竪子《じゅし》教《おし》うべし（この子は見込みがある）と思って世話をすることになりました。

その後、蓮沼氏その他よりの請求は、団員の多くは青年のみでありますから、名誉ある老成の人を得て首脳に戴きたいということでしたが、私の意見は、何も名の売れた人を担ぎ出して、いわゆる看板によって商品を売るというような手段をしない方が善い。内実さえ充実しておれば、恐るるに足らないから、青年のみの力でやっていく方が結局良い。ただし、私もこの趣旨には大賛成だから、あくまで助力すると申しました。

しかし、青年は客気《かっき》（はやる勇気。血気）にはやり易いから、ときに応じて遠慮なく忠告しましょう。そのときは、精神的顧問となりましょう。そのほかに、物質的顧問も必要であろう。青年の集会は、十分なる資金を得るは難しいものである。

しこうして、事物は幾分の資金がなくては出来ないからと申しまして、まず第一に補助したのは、『向上』雑誌の刊行でありました。団費として団員から集めるだけでは足りず、さりとて社会の好みに投じて、よく売れるような雑誌を造れば、修養団の主義とは反対になる。そこで、極めて真面目な雑誌を出すには、その差し引きに損を生ずることを覚悟せねばならぬ。ゆえに、大方の諸君より、応分の寄附金を請うこととなったのであります。

かような次第で、かねて、当時の我が国精神方面の寒心《かんしん》（心配や恐れを抱くこと）にたえないことを感じ合っていた先代森村市左衛門君とともに、他の友人にも相談して、二年間は費用を出そうということにいたした次第であります。幸いに世間に広まってよく売れるようになれば、それから先は自立し得るだろうが、当分は容易に世人に喜ばれて購読されることは出来ぬので、やむを得ず補助を要する。しかし、少人数の補助では面白くないから、なるべく同志の友人に多く補助を仰ぐということにしたのであります。

初め、私に、団長になれと言ってきましたが、前に話したように辞退して、縁の下の力持ちを勤めることにしました。しかし、蓮沼氏の希望が切であったので、ついに団長を置くことになり、田尻稲次郎子爵を団長に推し、私は顧問として援助しました。

団の主義は、急激に失してはもちろんいけないが、消極的でも好ましくないというのが、私の希望であります。蓮沼氏らも同意見で、一歩一歩進んできました。

その後おいおい団の事業も進み、『五誓』という雑誌を出している北爪子誠、および、『希望』という雑誌を出している後藤静香の両人などが、蓮沼氏と共同でやることになったが、これらの人々は、それぞれその主義を異にしている関係から、修養団の行うところが、あやふやになりかけました。

これに加え、団長の田尻子爵が亡くなられて、団も、海のものとなるか山のものとなるか、混沌たる有様となった。幹部の人々は、各自説を唱えるので、団の目的は、誰のいうところが本当か、曖昧になってきました。

かかる憂うべく有様の折から、森村男爵も逝《ゆ》かれ、いよいよ私独《ひと》りで心配しなくてはならない破目になりましたが、幸い現在の団長、平沼男爵が、思慮もあり名誉もある人で、団長として適任者であると思い、内々話しましたところ、同氏も団長を引き受けてもよいとの意向を漏らされました。

しかし、団の有様がかようであっては、軽々に団長に就任されては、かえって将来のためによくないと思ったから、この際、まずもって異分子を除いて、団の基礎をかためることが肝要として、北爪、後藤の両氏には別になってもらうことにしました。もちろんこれらの人々も、その大体方針は同じで、いわば釈迦を信仰する人と、親鸞《しんらん》聖人を信仰する人との違いとでも見れば見得るかと思います。

それからいよいよ平沼男爵に就任を請い、団の基礎も固まり、主義もはっきりしてきました。その主義とは、情愛の愛、流汗《りゅうかん》の汗を採って、汗愛と名づけ、これをもって根本とし、また、流汗鍛錬、同胞相愛を標語としております。同時に、事務の方面に宮田修氏を入れることになったが、これは蓮沼氏が連れてきた人で、理事として平沼男爵をたすけております。

団の主たる事業は、講習会を行うことであります。それもおもに労働者階級の間に汗愛の精神を鼓吹するのであって、法華宗のお題目式のこともやるが、私はその方面は余り感心しません。

蓮沼氏は会津の人で、思想がしっかりしているから、この修養団を利用して、敵本主義《てきほんしゅぎ》（真の目的を隠し、行動するやり方）なことをする人でないと信じております。私も、その点を見て援助しているのでありますが、もし私がいなかったら、団も今日ほどの盛大は期し得られなかったろうし、また、平沼さんも団長を引き受けなかったかも知れないと思っております。

おもうに、蓮沼氏の説くところは、キリストによるでもなく、仏教を持ち出すでもなく、帰するところは精神修養にあって、日本臣民として皇室中心主義に立脚しております。ゆえに、決して国家社会に不利をもたらすようなことはしないと、信じております。ただ、ときどき道を曲りくねりするおそれのあることがあるから、注意せねばならないと思っております。

翁を動かして、修養団の援助者たらしめた蓮沼門三氏は、翁との関係をこう記している。

顧みれば、今を去ること二十七年前、すなわち日露戦争の直後において、各種の教化団体は、東京を中心として、雨後《うご》の筍《たけのこ》のごとく続出しました。その中心人物は、大教育家であり、大法律家であり、大権力家であり、大宗教家であり、しこうして実業家の方々もこれを応援したのでありました。

その大木の間に介在して、小さな芽を出したのが、我が修養団でありました。当時は、ほとんど顧みる者もないあわれな存在であり、わずかに漏るる光を仰ぎつつ、七難八苦、天に向かって伸びようともがいたのでありました。

櫛風沐雨《しっぷうもくう》幾春秋《いくしゅんじゅう》、悪戦苦闘幾変転《いくへんてん》、今や汗愛の同志二十万の結盟を固め、全国に善化網を布いて、明るき世界建設に努め、天業成就の初陣に起つの壮観を呈するに至ったのであります。

かつては微風にも堪えざりし修養団の若芽が、今は根を張り枝を伸ばし、隣立せる大木を抜いて、「救霊救国運動の権威なり」と、識者の待望を担う喬木《きょうぼく》（高い木）となったのであります。

若芽が伸びるには、温かい光と豊かな肥料とが必要です。本団のために、育ての親となり、絶えず光を与え、肥料をそそぎて、その花を咲かせ、その果を結ぶべく、御心を砕かれたのは、大翁でありました。

私が、初めて大翁をお訪ね申したのは、四十二年（一九〇九）六月の第二日曜日でありました。紹介状も持たずに訪れた、田舎青年をも退け給わず、快く引見されて、懇ろに修養団の趣旨をお聴きくだされ、そして、

「自分は論語算盤主義をもって処世の法則としておるが、君らの汗愛主義と一致する」

とお喜びになった慈顔は、髣髴《ほうふつ》として忘るることの出来ぬ印象であります。

「かかる聖業は、総ての人が心を一にし力を合わせて遂行すべきものだ」

と、自ら顧問の重責を引き受けられ、爾来、公私両面にわたり、事大小となくお世話を戴きましたことは、不霊の私といえども、子々孫々に伝えて忘るることの出来ぬところであります。

「人は形の大なるを見れども、神は形を見ずして、その魂を見給う」

と録されてありますが、大翁は、愚かにして弱い青年をも蔑《さげす》まれず、その手を引いてくださいました。世に軽んぜられ、人に疎《うと》んぜらるる修養団を棄てられず、これを負うて育ててくださったのです。

多くの教育者からは、「無益の努力」として嘲られ、実業家からは、「食わんための寄附募集か」とまで罵られた当初の修養団を、霊覚をもってその心底を見透《みす》かされ、護国の一念に共鳴されて、微塵の疑いもなく、慈愛の懐を開いて、完全に抱かれた親心は、どうして感激せずにいられましょう。

「神に属《つ》ける者は、いかなる人をも蔑まず、またいかなる人をも棄てず」

と。大翁は、真に神に属《つ》ける人でありました。

東京市内または東京付近において開催された慶應義塾支部発会式や、高等工業支部講演会や、第一、第二、第三向上会の修養会や、ことに本部主催の講演会などには、そのたびごとに、ほとんどご臨席の栄《えい》を賜わっておりましたが、忘れもせぬ大正二年（一九一三）三月二十三日のごときは、静岡県島田支部講演会に、病軀を押して出馬され、壇上において脳貧血症を起こして昏倒《こんとう》されたことがあります。そのときの驚愕と心痛とは、今に思い出しても戦慄を覚ゆるのであります。

東京某新聞は、「国賓を粗末にするは怪しからぬ」とて、痛く攻撃したことがあります。また、ご家族や事務所からも、非常に危険人物視されたこともありました。

真に大翁が、私どもの衷情《ちゅうじょう》（まごころ。誠心）を諒察され、心から愛育の誠をそそがれ、将来、君国に貢献するの一分の力ともなり得る萌芽を認められてのご援助でありますから、いやいやながら義理立てしてまでのご出馬ではなく、自《みず》から喜んでお出かけくださるのでありますけれども、琴《きん》線相触《せんあいふ》るる微妙の事情を知らぬ第三者としては、私どもを危険視したのも無理からぬことでありましょう。

大翁の病軀を押して出馬せられたゆえんのものは、最初よりご出張をご承諾されたので、支部幹事などは雀躍《じゃくやく》（こおどりして喜ぶこと）して、町内の有力者を説き廻って後援を求めたのでありました。

一流の実業家たちが幾度懇請しても、かつて叶わぬご招待が、青二才の修養団員の力によって、はじめて一島田町にお迎えすることが出来るのでありますから、既往修養団を軽侮《けいぶ》（軽んじ、あなどること）しつつあった人々も、にわかに敬意を表して、支部講演会に要するぜんぶの費用を、島田町において負担するようにまで進んだのであります。

私は準備のため、会期前より出張しておりましたが、

「大翁にはご病気のため旅行叶わぬ」

との電報に接し、幹部は色を失って、ただ煩悶するのみでありました。町内の人々は、

「我々を欺いたのだ、天下の渋沢閣下が、青年に引き出されて、こんな田舎までお出でになるものか、一杯食わされた」

と、前にも勝る反感と嘲罵とを受けるに至り、団員は板挟みとなり、堪えられぬ苦境に陥ったのであります。私は、涙ながらに、この事情を渋沢顧問に急報いたしました。これは、無理にご出馬を願うためでなく、町民の誤解をとくために御親書一通でも賜わらんことを懇請したのでありました。

しかるところ、たちまちにして、歓びの電報はまいりました。

「二十三日朝八時特急にて新橋を発ち出席する」

かくて、まことの渋沢顧問は、正午、そのニコヤカな温顔を、島田駅頭に現されたのでありました。これ、顧問が、本団を愛育せんとする至情《しじょう》の発露であって、真に育ての親としてその恩義を忘るることあたわぬのであります。

白面の青年（経験の少ない青年。青二才）蓮沼門三氏によって点火された、いわゆる「救国運動」――流汗鍛錬、同胞相愛の旗幟《きし》による善化網の完成、総親和、総努力の善風作興運動――は、蓮沼氏自ら

記すごとく、当初一般に理解されなかった。あるいは、いまなお理解されたとはいい得ないかも知れない。

しかるに、二十余年前すでにこれを理解し、尽力し、さらにすすんで鼓舞激励したのは、翁であった。翁の自からいうごとく、修養団の今日あるは、翁の力であり、平沼男爵の団長たるのも、また翁のためである。この翁の努力は、何のためであるか。蓮沼氏の真摯《しんし》質実の風格によることもちろんであるが、翁の国を憂い、世を思うの念深きがためであることが、主なる原因であることを逸《いっ》してはならない。

修養団の事業が蓮沼氏のいうがごとく、また確信するがごとく、救国運動なりや否やを知らない。総親和・総努力が、ついに夢想に終わることなきや否やを知らない。

しかし、世をあげて浮薄軽佻《ふはくけいちょう》に赴くとき、慨然《がいぜん》（気力をふるい起こすさま）起こって真に国家将来のために努力せんとするものあるとき、翁が共鳴したのは当然であった。かくて、ひとたびその運動を援《たす》くるや、しばしば記したるごとく、翁の性格から、その目的達成のため、出来るかぎりの努力をあえてしたことは、また当然であった。

蓮沼氏の指摘するところは、その一斑にすぎない。否ここに引用するに当たり、氏の記述の大部分を削り、必要ありと思わるる部分のみを抜いたため、翁の努力が特に強調されたごとき感あるに至ったといえよう。しかし、もし、全部を引いても、また同様の感なきを得ない。それは何ゆえか。翁の団に対する努力が、余りに多いからである。

翁二十有余年の努力と、蓮沼氏らの懸命の奮励とによって、蓮沼氏のいうがごとく、教化団体として、一方に雄飛するの形態を備えるに至った。団長に平沼男爵を戴き、常務理事に二木謙三博士、宮田修氏のごとき人々を得た。団員二十万と称し得る域に達した。

また修養団後援会は、財界の有力者を網羅して、修養団の活動については、だいたいにおいて後顧《こうこ》の憂《うれ》いなきに至った。しかし、「形を見ずしてその魂を見給う」神の眼からジャスティファイ（正当化）される、「魂」を存するであろうか。「形の大なるを見る」人の弊に陥ることはないであろうか。

近時の団勢を知らない身の、そのいずれなりやを判断し得るところではないが、過ぎし二十幾年を献身的努力と奉仕に捧げ、齢《よわい》まだ老いたりというにあらざるに、近年とかく薬餌《やくじ》（くすり。薬と食物）に親しみ勝ちの蓮沼氏のこの日頃の感慨はいかがであろう。氏の聖者のごとき祈りと、火のごとき愛の力によって、創立当時の所期と熱とを失わざらんことは、翁の希望してやまないところであろう。

八、漢学

聖堂復興

翁の思想が『論語』に淵源《えんげん》し、その処世の方針が『論語』に立脚していることは、あらためて説くまでもない。しぜん語るところが『論語』に関連し、行うところは『論語』に依拠するは当然である。

かつて、三宅雪嶺《せつれい》博士が記したごとく、

渋沢子爵は、ながらく『論語』を読み、文字を愛誦し、意義を消化した。実に『論語』を体験せば、子のごときものになるであろう。孔子が知ったら、よく教えを守り、これを生かしたと賞《ほ》めたろう。

と思われる。これほど『論語』に関係深い翁が、『論語』の本尊、孔夫子《こうふうし》のことを考えないはずはない。翁と孔子との関係の具体的表現としては、明治四十年（一九〇七）二月に成立した、孔子祭典会のことをあげねばならない。翁は祭典会の成立とともに、その評議員となり、同年四月、第一回祭典を行い、翌四十一年（一九〇八）四月、第二回祭典を執行した。

翁の努力によって復活した孔子祭典会は、爾来しだいに整備し、大正七年（一九一八）財団法人斯文《しぶん》会《かい》に合し、同会の一事業として、長く続けられることになった。斯文会の功労者であり、斯文の権威たる、服部宇之吉博士は翁と同会との関係を、こう記している。

渋沢子爵と斯文会との関係は、古いことである。しこうして、それは、聖堂を縁にしてのことである。年代の記憶が、はなはだ不正確で申し訳ないが、今の牧野内大臣が文部次官であった当時、ある場合に渋沢子爵が牧野次官に、聖堂を物置同然にしておくということは怪しからんことであるという、小言をいわれた。

牧野次官は、決して故意に棄て置く訳ではないが、何ぶん文部省の軽費が足りないので、やむを得ず物置同然にしてあるのである。ついては、何とかご配慮にあずかって、聖堂を立派に保存する途《みち》を立てて戴きたいという話になり、渋沢子爵がこれを承諾して、何とか方法を立てようと答えられた。

「論語と算盤」という主義を立て、深く孔夫子を崇敬されておる子爵のことであるから、聖堂を完全に保存しようということを深く心配されたのは当然のことである。右のごとく、牧野次官に答えられて、退いて当時の斯文学界をして、聖堂保存の責に任ぜしめよう、それには斯文学会をして、相当の資金を備えしめることが必要であるということで、阪谷男爵なども相談され、文部当局との間に文書の取り換しが行われて、斯文学会が金二十万円の資金を備えたならば、聖堂の保管を同会に委託するという話がまとまったのである。当時、斯文学会から差し出した文書や次官よりの書面は、大正十二年（一九二三）の震災で烏有《うゆう》に帰し（火災で何もなくなってしまうこと）、今では当時の関係者の脳裏に残っているにすぎない。

これが子爵の聖堂を縁にして、斯文学会に関係されたはじめであると思う。当時の斯文学会は、老大家の集まりであったので、資金を作るというような仕事は、なかなか早くは運ばない。また、渋沢子爵もいろいろ多忙であったため、資金を備えることがだんだん遅れて、久しい間、文部省との協定が実現されるには至らなかった。

そのうち、斯文学界の老大家は漸次《ぜんじ》凋落《ちょうらく》（おとろえて死ぬこと）され、事業は停止されるという状態になった。さればとて、比較的若い学者を加えて、事業の振作《しんさく》（盛んにすること。振興）を謀ろうとも考えられない。

かえって、斯文学会の所有せる若干の資金をあげて、東京帝国大学文科大学に寄附して、儒学科を設けてもらいたいという考えをもって、代表者から自分に数回交渉があった。文科大学の方では、引き受けてもよろしいという内意があったので、斯文学会の方では公式にそのことを決定するために、学界関係の人々を会して相談したところが、渋沢子爵その他から反対論が起こって、そのことは沙汰やみとなった。

さればとて、そのままでは斯文学会を振興せしむべき路はないので、更始《こうし》（あらためて始めること）一新の方法を考えなければならなかった。

そこで、我々ごとき比較的若いものを入れて、斯文学会を改造することになって、我々は相談して社団法人斯文学会を解散し、あらたに財団法人斯文会を組織して、学会の事業を継承せしめ、斯文学会の所有せる資産をあげて、これを斯文会に引き継ぐこととした。

斯文会創立の際は、前文部大臣小松原英太郎氏を会長とし、股野琢氏を副会長とし、渋沢子爵等を顧問としていたが、幾年も経たないうちに、小松原会長、股野副会長が、引き続いて物故され、会長、副会長をあらたに迎えねばならぬこととなった。そのとき、阪谷男爵等の意見で、理事として全責任を負うところの会長、副会長を得ることは非常に難事である、ついては、会長、副会長を名誉職とするがよかろうということで、さような組織にあらためた。

組織をあらためてみたが、なお会長、副会長を得ることは容易でなかった。たびたび渋沢子爵に相談をし、子爵からしばしば書面をも認められたのを得て交渉もしてみたが、我々が会長、副会長として迎えたいと思う方々は、容易に承知されない。

そこで、まず、副会長だけを迎えることとして、渋沢子爵、阪谷男爵、井上博士を副会長とした。その後、子爵のご尽力により、現会長徳川家達公をお迎え出来るようになったのである。現会長を迎え得たのは、全く渋沢子爵の力によったものと信ずる。

大正七年（一九一八）十一月、翁は、財団法人斯文会の顧問に推され、同十一年（一九二二）三月、副会長となり、同年十月、孔子二千四百年追遠《ついえん》（徳を追慕して心をこめて供養すること）記念祭を執行したが、大正十二年（一九二三）の大震災によって、日本における孔子教の総本山ともいうべき、湯島聖堂は焼失し、本尊たりし孔子像も烏有《うゆう》に帰したので、その再建のため、大正十五年（一九二六）、聖堂復興期成会を組織して、翁は副会長となり、爾来、目的達成のため真に努力いたらざるなき有様であった。

論語会

私が渋沢先生にはじめて知遇を辱《かたじけの》うしたのは、年月ははっきり覚えていないが、明治四十三年（一九一〇）に欧州から帰り、その年の夏、服部先生の代わりに国学院大学、東亜協会で講演し、これを東洋哲学大綱、孔子教の名で公けにしたものを、穂積重遠君が読み、渋沢先生に推薦して先生が読まれ、その結果、四十四年（一九一一）であったろうか、穂積君から竜門社で講演してくれとの依頼があって、第一銀行で話をしたが、渋沢先生はじめ門下の人々が聴講された。

講演のあとで、先生から、自分は孫たちに『論語』の講義をしているが、自分の代わりに講義にきてくれとのお話があった。お引き受けして、曖依村荘に最初に行ったのは、四十四年（一九一一）の秋であった。月に二回の予定であったが、毎回先生も出席されるので、先生のご多忙のために、予定通りには出来ず、二回または一回、飛鳥山あるいは曙町の孫さんたちの塾に行って講義をした。数年を費やして、『論語』が終わり、孟子は公孫丑《こうそんちゅう》まで終わって、震災のために中止となった。

また、第一銀行で服部先生の代わりに『論語』の講義をしたが、第一回のときには、先生をはじめ重役の人々が講堂に二、三百名集まった。震災前までに、郷党篇《きょうとうへん》を終わった。その後は講義はしなかったが、渋沢先生は私に向かって、

「その後は多忙で、講義を聴かれないで」

と、先生が九十一歳のときであったか、そのときもなおそういっておられた。老いて益々壮《さか》んといわねばならない。そしてまた、渋沢先生は常に私を呼んで、先生といっておられたのも、その人となりが偲ばれる。

講義のときの出席者は、最初は穂積君、それに穂積老先生も出られ、阪谷男爵の嫡子希一君、渋沢先生の御夫人、令嬢（明石照男氏夫人）、正雄君も見え、嫡孫の敬三君が中心となり、その兄弟の方々が主なる出席者で、その他には先生の外孫の方々、刀江書院主人尾高豊作氏、大川平三郎氏の御子息なども加わられて、たいてい十五、六名内外であった。

夕食を共にして、支那料理のことが多かったが、その後七時頃から講義をはじめた。一時間の予定なのであるが、先生の熱心さに動かされて、いつも二時間半、三時間になってしまう。一章を終わるごとに、孫さんたちは極めて自由な質問をした。一例をあげると、

「子釣《しちょう》すれども綱《こう》せず（孔子は釣りはするけれども、網《あみ》ではとらない）」

ということを普通に説明すると、なるほど、綱《こう》（網《あみ》）は不意を襲って好くないが、釣は餌をもって誘惑するのだから、かえって罪が深くはないか、という質問が出た。すると、青淵先生は、諄々《じゅんじゅん》

と説明して、私を援助してくださったことがあった。

講義は青年教育のためにとのことであったので、私は文義の解釈のあとに、出来るだけその方面の話をした。先生は、またさらに、維新当時以来のご自分の体験に基づいて、これを補われた。その一例をとると、

「三年父の道《みち》を改むることなき、孝《こう》と謂《い》う可《べ》し」

という章で、私は、

「子たる者の心地として、父の住い、部屋などを、父の在《いま》せるときのままにしておくと、その人存《そん》するがごとくにして、哀情切なるものがある。強《し》いて改めなくてもよいものは改めない。しかし道に背《そむ》くものは一日も早く改めねばならない。三年改めずとは、前の場合を指すのである」

というと、先生は、

「自分はもと名主の子で、藍玉屋《あいだまや》であった。その職業をやめて国事に奔走したのは、父の道を改めたのだが、国家に対するやむにやまれぬ憂から出たのであって、やむを得なかった。自分が職業を改めたことについて、孔子様に叱られはしまい」

といわれた。青淵先生は、よく孔子の教えと自分の仕事とを比べては、

「孔子様に叱られはしまい」

といわれたものだが、今でもその言葉が耳に残っている。

また、先生はよく『論語』を愛誦され、矢野さん（矢野恒太《つねた》）が作られたダイヤモンド論語を常に身につけておられて、すっかりくずれてしまい、なお一冊、矢野さんに貰われ、それもまたく

ずれてしまうほどだった。これ実に、孔子のいわゆる、「韋編三絶《いへんさんぜつ》（書物のとじ紐が三度も切れた故事から、書物を熟読する意）」にも比すべきであろう。

かねて、「論語と算盤」を唱えられ、『論語』をもって実業に携わる決心をされ、『論語』をもってしなかったならば、はるかに富を成したかも知れぬが、それかといって損もしなかった、『論語』を中心とするがよい、と始終いっておられた。

中洲先生が、その説を文章にしておられるが、これは青淵先生の意見を書かれたものである。先生は若いときに国事に奔走されて、数十の会社の社長をしておられた。今の別荘（曖依村荘《あいいそんそう》）のあたりは、陶淵明のいわゆる、

曖々遠人村　　曖曖《あいあい》たり、遠人《えんじん》の村《むら》、

依々墟里煙　　依依《いい》たり、墟里《きょり》の煙《けむり》。

＊陶淵明「帰園田居（園田の居に帰する）」が典拠。

の趣きが昔はあったのだそうだが、私の行く頃には煙突が林立していた。その煤煙が、別荘の中まで飛んで来たが、先生は、この煙も自分のやったものと思えば、小言《こごと》もいえないといっておられた。

重病後、多くの会社をやめられてからは、子孫の教育に専心されたが、その方々は今では皆、社会上優位の地歩を占めておられる。私の講義がどれほど効があったであろうか。当時私は、実際教育から尊い体験を得て、夜晩く、愉快に家路を辿ったものであった。

「私」というのは、文学博士宇野哲人氏である。この記述で総てを尽くしているから、蛇足を加える

ことを控えるが、いずれの会合でもさようであったごとく、翁が最も熱心に講義を聴いたことを注意しておきたい。

二松学舎

二松学舎は、明治十年（一八七七）十月三日、中洲《ちゅうしゅう》三島毅《みしまつよし》の創立するところであって、「主として漢学を教授し、東洋固有の道徳文学を維持拡張するをもって目的」としている。

翁は、明治十六年（一八八三）頃より、中洲と相知《そうち》（知り合うこと）したが、学舎のことに関係したのは、それから約二十年後、明治三十六年（一九〇三）、二松学舎拡張のため、二松義会を起こし、基金を募集した頃からで、明治四十二年（一九〇九）八月、財団法人に組織をあらため、翌四十三年（一九一〇）五月、その顧問たるに至って具体的になった。

翁と中洲との関係は、明治十六年（一八八三）、翁が、前室宝光院の碑文を依頼したときからである。「碑文は、人の姿を写すものだ、故人の人と為《な》りを知らなければ書けない」と中洲が主張したため、翁はつぶさに宝光院の性行《せいこう》（日常の性質とおこない）を述べた。これによって出来た中洲の文は、今も谷中の渋沢家の塋域《えいいき》（墓場。墓地）に、「渋沢氏孺人《じゅじん》（身分ある人の妻の称）尾高氏墓」の碑陰《ひいん》（石碑の背面。碑背）を飾っている。

二人は、爾来、機会あるごとに会談したが、道徳経済合一論と論語算盤説とによって、特に深き共鳴を禁じ得なかった。

道徳経済合一論は、翁年来の主張であり、前に記した竜門社の指導精神であって、繰り返す必要はないと思うから、ここには再びこれに触れず、論語算盤のことを記してみたい。

明治四十二年（一九〇九）、翁の古稀《こき》を祝賀するため、知人門下生などから各種各様の贈物をしたが、その中に、当時東京瓦斯会社の重役であった福島甲子三氏が贈った、介眉帖と題する書画帖があった。中に、シルクハットと朱鞘《しゅざや》の刀と『論語』と算盤を描き、その上に、

「礎論語、営商事、執算盤、説士道、非常事、非常功」

と賛したのは、明治時代の洋画の大家、小山正太郎であった。絵としての価値はしばらく措き、翁の経歴と主張とを通して見て、深き興味を感じたのが、三島中洲であった。そして、論語算盤説が作られたのである。

その全文を掲げよう。

題論語算盤図。賀渋沢男古稀。

青淵渋沢男。今茲齢届古稀。一画師作男左論語右算盤図賀之。余観之曰。有此哉。請題一言以為寿。男少受論語於尾高翁。稍長与志士交。唱尊王攘夷。既而従水府公子遊西洋。修経済学。因悟攘夷之

青淵渋沢男《せいえんしぶさわだん》、今茲《ここ》に、齢《よわい》古稀《こき》に届く。一画師、男の左に論語、右に算盤《そろばん》の図を作りて之を賀す。余之を観て曰く。此れ有るかな。請う一言を題して以て寿と為《な》さん。男《だん》少《おさな》くして論語を尾高翁に受ける。稍《や》や長じて志士と交《まじ》わり、尊王攘夷を唱《うた》う。既にして水府公子《すいふこうし》に従って西洋に遊び、経済学を修め、因《よ》って攘夷の非なることを悟る。帰れ

非。帰則王政維新。擢為大蔵大丞。掌財務。一旦慨我国商業不振。辞官而創銀行。拠論語把算盤。四方商社陸続競興。皆以男為摸範。商業大振。遂応米国招。率紳商而往。巡察諸商社。大得款待而還。是皆算盤拠論語之効也。画師似知男者矣。然此知一。未知其二。何者孔子為委吏。料量平。与粟。周急不継富。為政足食。既庶富之。礼与其奢也寧倹。待賈沽玉。是論語中有算盤也。易起数。六十四卦。莫不曰利。是算盤之書。而其利皆出於義之和。与論語見利思義之説合。是算盤中有論語也。算盤与論語一而不二。男嘗語余曰。世人分論語算盤為二。是経済之所以不振。今画師二之。非深

ば則ち王政維《こ》れ新《あら》たに、擢《ぬき》んでられて大蔵大丞《おおくらたいじょう》と為《な》り、財務を掌《つかさど》る。一旦我が国の商業の振わざるを慨き、官を辞して銀行を創《はじ》め、論語に拠《よ》って算盤を把《と》る。四方の商社陸続《りくぞく》として競い興《おこ》る。皆男《だん》を以て摸範と為し、商業大いに振う。遂に米国の招きに応じ、紳商《しんしょう》を率いて往《ゆ》く。諸商社を巡察して、大いに款待《かんたい》を得て還《かえ》る。是れ皆算盤の論語に拠《よ》るの効《こう》なり。画師男《だん》を知《し》るごとしか。

然《しか》れども此れ一を知って、いまだ其の二を知らず。何となれば、孔子は委吏《いり》と為《な》りて料量平《たいら》かなり。粟《ぞく》を与うるに、急《きゅう》を周《あまね》くして富めるに継《つ》がず。政《まつりごと》を為すに食を足し、既に庶《おお》ければ之を富《と》ません。礼は其の奢《おご》らんより寧《むし》ろ倹《けん》せよ。賈《こ》を待《ま》ちて玉《ぎょく》を沽《う》る。是れ論語の中に算盤有るなり。易《えき》の起数は、六十四卦《け》。利を曰わざるはなし。是れ算盤の書なり。而して其の利は皆、義の和より出で、論語の利を見て義を思うの説と合《がっ》す。是れ算盤中に論語有るなり。算盤と論語と一にして二ならず。男嘗て余に語って曰く。世人論語と算盤を分《わか》ちて二と為す。是れ経済の振わざる所以《ゆえん》なり、と。今画師之を二にするは、深く男《だん》を知る者にあらざるなり。且《か》

知男者也。且夫人之殀寿有定数。是天之算盤也。然不慎疾衛生。則不能尽定数。故子所慎斎戦疾。男既奉論語。必能慎疾衛生。尽天数之寿。不止古稀。是為寿言

明治四十二年嘉平月

陪鶴老僊三島毅拝草時齢八十

つ夫《そ》れ人の殀寿《ようじゅ》に定数《ていすう》有り。是れ天の算盤なり。然れども疾《しつ》を慎しみ生を衛《まも》らざれば、則ち定数を尽くすこと能わず。故に子《し》の慎しむ所は斎と戦と疾なり。男《だん》既にして論語を奉じ、必ず能《よ》く疾を慎しみ生を衛《まも》って、天数《てんすう》の寿《じゅ》を尽くさば、古稀《こき》に止《とど》まらず。是れ寿言と為す。

翁がこの論語算盤説を重んじたことは、あらためていうまでもないが、のちに明確にこのことを自ら記したことがあるから、それを掲げておく。

　朶雲拝誦仕候。其後多忙に紛れ、御起居も御伺不申上候処《もうしあげそうろうところ》、老閤益御清適之段、欣慰之至に候。小生客月末より九州中国及大阪地方巡回、引続き本月二十三日之春陽丸に乗組、米国へ罷越《まかりこし》候予定に御座候。発途前是非寸時たりとも拝眉支度と相考居候も、種々之雑事蝟集《いしゅう》いたし、困却仕候《つかまつりそうろう》。御心に掛けさせられ高作二首贐被成下、真に知己の高賚《こうらい》と難有拝受仕候。名利奔競は商売間のみに無之《これなく》、挙世皆然りとも可申姿に有之、実に長大息の至に御座候。小弟決而明月之皎《こう》然《ぜん》たる事は難期《きしがたく》候も、せめては自ら欺かずして人をも誤らしめざる事に心掛居申候。右に付而は、日常論語算盤説は必要にして、須臾《しゅゆ》も離るべからざるものと存候。尚御奨励に従い一層努力之覚悟に御座候。いずれ両三日中に拝趨《はいすう》、万可申候。匆々《そうそう》拝復。

これは、三度目の渡米の途についた数日前、大正四年（一九一五）十月十七日付で、翁七十六歳、中洲八十六歳のときである。翁は、「サンフランシスコにおけるパナマ運河開通記念博覧会視察を兼ね、朝野人士と会見して両国の親善をはかり、かつは日曜学校や実業家と信念などの問題」を携えて渡米した。

名利奔競《ほんきょう》（利益などを競って求めること）の風を大息《たいそく》（ためいきをつくこと。なげくこと）し、論語算盤および、「御奨励にしたがい、いっそう努力の覚悟」と明記して、その期念を明らかにしたのであった。

かくて、四年後、大正八年（一九一九）、翁が八十歳に達したとき、中洲は、左の七律を贈って、これを賀した。

夙謝朝官伍市民
欲将財務済人群
創開垂範新銀行
大著酬恩旧将軍
遠継先賢哀此煢
常尊古論重斯文
聖言仁寿不欺我
八十康寧為世勤

夙《つと》に朝官《ちょうかん》を謝《しゃ》して、市民《しみん》に伍《ご》し、
財務《ざいむ》を将《ひき》いて、人群《じんぐん》を済《すく》わんと欲《ほっ》す。
創《はじ》めて開《ひら》き、範《はん》を垂《た》る新銀行《しんぎんこう》。
大著《たいちょ》にて、恩《おん》に酬《むく》いん旧将軍《きゅうしょうぐん》。
遠《とお》く先賢《せんけん》を継《つ》ぎて、此《こ》の煢《けい》を哀《あわ》れみ、
常《つね》に古論《ころん》を尊《たっと》び、斯文《しぶん》を重《おも》んず。
聖言仁寿《せいげんじんじゅ》、我《われ》を欺《あざむ》かず、
八十《はちじゅう》、康寧《こうねい》、世《よ》の為《ため》に勤《つと》む。

＊煢《けい》……身寄りのないさま。

＊聖言《せいげん》……聖人のことば。孔子のことば。論語。
＊仁寿《じんじゅ》……仁徳があって、いのちが長いこと。

この年五月、中洲は九十の高齢をもって逝《ゆ》き、これがため二松学舎の寄附行為を改正し、二松義会を廃して財団法人二松学舎を設け、理事の互選をもって、翁を舎長に、尾立維孝《おだてこれたか》を常任理事に推した。学長に中洲の息、三島復《また》、督学に土屋弘を得たが、大正十三年（一九二四）学長没し、文学博士児島献吉郎を迎え、土屋を名誉督学に安井小太郎を督学に推した。

しかるに、十五年（一九二六）五月、児島が学長の任を辞し、六月、土屋弘が逝《ゆ》いた。かくて、第七高等学校教授山田準《じゅん》氏を迎えて学長とした。山田氏は、現に教授を兼ねて、同舎のために献身的努力をしている。昭和二年（一九二七）六月、尾立維孝の没後、国分三亥《こくぶさんがい》氏が常務理事として事務を担当している。

陽明学会

……私が渋沢子爵を知るようになったのは、上京まもなくのことで、明治三十五、六年頃であった。島田蕃根《ばんこん》の紹介によって会ったのが、そのはじまりである。私は元来長州の者で、亡父東崇一が、島田蕃根と交わっておった関係から、私が、『王学雑誌』を出すこととなったとき、この人に話したら、

「それには、渋沢さんを会員に加えた方が、具合がよろしかろう」

といって、紹介してくれた。それで、子爵に頼んで会員になってもらい、雑誌を送っておった。

ところが、どうしても雑誌の維持が困難で、このままでは継続出来なくなった。そこで、子爵の後援に頼るようになったが、その経路を話すと、こうである。

私のこの事業に対しては、東久世通禧《ひがしくぜみちとみ》伯爵が同情を寄せてくださっていたので、まずこの東久世伯爵に発起人になってもらって、有力な実業家その他の人々の招待会を催し、その席上で雑誌拡張の計画を述べ、後援の依頼をすることを企てた。

しかし、めったな場所でしても、出席してくれないから、変わったところを選ぶということで、湯島の麟祥院にした。それも、院の春日局《かすがのつぼね》の居間を特に頼んで融通してもらった。この春日局の居間というのは、かつて春日局が自分の部屋としていたとかで、その後誰にも会席として貸したことがなかったそうだ。

私の会を催したのが、はっきりせぬけれども、明治四十一、二年頃だったと思う。その日、百数十名案内して、八十余名出席した。

この出席者中から委員を選んで、尽力を仰ぐこととして、渋沢子爵にも委員になってもらった。前にもいった通り、その以前における子爵との関係は、通り一遍の会員に過ぎなかったもので、私は子爵のことには気がつかなかった。それでは、委員には、どういう訳でなってもらったかといえば、大倉喜八郎さんが私にいってくれた。そして、大倉喜八郎さんを雑誌の拡張委員に頼んでくれたのは、東久世通禧伯爵である。

私が東久世さんから紹介されて、大倉さんに頼みに行ったら、大倉さんが、

「援助はしよう。しかしそれは、渋沢さんに頼んだらよかろう。自分よりも渋沢さんの方が人気

があるから、拡張も都合よくいくだろう」

と教えてくれたので、私が、

「それでは渋沢さんにお頼みしますが、大倉さんから薦められてお願いにきたと、あからさまにいっても差し支えありませんか」

と断わって、早速渋沢子爵を訪ねて頼んだ。それから委員会を何度も開いて、その都度、子爵に出席してもらい、ひとえに子爵の尽力を仰ぐことをしきりに子爵に頼んだ。

しかし、子爵は、この明善学舎の趣旨、成り立ちを深くご存じなかったためか、他の委員同様の援助なら引き受けようけれども、責任の大半を持ち込まれるのは困るといったような、お考えであったので、私らから強いて頼むと、席を立って、

「今日はほかに用事があるから……」

と帰ろうとなさる。そこで私が、

「雑誌が毎号お送りしてあるはずでございますが、それで趣旨もお判りのことだろうと思います」

と、追いかけていうと、

「いや、雑誌は毎号確かに戴いている、誠にありがとう。お礼を申します」

と、及び腰で返答なさる。とうとう最後に私が、

「それでは貴方に万事おまかせして、貴方のお考え通りにやることにいたしますから」

と突っ込んだ。すると子爵も、

「そうまでいわれると、いたしかたない」と、拒まれなかった。これが、いわばわが陽明学雑誌の第二回目の拡張である。同時に、雑誌の名を『陽明学』と改めたのである。このときから、陽明学会の経営が子爵のご尽力に頼るようになった。

それから、よほど経って、大正十二年（一九二三）の大震災前になって、再び経営困難となり、第三回目の拡張を必要として、このときも子爵に大いにご尽力を願い、子爵はじめ各方面の方々から、約二万円の寄附を仰ぐことになったのであるが、あいにく震災で、その半額の一万円も集めることが出来ず、経営が苦しくなってきた。

……考えてみると、子爵のお世話になるようになってから長い間であって、その間たびたび子爵に金のご心配もかけた。私が感じていることは、子爵は一度、幾何《いくばく》の金を寄附しようと約束なさると、必ずそれだけはお出しになる。これは金のことではあるが、外《ほか》にこんな人はないようだ。また数回、経営困難に陥《おちい》って、子爵に雑誌の廃刊を申し出たこともしばしばあったが、子爵はいつも、

「そんなことでは駄目だ」

といって反対なさる。これは、特に私が感じたことである……。

「私」とあるは、東敬治氏のことである。この記述によっても知られる通り、翁は、陽明学会創立前より相談を受け、明治四十一年（一九〇八）、評議員となるにおよんで具体的になり、常に配慮を怠らなかった。

陽明学会の関係を辿ってきて記さねばならないのは、陽明全書講読会のことである。

王陽明について、知ること少なきを遺憾とした翁は、中国の知人より、『陽明全集』を贈られるや、東氏に嘱して、返り点、捨仮名、註釈、講義を附せしめたことがある。大部のもので、普通では読んでみようとの気も起こらぬほどである。しかるに、好学進徳の念厚き翁は、繁劇《はんげき》（非常に忙しいこと。多忙）の間を割《さ》いて、これを読もうとした。

そしておそらく、これが機縁となったであろうと思われるが、大正十一年（一九二二）から、特に翁の希望によって、曖依村荘において、また渋沢事務所において、陽明全書講読会、のちに省略して陽明会と称した特殊の会が催された。講師ははじめ、東氏、のちに山田準氏が引き受け、毎月二回、第二、第四の土曜日が会日であった。

かつて、東洋生命保険会社社長、木村雄次氏が、

多くの人々がいうように、我が青淵先生にとっては、実践価値のない、観念遊戯にしかすぎない哲学や宗教やは、秋の団扇《うちわ》にも増して無用なものであった。

だから先生は、老荘の哲学を指し、なるほどああした風に考えれば、それはそうも考えられもしようが、さて、その考えを実際に当てはめようとすれば、どうすることも出来ぬ空《そら》の話にすぎないといわれているし、のみならず先生は、『中庸』をも哲学臭しとして宗《しゅう》とせず、『大学』でさえも、あれは治国平天下を教える政治家のための書で、実業家には不向きとして取られず、『論語』こそ修身斉家《しゅうとせいか》の規矩《きく》（手本。ものさし）として、実業家の実用書とすべきだといって、九十になっても、王陽明学派の先生から『論語』の講義を聴いておられたのである。

私は先生が『論語』を講義されたということよりも、「朝《あした》に道を聞きて夕《ゆうべ》に死すとも可なり」として、この講義を聴かれたお態度こそ、学ぶべきというよりは、むしろ神らしいこととして崇敬せねばならぬこととさえ感ずる。

と記したのは、この陽明会のことである。

「神らしいこと」であるかどうかは、考えねばならないが、翁が「朝に道を聞きて夕に死すとも可なり」として、精進していたと見ることは、全然同感である。

陽明学のことのみではない。漢学のみでない。社会事業にしても、教育事業にしても、国際関係にしても、生ある限り、聞き、知り、努力せんとしたため、普通では考えることも出来ないほどのことをなし遂げたのである。翁の態度についての木村氏の記述は、ただ単に陽明会のことに制限せず、全体的に視た翁の態度についてとすれば、当たっているといわねばならない。

九、対外関係

日米同志会

翁が、渡米実業団を率いてアメリカを旅行した当時、バロン・シブサワの名が、親愛と尊敬とのシンボルとして、アメリカ国内に広く知られたことはすでに記したが、かくのごとく特殊の感情をもって迎えられたのは、主として翁の実業界における偉大なる勢力を認め、しかも、いわゆる実業家らしからざる風格に驚嘆したためであった。

爾来の翁の行動——漸次営利事業をはなれ、国家社会のために利害を超越して尽瘁《じんすい》するに至ったこと——を知ったならば、より以上の感慨を生ずべきはずである。この推測の謬《あやま》らざることは、渡米実業団の旅行を一期として、アメリカからの来訪者がにわかに増したことによって、推察される。

アメリカおよびアメリカ人との接触多きを加うるとともに、他の諸外国人との交渉もまた増加し、対外的事業にも漸次手を染めることになった。対外関係として目につくのは、明治四十四年（一九一一）十二月、国際平和義会日本支部会頭になったことであり、四十五年（一九一二）六月、ニューヨーク日本協会名誉委員長に推されたことであり、大正二年（一九一三）五月、日米同志会を組織して努力したことである。

国際平和義会との関係は、のちに日本国際連盟協会のため、偉大なる努力をなした翁の、世界平和、国際親善に対する信念の最初の表現として意味あるものであり、ニューヨーク日本協会との関係は、のちに畢生《ひっせい》の事業として絶大の努力を傾倒した日米親善に関する、具体的表現として、深き興味を感ずるものである。

日米同志会に至っては、翁が積極的に造った対米努力の最初の組織として、ことに深き意義を感ずるものである。日米同志会は、アメリカ、カリフォルニア州における排日運動を動機として成立したものである。排日は、このときにはじまったのではない。すでに渡米実業団の旅行以前から、両国の心ある人々はこれを憂慮していた。

私ももう去年七十である。だいぶ身体も弱っていますし、聞きますと、その旅行がなかなか骨が折れそうでもございます。元来言葉は通じませず、フランス語はわずかに話しますけれども、これも自由とはいかぬ。

と自ら語っている翁が、ついに団長の重責を負って起こったのは、根本に翁のいわゆる日米親善増進――排日運動の緩和という目的があったからである。翁たちの旅行が、対日感情の緩和に資したことは、あらためていうまでもないが、徹底的に除去することは出来なかった。

この種の問題が、一度の旅行によって解決されるはずなく、悪化を防ぎ得れば上乗《じょうじょう》（もっともすぐれていること）の成績を得たといい得るほどのものである。これほどのことを、政府でなおざりに付するはずがなく、種々外交的の交渉があり、かの「紳士協約」も出来たほどであった。

折から大正二年（一九一三）、カリフォルニア州議会において、外人土地所有禁止法案が議題となった。排日の一手段として、日本人の土地所有を禁止せんとしたのであった。在留邦人の驚愕《きょうがく》はもちろん、日本内地においても非常なセンセーションを起こした。

そこで、東京商業会議所を中心に、在米同胞慰問とカリフォルニア州における実情調査と、該立法阻止とを目的として、日米同志会を組織し、特使を派遣することになった。翁が会長となり、中野武《なかのたけ》営《なか》が副会長になった。当時、翁は病中であったが、年来深く関心する日米間の問題であったため、病を押して築地精養軒における発会式に臨席した。しこうして、特使として、添田寿一《じゅいち》と神谷忠雄氏を選んだのであった。

このときのことについて、添田博士はこう記している。

派遣使の人選の結果、私と神谷忠雄氏の両人が行くことになりました。私はその任にあらずとして、一応辞退いたしたのであります。子爵はこれに対し、諄々《じゅんじゅん》と説かれました。私は会のため、国のため、病気を厭《いと》われない子爵の熱誠《ねっせい》（熱情からでるまごころ）に動かされ、

「同胞のため、ご渡米願いたい」

との御詞《おことば》に対しては、返す言もなく、ご承諾申し上げた次第であります。

大正二年（一九一三）五月十日、私たち二人は横浜を出発して、同月二十六日、サンフランシスコに到着いたしましたが、船中において、禁止法案が裁可公布に相成ったことを耳にして、大いに遺憾に思ったのであります。法を防ぎ止めることは、不可能となったのであります。

しかし、私たちの使命が尽きたのではない。アメリカの行政ならびに立法の府において、日本に不当なる差別的取り扱いをしないように奔走するのは、決して不必要でないと思って、法の成立にもかかわらず、進んで行くことにいたしました。

かの地に着いて、六月末までは在留同胞の慰問や実地視察に費やしましたが、邦人は人心恟々《きょうきょう》（恐れおののくさま）、財産を片付け、貯金を引き出して、帰国せんと思い立っているという次第で、まったく生命の保証をも失ったかのごとき、恐怖心を抱いているのでありました。私は、その杞《き》憂《ゆう》にすぎないことを述べ、もし生命を脅かすごときことがあれば、日本において黙視することはない。両国間に干戈相見《かんかあいまみ》える（戦いが起きること）に至るので、カリフォルニア州政府においても、さような無謀の挙に出るものでないと、同胞に安堵を促し、それよりも進んで、法の許す範囲において、土地を借りるなり、その他の事業に進み、事業と離れないことにつとめるが肝要である

と説いたのであります。なお、大統領、国務長官にも会見するから、我が同胞の意のあるところを述べ、その反省を求める意向であると話したのでありますが、同胞の中には感泣《かんきゅう》する者もありました。

我が国からは、ほかに江原泰六《えばらそろく》氏などの有力な方々もかの地に在って、いたるところ邦人に説き、また邦人のために説きました。かつ、邦人経営の新聞も私たちと協力して、同胞慰撫《いぶ》につとめた結果、人心もようやく平静に帰した次第であります。内地においては、朝野の人々専心同胞のためを図り、日米同志会の渋沢子爵などの御尽力のほどを伝えましたので、まったく不安も除かれました。

この間、数百ヶ所において演説を試み、日米同志会もいわゆる慰問使の点においては、その目的を達成し得た次第であります。

ついで、東部を尋ねて、まずニューヨークに参り、子爵の友人に懇談しましたが、いずれも日本同胞のため、遺憾なことと申されました。

ワシントンにおいては、大統領ウィルソン、国務長官ブライアンと会見して、渡米の目的を説き、その反省を促すにつとめましたところ、これまた遺憾に思うと謝意を述べ、ただただ州の立法によって決議したる法律に対して、中央政府はいかんともなし得ないことを説き聞かされましたから、私はカリフォルニア州の問題たるにせよ、こと国交に累《るい》をおよぼすものなる以上、中央政府として配慮を煩わしたい旨を願いましたら、先方でもこれを諒とされました。

カリフォルニア州においては、州知事にもこの旨申し述べ、なお中央政府の諒解も求めましたので、少なくとも使命の半ばをつくして、同年八月二十四日、帰朝いたしたのであります。帰朝の上は、早速、子爵、中野のご両人はじめ、会へも委細報告いたしておきました……。

この頃、翁の関係した対外事業としては、またコノート殿下渡来《とらい》につき、盛大な歓迎会を歌舞伎座で催したこと、サンフランシスコ震災の義捐金《ぎえんきん》募集に努力したこと、および南清飢饉、イタリア震災の救済に尽力したことを挙げねばならない。さらにまた、我が国の事情を海外に誤りなく知らしむるため、国際通信社を設立せしめたことも、逸するを得ざることである。

日清汽船会社と東亜興業会社

対外関係として、当時、翁がアメリカと同様に、観方によっては、より以上に関心を持っていたのは中国であった。中国が、同種同文であり、歴史的に我が国との交渉が深く、さらに翁が常に尊崇する『論語』の生まれた国であるため、日支両国が、真の意味の「善隣」の誼《よしみ》を結ばんことを切望したのは当然であった。

古くは、明治十年（一八七七）一月、当時の中国政府よりの借款申し込みに応ぜんとして、益田男爵などとともに上海に航し、また第一国立銀行支店を上海に設けんとしたこともある。けだし、経済関係により、この翁の衷心からの希望を達せんとした具体的表現である。借款も支店設置も、ともに実現するには至らず、翁の対支事業計画は、具現しなかったけれども、翁の脳裡において、常に中国に対する経綸《けいりん》（治国の方策）が育まれつつあったことは、想像に難くない。

しかるに、その機熟せず、思うのみにしていたずらに時を経《へ》る中、日清戦争となり、さらにいっそうその機会は遷延《せんえん》(のびのびになること。ながびくこと)したが、明治三十七年(一九〇四)、湖南汽船会社の創立を援助し、さらに明治四十年(一九〇七)三月、中国における我が国の勢力下にある海運業を統一し、対支貿易の発展に資する目的をもって、大阪商船、日本郵船、湖南汽船および大東汽船の有する中国における航路を統一して、資本金八百十万円をもって、日清汽船会社を創立するに当たり、委員長として尽力し、ここにはじめて、その所期の実現を見たのであった。

日清汽船会社は、政府の勧誘と航路補助金の給与とによって出来たもので、創立委員も政府の依嘱によったのであった。日清汽船会社の創立は、翁が実業界との関係を絶たんことを考えた当時であったにもかかわらず、委員長を引き受けたのみでなく、創立と同時に取締役としてその経営に関与したのは、特殊の情熱をもって、これに対したことが想像される。

けだし、日支親善実現の経済施設として見たためであり、年来の希望達成の機会と信じたためと見たいのである。日清汽船会社の創設によって、最初の具体化を見た翁の対支親善の希望は、明治四十二年(一九〇九)に出来た東亜興業会社、および大正二年(一九一三)に創立された中日実業会社によって、いっそう徹底的に表示された。

東亜興業会社のことを記すに当たって、まず触れねばならないのは、日清起業調査会のことである。けだし、経済関係による日支親善増進を信条とする翁の首唱にかかるもので、近藤廉平、大倉喜八郎、および益田男爵などが、そのメンバーであった。

しこうして、幹事に白岩竜平氏のあったことも注意すべきことである。白岩氏が、対支関係の先覚者であり、有数の中国通であり、才腕と胆力とをもって称せられることは、あらためて記すまでもないところであろう。かくて、日露戦争前後からの翁の中国関係——中国に対する具体的事業に、必ず白岩氏の名が出てくるのは当然である。今記しつつある日清起業調査会に幹事として氏の名を見いだすのは、翁との関係の初期の姿として面白いものがあるといわねばならない。

日清起業調査会は、鉄道工事の請負、電気鉄道、および電話事業に関する借款の申し込みなどに関し、しばしば協議を重ね、実地の報告を徴し、必要な交渉を試みたが、いまだ実際化するに至らなかった。

そののち、桂太郎、小村寿太郎など政府当局の熱心な勧説により、明治四十二年（一九〇九）六月、中国における官私の鉄道に、材料および技師を供給し、また、鉄山、造船、電気に関する調査設計、および各種事業にに対する投資、ならびに融資を目的として、シンジケートを作ることの必要を認め、この計画書を広く有志に謀《はか》ることを決意し、同年七月、東京、横浜、名古屋、大阪、および神戸の有力者三十余名を三井集会所に招いて協議し、会社設立を決議し、定款調査委員を選挙した。

爾来、種々凝議《ぎょうぎ》ののち、翁、および近藤廉平、益田男爵、大倉喜八郎、山本条太郎、大橋新太郎、古市男爵、白岩竜平の諸氏が発起人となり、創立事務を取り運びたる結果、翌八月中旬、銀行集会所において創立総会を開き、同月三十一日、設立登記を完了したのが、東亜興業会社である。

創立当初の資本金は、百万円であったが、大正六年（一九一七）、三百万円に、のちさらに、二千万円に増資し、中国に対し総計約六千万円の投資をなし、中国の開発を図るとともに、日支間の経済関係を密接ならしめ、もって共存共栄の実を挙げんとしたことは、逸するあたわざるものである。

中日実業会社

大正二年、孫文《そんぶん》（孫逸仙《そんいっせん》）は、革命を遂げて日本へ遊びにきた。当時、袁世凱《えんせいがい》と孫文とは両立したというよりも、袁が孫を凌《しの》ぐようであった。袁は英雄肌で、力で国家を統一しようとするし、孫はいわゆる三民主義によって統一しようとするから、どうしても主義が合わぬ。二人の仲が、ますますわるくなってきたときであった。

ここで私は、孫に向かって、政治で争うのは、ちょうどイタチごっこをするようなもので、それほど効果があるものでない。それよりも実業界に力を入れたほうが良い。鉱山でも鉄道でも、文明的事業を起こそうとすれば、起こせるではないかと談じた。

孫もこれに賛し、評議はだんだん進んできたけれども、折あしく袁と孫と仲違いがひどくなった。そのうちに、孫の股肱《ここう》（もっとも頼りとする家臣）宋教仁《そうきょうじん》が殺された。これは、袁の教唆《きょうさ》によるものであるというので、革命が起こされた。この革命はうまくいかず、孫は日本に亡命したというような騒ぎもあった。

孫は、私の計画に賛成していたけれども、政治界の人であり、それに実業の事情に暗いから、創立のことにまで力を入れる余裕がないということであった。その後この計画に、袁が力を入れるようになって出来たのが、今の中日実業会社である。

翁は、孫・袁の拮抗《きっこう》、換言すれば、孫文が中日実業会社創立の最初の相談相手でありながら、途中から関係を絶った点に重点をおいて話しているが、その前に創立の経過について記さねばならない。

中日実業会社の誕生に関する最初の協議は、大正二年（一九一三）三月十二日、三井集会所で行われた翁と孫文との会談であった。この席には、山本条太郎、高木陸郎などの人々も出席した。越えて五月二十六日、丸ノ内万国館に創立事務所を設けて、しばしば創立委員会を催した。委員会には、益田男爵、藤瀬政次郎、大倉喜八郎、門野重九郎、当時の日本興業銀行総裁志立鉄次郎、台湾銀行総裁柳生一義、横浜正金銀行副頭取井上準之助など諸氏の顔が見えた。

かくて大正二年（一九一三）八月十一日、東京商業会議所において、創立総会を開き、創立委員長たる翁は、座長席につき、創立経過および創立事務の報告をなし、中野武営は株主を代表して、中国時局紛乱の折からにかかわらず、当会社の成立を見るに至ったについての翁の労を謝し、ついで役員の選挙に移り、出席者の希望により、翁が指名した。日本人としては、倉知鉄吉、尾崎敬義、森格、大橋新太郎の諸氏があり、中国人としては、王一亭そのほか四人であった。

翁は、指名とともに、

孫文（孫逸仙）氏から創立委員長たる自分に対して、本会社は日支両国の経済上、根本的提携を意味するものであるから、この際重役に選任されることは、会社の将来および両国経済関係の上に面白くない結果をきたすと思われるゆえ、何とぞその選に加えられないように願いたいと、特に申し出られたため、同氏を選に加えなかった次第であります。

と付言した。しかるに、そののち孫文は、宋教仁の暗殺に刺激されて第二革命を企て、中日実業会社とは縁が遠くなった。

袁世凱は、孫文を鉄路総弁に任じ、ていよく要職にまつり上げ、その実、孫文の同志を片っ端から倒して、孫の勢力を殺《そ》がんとしたので、孫もついに起こったということである。革命に生き革命に死んだ孫文が、革命のために起こった以上、経済界のことに携わることを得ない。そこで翁との確約があったにかかわらず、ついに中日実業会社と離れ去った。

孫文は、会社との関係を絶つに当たり、これらの経緯を明らかにして諒解を得んため、特に翁に対して手紙を送った。これに対して翁は、

来示《らいじ》（書状で書きよこしたこと）は拝見したが、真に遺憾の至りである。短気は切に思いとどまられんことを希望する。袁氏も悪いであろうけれども、世の中のことはなかなか思い通りにいくものでないから、辛棒《しんぼう》が肝腎である。

聞くところによると、むかし唐の太宗《たいそう》（李世民）が、張公芸に対し、天下を治むるの要諦《ようてい》を求めたとき、忍の字を百書いて贈ったということであるが、もし私が張ならば、忍の字を贈って、あなたの反省を促すであろう……。

という意味の懇篤《こんとく》（親切で手厚いこと）な返書を裁したのであった。

中日実業会社設立後の経過については、現に、同社副総裁として経営の任にある高木陸郎氏の『中日実業会社の過去現在及将来』に大要を記されている。

当社成立後の環境いかんを顧みまするに、それには当社の進展に不利であったものが、すこぶる多かったように思います。第一に当社株式の一半を全部引き受けたほどの、袁世凱氏の心事《しんじ》（心に思うことと、実際の事実）が、彼の対日本政策とともに、大いに疑わしくあったのであります。彼

は当社に対して、多大の庇護援助を与えんとするかのごとく振る舞ったのでありますが、その後さような気振りさえ見せないのでありました。

それどころか、当社に対する袁政府の態度は、はなはだ冷淡で、動《やや》もすれば当社の発展を暗中《あんちゅう》から牽制するような傾きがありました。中国の国土において萌芽する事業が、中国政府の抑圧を受けるのでは、決して健実に伸びゆくものではありませぬ。

政略万能主義であった袁世凱氏は、おそらく政略的に当会社株式の一半を、自己の手に収めたかとも思われたのであります。本社成立に対する彼の観念は、おそらく孫氏と、根本的に異なっていたのではなかろうかとも考えられたのであります。すなわち、彼は、日支実業提携の必要をそれほど緊急切実なるものと認めず、株式の一半を潔く引き受けたのも、実はもっぱら国民党の勢力を殺《そ》ぐ、彼の慣用手段であったらしく思われたのであります。

少なくとも、袁政府から公正かつ親切な援助を享《う》くるであろうと期待した当社は、多少の幻滅を感ぜずにはいられませんでした。したがって、会社の成績も容易にあがらないという状態のもとに、欧州大戦（第一次世界大戦）となったのであります。

いわゆる景気時代の曙光《しょこう》（前途への明るいきざし）が輝きはじめた折で、日支両国政府の政策に刺戟されたという理由もあり、我が国の実業家、銀行家は、みな争って中国における実業方面の投資に志し、資金の潤沢を加うるにともない、ますますこの投資熱を高めてきたのであります。

この場合において、我が中日実業会社のごとき日支両国に国籍を有する特種機関が、財界の投資仲介者として最も適当であったのは申すまでもありませぬ。しぜん当社は、資本家より盛んに勧誘を受け、しらずしらずの間に、巨額なる投資をなすに至ったのでありました。

大戦終息の財界にもたらせる影響は、中国もまた我が国と同様でありましたために、およそ我が国の資本家で中国に投資したものの大半は、この際、全損といってもよい哀れな悲劇を演ずることになりました。当社もこの一般の例に漏れなかったのみならず、なかんずく、桃冲鉱山に莫大な資金を投下しておったのが、ほとんど致命的痛手となったのであります。すなわち、前代未聞の鉄価暴落とともに異常の困難を招来し、短期高利の借入金に苦しめられ、大正十一年（一九二二）の末頃は、まったく破滅の運命に逢着《ほうちゃく》（出くわすこと）しつつあったのでありました。

不肖私が入社しまして、日本側における中日会社主宰の大任を負うことになりましたのは、前述のごとく会社が極端に衰微に傾いた非常の場合でありました。

この記述によって明らかであるように、中日実業会社は創立以来惨憺たる運命にあえいできたが、その間の翁の苦心と努力は容易ならぬものがあった。

十、中国旅行

出発まで

中日実業会社のことを考えるとき、当然連想されるのは、大正三年（一九一四）の中国旅行のことである。

大正三年(一九一四)は、翁七十五歳のときである。この高齢をもって中国に旅行することを発表されるや、各方面に多大のセンセーションを起こしたことは、想像に難くない。日本においては、いうまでもない。

中国における英字新聞、主なる漢字新聞はもちろん、遠くはロンドン・タイムスにおいても、これについて論議した。日本の実業界が壮挙として迎えたことは断わるまでもないが、中国そのほかにおいては、一様に中国における利権獲得のためなりと断じ、悪声を放つに至った。

翁の性格と過去の経歴より観て、ただ単なる利権獲得のため旅行する人でないことは明らかである。しかし、なにゆえに、喜寿に近き老齢をもって、しかも日常繁劇《はんげき》(非常に忙しいこと。多忙)のうちにありながら、あえてこの行を企てたであろうか。

我が国経済界の育ての親であり、金融界の先達であり、いわゆる財界の大御所であるとのみ見ていた外国人の眼には、——術数と欺瞞《ぎまん》と逆宣伝とを生命とする中国人の眼と、遠く海外に在《あ》って翁の本領を会得せざる西欧人の眼には、翁がもはや財界の埒《らち》を超え、一段高き境地に立って、——利害の打算を超越して、人類愛、隣人愛に生きんとするに至ったことは、諒解し得なかった。

この頃の翁の心境の変化というか、心理的飛躍というか、狭き財界、経済界なる範囲を脱し、もしくは脱せんとしつつあることを知り得なかった。

よしや、中国の心ある人々はこれを諒解していたとしても、大多数の人々には、依然たる経済界の巨人渋沢栄一としてのみ考えられたであろう。いつの世にも、大衆の好むところによって動く新聞紙としては、この点を強調して、筆の赴くがままに利権獲得を目的とするものなりと断じたのは、当然の結果といわれぬことはない。

この断定が誣妄《ふもう》（いつわること）であり、曲解《きょくかい》であることは、あらためて記すまでもないが、さらば、真の目的はどのへんに在ったたであろうか。その当時、翁自《みず》からたびたび言明しているごとく、漢学によって教育された翁にとっての久恋の地、中国を訪問せんとの年来の希望を達せんことと、中日実業会社に関する中国上下の諒解を得んためであった。

翁は、かくのごとき目的をもって、老軀をいとわず中国旅行をなさんとしたのであったが、中国その他における新聞の論調は、先に記したように全然これを認めず、かえって邪推臆断《じゃすいおくだん》によって非難し、容赦なき筆鋒《ひっぽう》は漸次激化し、極力その実行を阻止せんとするに至った。この情勢を見て、予定の通り決行すると、あるいは、わざわいの翁の身におよぶかもしれないと憂うる者を生じたのは当然であった。

また、中国の風土、気候が、高齢の翁に適せざるべきことを深く憂慮する者もあり、これらの人々は、しきりに中止を勧めたけれども、衷心何らはばかるところなく、国家のため倒れてのち已《や》むの覚悟をもってする翁は、断乎《だんこ》として所信をまげず、ついに五月二日、出発のことに決定した。

かくて四月二十八日駐日中国公使陸宗輿より護照《ごしょう》（中国での旅券。パスポート）を受け、翌二十九日午前、参内《さんだい》して、侍従職を経て御暇《おいとまごい》乞の言上《ごんじょう》をなし、出発の手続きを了した。五月一日正午、東京銀行集会所主催の送別午餐会に臨み、旅行の目的を述べ、翌二日午前八時三十分、新橋発の急行列車で出発した。

随行者は、渋沢武之助、明石照男、秘書役として、増田明六、大沢正道、医師堀井宗一、ほかに野口米次郎、および堀江伝三郎、同行者として、馬越恭平、尾高次郎、三島太郎、ほかに仲田慶三郎、辻友親の諸氏があった。

渋沢武之助氏は、当時渋沢事務所に在って、実業界への準備時代であり、明石氏は、第一銀行営業部副支配人であった。大沢正道は、第一銀行に長く在勤した人で、漢学、書道をもって知られ、中国旅行には、当然加わるべき人である。堀井医師は、当時主治医として、常に翁の健康につき責任を持っていた人である。野口米次郎氏は、中日実業会社社員で中国事情に通じ、中国文をよくし、中国語に巧みで、この行にはなくてはならぬ人であった。馬越氏が、大日本麦酒会社社長であり、麦酒界の王者、実業界の耆宿《きしゅく》（老いて徳望・経験のすぐれた人）たることは断わるまでもないことであろう。尾高次郎の名は、かつて竜門社のことに関連して記しておいた。三島太郎は、かつて第一銀行に勤務した人で、当時朝鮮銀行理事であったが、上海から一行に加わった。仲田慶三郎は、かつて翁の尽力した札幌麦酒会社に在勤し、三社合併とともに、大日本麦酒会社の人となり、当時総務課長の任にあった。のちに栄進して監査役となり、在任中に逝《ゆ》いた。辻友親氏は東洋生命保険会社秘書で、尾高社長に随行した者であった。

益田男爵、浅野総一郎、渡辺嘉一、森格諸氏は、国府津まで同車して見送ったが、益田男爵は下車に当たり、国風《こくふう》（和歌のこと）一首を贈った。

ふみにのみしたしまれつるもろこしに　あそぶはいかにたのしかるらん

途中、各地において、種々の人々の送迎を受け、午後九時十分、三宮《さんのみや》（兵庫県神戸）につき、東洋汽船会社より廻送の小蒸気船により地洋丸に乗り込み、喫煙室において三鞭《シャンパン》の杯をあげ、見送りの人々と別れを告げ、午後十一時、神戸を出発した。

帰朝して

私が中国漫遊の希望を抱いておったのは、一朝一夕のことではない。機会があったら、かの地の古蹟文物を探って見たいと思っていた。ことに浅薄ながらも、幼少のときより、漢学を学び、詩文を作るようなこともあり、四書、五経、八大家文、古文真実などのある部分は諳《そら》んじているので、かの洞庭湖、西湖、赤壁なども、詩文の上で、こうでもあろうかと想像してみることもあり、一度はその実地を見たいと思っておった。

また、少年の時分から『論語』を父に教わり、先輩も指導誘掖《ゆうえき》（導き助けること）してくれたから、ついに習い性をなして、孔孟の書は一身の金科玉条と心得ていた。もちろん私も、欠点のない者ではない。このことはよく承知している。しかし、正義と人道とに外《はず》れる行為はないと信じている。

さような訳であるから、ぜひ一度は曲阜《きょくふ》（中国山東省の孔子生誕地）にある聖廟に参拝したいと思っていたけれども、世事多忙、日もまた足らずというような次第で、日一日とのび、ついに今日に至ったのである。

ところが、昨年の春、偶然、中国興業会社を組織することとなった。これは私が、昨年の春、来遊した孫文（孫逸仙）氏と相談して設立したのであるが、その後、彼が第二革命を起こすにおよんで、この会社は中国政府より多少の疑惑を受け、あるいは水泡《すいほう》に帰するの恐れなきあたわざる情況であった。

しかしこれは、非常の誤解であって、私が中国興業会社を創立したのは、単に日支間の実業の連絡とその発展を期したまでで、もとより経済に国境のあるべきはずはなく、いわんや、南北などは問うところでなかった。ついては、これらの疑いは、何とかして解きたいものであると思うていた。そののち中国政府の大官中にも、両国合弁会社の設立について、私の北京旅行を望まれた人もあったので、自分はいよいよ渡支の念切なるを覚えた。しかるに、当時は折あしく病気に罹《かか》り、医師の注意にしたがって見合わすことにしたが、ようやく時を経て、本年五月二日に出発して、多年の望みを果たすことを得た。

旅行の順序は、上海へ着後、長江をさかのぼって漢口まで行き、それより湖南、湖北の地にも入る目算であったが、出発前に変更して、漢口から北京に出で、天津、済南、曲阜、膠州湾を経て、満州に入り、朝鮮を経過して帰京する予定であった。ところが、天津に着いてから、たまたま発熱があって、少しく疲労を覚え、私自身は、さまでに思わなかったけれども、馬越君および一行中の人々がたいそう心配され、ことにその際、山座、水野の両氏逝去の報があって、風声鶴唳《ふうせいかくれい》（ちょっとしたことにも驚き怖れること）というような有様で、一行からたいそうな病人扱いされた。

翁は、病人扱いにされたことを迷惑がって話したが、一行の憂慮は筆紙に尽くしがたきものがあった。それは、当時の事情を顧みれば明らかである。

翁が天津に着いたのは五月二十七日であったが、この日、暑気すこぶる強く華氏九十度（摂氏三十二度）に達した。連日の過労と、睡眠不足と、さらにこの炎熱のためであろう。夕刻から翁は発熱を訴え、随行の堀井医師の診察を受けただちに就床静養した。出発に当たり翁周囲の人々が深憂した危害は幸いに実現することなく杞憂《きゆう》に終わったけれども、気候風土による影響がここに事実となって現れたので、一行の憂慮はなはだしく、ついにその後の招待一切を謝絶することに決し、総領事館の手を経てそれぞれ通知した。

翌二十八日は、熱やや下降し、一同愁眉《しゅうび》を開いたが、高齢のため、なお十分療養の必要があったので、同仁病院より看護婦を雇い入れた。かくのごとく、翁の病気につき、苦慮しつつあるとき、山座公使急逝の報が入った。さきに一行北京滞留中、水野参事官の急死があり、さらに、この悲報に接した一行の驚きと不安は、想像に難くない。

当時、東京においても、引き続く悲痛事と翁の病気とを結びつけ、さらに、出発当時の新聞の論調を連想し、中国一流の——当時の大総統袁世凱の常用手段と称せられた、毒薬のためではないかとの噂さえ出たのであった。

天津においては、馬越恭平氏を座長とし、その後の翁の行動について凝議《ぎょうぎ》し、快癒の後といえども、老齢かつ病後の身をもって旅程を続けることの適当ならざるを理由とし、以後の行程を打ち切り帰朝することに決し、馬越、尾高、明石、三氏より翁にその旨を謀《はか》った。

多年の宿志《しゅくし》（長い間持ち続けていたこころざし。宿願）なる曲阜《きょくふ》孔廟参拝を放棄することは、この行の大半を無意義ならしむるものである。翁の遺憾察するに難くない。しかし、諸氏のいうところも尤《もっと》もである。

かれこれ思い合わした翁は、ついに自分の希望を捨てて、一行の主張を容《い》れ、最近の汽船で大連に向かうことに決した。このとき、翁の作った詩を見れば、その残懐《ざんかい》いかばかりであったかが想察《そうさつ》される。

天津客舎書感

老脚何時能済攀
客窓無物慰衰顔
違和難浴洙川水
照帖空望魯泰山

老脚《ろうきゃく》、何時《いつ》か能《よ》く済攀《さいはん》せん、
客窓《かくそう》、衰顔《すいがん》を慰《なぐさ》むる物無《ものな》し。
違和《いわ》して浴《よく》し難《がた》し、洙川《しゅせん》の水《みず》、
帖《ちょう》を照《て》らして、空《むな》しく望《のぞ》む魯泰山《ろたいざん》。

＊済攀《さいはん》……障害を調整して（曲阜孔廟や泰山を）登ること。
＊客窓《かくそう》……客舎《かくしゃ》（宿屋・旅館）の窓。

いかにも残念であったが、親友同行者の忠告でもあり、他郷において発病したことでもあり、ことに馬越君のごときは、必ず将来ともに曲阜に再遊するから、今回は帰国せよと懇切に勧告してくれたので、自分も思いとどまることにした。

中国政庁では、私が曲阜の聖廟に参拝し泰山に登るということを聞いて、特に鉄道の便を設け、テントなどをも用意してくれたのであるから、老年のことでもあり、病気のためやむなく見合わせたいということを、丁寧に諸方に電報をして申し訳をなし、三十日に天津を発し、三十一日に大連に着し、六月一日には旅順を一覧して大連に帰り、二日大連を発して四日に下関に着し、それから九州に入って、知人の案内により、戸畑の明治専門学校、大分、別府、中津などの各都邑《とゆう》（繁華なまち）に遊び、滞在中数回の会合で中国談を試みた。ことに、戸畑の専門学校は、親友安川敬一郎氏の創設にして、一覧してその注意の周到なると百事の整備せるに感服した。また、大分には私の古く世話した銀行があり、中津は故福沢先生の出生地であるから、これら各地の会合は、なかなかの盛会であった。

馬関《ばかん》（下関の古称）では、商業学校や経済会に出席して講演を試み、馬関出立後も広島に立ち寄って一場の講演をなし、夜汽車で神戸に行き、それから大阪、京都などで、経済観、中国談などを試み、十五日無事東京に帰った。この旅行は、五月二日から六月十五日まで、約一ヶ月半の日数を費やした。これが旅行の概要であるが、旅行中の見聞を、二、三話してみよう。

私が上海を訪問したのは、今回で三度になるが、最初は維新以前、その次は明治十年（一八七七）、それから今回と、行くごとに面目のあらたまるのに驚かざるを得ない。昔の面影は川の形を残しているくらいであって、かつては葦のみ茂っていた土地が、今では立派な町となって、大廈《たいか》高楼《こうろう》が立ち並んで、その繁華は実に東洋の一大要港と称すべきほどになっている。

上海では、中日興業会社支店の関係者と懇談する機会を得、また官憲の向きへも我より訪ね彼からも来訪した。ことに、総督丁如成という人などは武人であるが、実業振興の必要を語り、私に十分の助力を頼むとの話もあって、二回ほど会談した。

上海も多少官尊民卑の風はあるが、全体に官民の間は親しく見受けられた。

上海には、有力者を集めた商務総会というのがあり、その主催で私のために官民合同の大宴会が開かれた。会衆は、百八十人ほどあって、夕方から古書画を展覧し、文人連も来られて、詩を作り席画《せきが》（注文に応じて即席に絵を描くこと）をなすというようなこともあり、それから余興として中国劇を観せられたが、鳴物の音が高いので、たいてい聾者《ろうしゃ》になりそうであった。

観るというよりも聴くほうが主のように思われるくらいで、だいたいからいうと、日本の能楽に似ている。脚本は『三国志』または春秋の故事に採ったものであったが、狂言の区切りがわからぬほど、次から次へと遷《うつ》っていくから、見馴れぬ者にはほとんど要領を得ない。それが了《おわ》って宴会になったが、私はその席上で、先方の挨拶に対し答辞を述べて厚遇を感謝し、それから自分の持論でもある論語算盤主義を演説した……。

のちに白岩氏が、

盛大なる子爵の歓迎会を、愛而近路の綿紗公所で開いた。いずれも子爵の徳業を欽慕《きんぼ》し、心からなる集まりで、自分はこの一日詩酒の雅集《がしゅう》は、かつて類例のない空前のもので、日支修交上に特筆すべきものと思う。子爵の中国人の間における徳望の重くかつ高きは、このほか贅述《ぜいじゅつ》するまでもない。

と記したのは、この会のことである。

上海に着いたのは、五月六日であったが、その翌日は、鉄道で杭州に行った。杭州には、西湖《さいこ》という有名な景勝の湖水があり、そのあたりに岳飛《がくひ》（南宋の武将）の石碑がある。その碑から四、五間はなれたところに、当時の権臣《けんしん》（権力を持った家臣）秦桧《しんかい》の鉄像があって、相対している。

岳飛は、宋末の名将で、当時、宋と金との間には、しばしば戦いがあって、金のために宋は燕京を掠奪され、南宋と称して南方に偏在した。岳飛は、朝命を奉じて出征し、金の大軍を破って、まさに燕京を回復しようとしたのであるが、奸臣《かんしん》秦桧は金の賄賂《わいろ》を得て岳飛を召還した。岳飛はその奸を知って、

「臣が十年の功一日にして廃《すた》る、臣職にかなわざるにあらず、実に秦桧、君を誤るなり」

といったが、彼はついに讒《ざん》（そしること。そしり人をおとしいれること）によって殺された。

この誠忠なる岳飛の碑と、奸佞《かんねい》なる秦桧の像とは、いま数歩をへだてて相対している。いかにも皮肉であるが、対象また妙である。今日、岳飛の碑を覧《み》に行った人々は、ほとんど慣例のように岳飛の碑に向かって涙をそそぐとともに、秦桧の像に放尿して帰るとのことである。死後において、忠奸判然たるは実に痛快である。

今日、中国人中にも岳飛のごとき人もあろう。また、秦桧に似たる人がないともいわれぬ。けれども、岳飛の碑を拝して秦桧の像に放尿するというのは、これ実に孟子のいわゆる人性善なるによるのではあるまいか。

天に通ずる赤誠《せきせい》（少しもいつわりのない心）は、深く人心に沁み込んで、千年の下《もと》、なおその徳を慕わしむるのである。

これをもっても、人の成敗ということは、けだし、蓋棺《がいかん》の後（人が死んだのち）に非ざれば得て知ることが出来ない。

我が国における、楠木正成《くすのきまさしげ》と足利尊氏《たかうじ》も、菅原道真と藤原時平も、皆しかりというべきである。

この碑を覧《み》るにおよんで、感慨ことに深きを覚えた。

西湖に五山というものがあり、これに登れば、西湖を下瞰《かかん》（見おろすこと）し、銭塘江《せんとうこう》を臨み、また、はるかに淅江《せっこう》を望むこと」が出来る。淅江は、淅江省の大河で、（杭州湾から大逆流する）海潮が高く、観覧の名所としてある。

また、五山から一方を望むと、市街が白壁をめぐらしたるところ、すこぶる美観である。杭州を去って、小蒸気船で運河を通り、翌暁、蘇州に着した。この地は、養蚕の名所で、我が国の最も注意を要するところと思い、詳細なる調査をなした。杭州も蘇州も、その周囲は一つの城をなしている。

城といっても、我が国のものとは違う。城郭をめぐらして、その中に宮殿もあり、商店もあり、農村もあり、幾多の住民がその業を営んでいる。つまり、城というのは、一つの大きな煉瓦塀の垣根であって、その塀は、高さ五十尺ほどで、その上は幅四、五間もあり、人の往来の出来るようになっている。杭州、蘇州ばかりではなく、中国の城といえば、たいていこのようなもので、北京でも南京でもただ大小が違うというだけで、みな同じようなものである。

「楓橋夜泊《ふうきょうやはく》」で有名な、寒山寺へ行って見たが、話すほどのものではない。鐘も叩いてもみたが、夜半の声は聞くことを得なかった。

蘇州から汽車にて再び上海に還り、五月十日の夜汽車で南京に行った。南京は、六朝時代の都で、明の太祖の考陵のあるところ、規模は大きいが、今日では見る影もなく荒れ果てて、五、六年も経ったらほとんど廃滅しはすまいかと思われた。

そのほか種々の古蹟もあるが、同種に見えるから、憑都督《ひょうととく》に会ったとき、古い物を粗略にするのは革命当時の常であるが、必ず後悔される時期があろうと思うから、いまのうち保存に注意されたらよかろうと注意した。しかるに、憑都督は、これに耳をかさずして、貴下は国の富を増すことについて心配してくれ、古蹟保存などは百も承知だという風であった。

その翌日、南京を去り、下関《げかん》から蒸気船で長江をさかのぼった。下関は、南京の近傍にあって、長江に接し、江の北岸なる浦口には英独両国の経営になる、津浦鉄道があるが、これが完全に連絡するようになったら、南京はもちろん、その沿岸もよほど繁華になることであろう。

この下関より、いよいよ長江をさかのぼることになったが、江の幅は一里余りもあって、汪洋《おうよう》（水面の広々としたさま）として広く、海であるか河であるか、判らぬほどである。進むにしたがって山岳があらわれ、洲渚《しゅうしょ》（川の中の小島やなぎさ）来たり、奇勝応接にいとまあらざるほどである。船は、九江に寄って碇泊し、一行は領事館に休んで地方の人士《じんし》に会見し、付近の勝《しょう》（景色のすぐれた地）を探った。

潯陽江《じんようこう》は、この付近にある。潯陽江は、このあたりだと聞いて、琵琶行《びわこう》（白楽天の七言古詩）を懐《おも》い浮かんだに過ぎぬ。

それから進んで、大冶《たいや》鉱山である。採鉱の場所は、江岸から鉄道で十八マイルもあるそうであるが、さかんに鉱石を運搬している。この鉱山の規模は、実に壮観をきわめたものである。先年、アメリカの大鉄山を見ているから、さまで驚かないつもりであったが、実にその盛大にして、採掘の簡便なるに一驚《いっきょう》を喫《きっ》した。さらに設備の改善をしたらば、いっそうの産額を増すであろうと思う。

我が枝光製鉄所の原料は、過半この鉱山に仰ぐのである。大冶鉱山の一覧は、朝より夜に入るまでにして終了し、その夜西沢氏の宅にて宴会あり、終わりてさらに乗船して、一昼夜にて漢口に着いたが、漢口は上海から六百マイル上流であるというが、川幅はなかなか広大なものである。江は上流に行くほど、水流が急になるが、我が国の川とはよほど趣きが変わっている。日本の川は、冬は水が減って石が出るが、長江は決して石が出るが、長江は決してそんなことはない。あたかも、利根川の関宿《せきやど》（千葉県野田市）付近のようで、さらに広大なものである。

東坡《とうば》（蘇軾《そしょく》）が、「江流声あり、断岸千尺、山高く月小に、水落ち石出ず、かつて日月も幾何《いくばく》ぞ、江山もまた識るべからず」といった『後赤壁《ごせきへき》の賦《ふ》』は、いささか不思議に思われた。これは、我が耶馬渓《やばけい》（大分県山国川の景勝地）あたりで見られる光景だろうと思う。

しかし、『前赤壁の賦』に、「白露江に横たわり、水光天に接す、一葦《いちい》の如《ゆ》く所《ところ》を縦《ほしいまま》にして、万頃《ばんけい》の茫然たるを凌《しの》ぐ、浩飄《こうひょうこ》乎として虚に憑《よ》り、風に御して、その止まる所を知らざるがごとく、飄《ひょうひょうこ》々乎として世を遺《わす》れ独り立ち、羽化《うか》して登仙《とうせん》するが如し」と詠んだのは、真に近いように思われた。

漢口からは汽車で北京に赴いたが、乗合いでなかったので便宜であった。その間、名勝もあり、古蹟も多い。黄河を渡ったのは夜分で、眠っておったから、知らずに過ぎてしまった。

北京には、一週間滞在して、袁総統以下の大官に会うことが出来たが、商人の少ないところであるから、大商人に会うことは出来なかった。

いたるところ、論語算盤主義を説き、日支実業の提携を談じて、王侯貴人より商工業者に至るまで、手を変え品を変えて、これを説いてきた。

二十四日は、御大喪について終日外出を見合わせ、謹慎していたが、外交、教育、農工商部の閣員《かくいん》（内閣の大臣。閣僚）が順次に訪ねてこられ、種々意見を交換し、胸襟《きょうきん》を開いて談論した。

要するに今回の旅行は、中日実業の連絡機関を造りしことを紹介し、その機能を十分に働かしむるよう説明してきたのであって、なんら政略的意味のあった訳ではない。したがって、これらのことは、政治上の力を借りるべきではなく、民間の経営として、永久の持続を願うのである。つまり、私の平日談論している論語算盤主義を説明してきたまでである。自分の考えでは、その目的も幾分は達せられたことと思う。

左の七絶一首は、翁が右の趣旨を端的に歌ったものである。

未必機心委死灰　未《いま》だ必《ひっ》せず、機心《きしん》を死灰《しかい》に委《い》するを、
此行何啻水雲媒　此《こ》の行《こう》、何《なん》ぞ啻《ただ》に、水雲《すいうん》の媒《ばい》ならんや。
笑吾論語算盤説　吾《わ》が論語算盤説《ろんごそろばんせつ》を笑《わら》うも、
慫慂支那事業来　支那《しな》の事業《じぎょう》を慫慂《しょうよう》し来《きた》る。

＊機心《きしん》……機を見て動く心。活動を欲する心。
＊死灰《しかい》……火の気の無くなった灰。無我の境地のたとえ。

十一、明治天皇大葬

翁の対外関係を辿って思わずここまで記してきたが、今はひるがえって、対内関係を観ねばならない。眼を内に転じて第一に写ることは、明治天皇の崩御である。

翁は、仁孝天皇の御代、天保十一年（一八四〇）に生まれ、六歳のとき、孝明天皇の御代になり、二十九歳フランス旅行中、明治天皇の御代になった。明治二年（一八六九）以来、政府に入り、財政の中枢に在って不断の活動をなし、明治六年（一八七三）野に下ってより、常に経済界の指導者として、また一方に社会公共の事業に鞅掌《おうしょう》（忙しく働いて暇のないこと）し、明治聖代の偉大なる市民として、その天分を尽くしてきたのであった。

時代の移るとともに、齢もまた、ようやく進みしに鑑《かんが》み、営利的事業から脱して、より広き世界において活動せんことを期し、社会事業、教育、国民外交などにしだいに濃き陰影を印《いん》しきたりし折から、明治四十五年（一九一二）七月三十日、明治天皇は崩御あそばされた。二十九歳より七十三歳まで、ほとんどその生涯の主要部分ともいうべき活躍時代の四十余年を、明治天皇の光輝ある御治世に送った翁としては、真に無限の悲哀に沈んだのであった。その感慨は、当時の翁の謹話によって明らかであるから、掲げておく。

日本の臣民は、誰も聖寿万歳を祈らぬものはなかりしに、にわかに崩御について、かかることを申し上げるような時機が、今日に到来しようとは、夢にだも想わぬことであった。畏れ多きことながら、私よりはひと周り御下の宝算《ほうさん》（天皇の年齢。聖寿）なるをもって、自分などはやくこの世を去っても、先帝にはいやがうえにも聖寿を保たせられて、ますます御治績をあげさせ給うことと確信して疑わなかったのである。しかるに、意外にも、ここに崩御の後において、その御治績について、愚見を申し述べるような、情けない機会に遭遇したということは、歎いても余りあることでございます。

かかる愁嘆《しゅうたん》（嘆きかなしむこと）は、万民おしなべてであろう。

ことに、その身輔弼《ほひつ》（天皇をたすけ、進言する役）の任務にありし大臣とか、または常に天顔《てんがん》（天子の顔。天皇）に咫尺《しせき》（接近すること。貴人にお目にかかること）して奉仕したる人々は、また格別であろうが、自分なども君に忠という赤心《せきしん》は、幼少のときから決して人に譲らぬつもりであった。

また、国家というものは大切であるという意念においても、あえて人後に落ちぬように心がけている。ただし、自分などは官辺《かんぺん》（役所。政府。公辺）に縁故の薄いものであるけれども、先帝におかせられては、ただ官途にいる者が臣下で、一般人民を御忘れあそばすなどということは、露ほどもなかった。

ことに、我々の従事する実業方面にも、つねに深く大御心《おおみこころ》（天皇の心）をそそがせ給いたることを想い出しますと、あたかも、天日《てんじつ》（太陽。日輪）の落ちたるがごとき感じもあり、または、旦《あした》（朝）に夕《ゆうべ》に撫育《ぶいく》（いつくしみ育てること）薫陶《くんとう》の恩を享《う》けて、それをのみ目当てに努力しておったという、慈愛深き御方を失ったような気もして、何ともいうにいわれぬ、万斛《ばんこく》（はなはだ多いこと）の恨みが胸に往来して、述べんと欲することも満足にいい得られぬのであります。

畏《おそ》れながら、大行天皇《たいこう》（天皇の死後まだ諡《おくりな》の贈られない間の呼称）には、慶応三年（一八六七）、御《ご》幼冲《ようちゅう》（おさないころ）の御身をもって御即位あそばされて、すぐその翌年は王政復古、すなわち我が国において、ほとんど七百年間武家の手に掌握されたる政柄《せいへい》（政治を行う権力）を御回復あそばされた。

つづいて、独り内において万機を御改革あさばされたのみならず、外国に向かっても和親を通じ通商条約を結ぶなど、実に限りなき内外多端の時機に御出遇《おであ》いあそばされて、これを御統治あらせらるるその間には、内においては、新旧両派の軋轢《あつれき》もあり、衝突もあった。

思想変化の急激なる時代は、いきおい一つの動乱を惹起《じゃっき》せざるを得なかったのは、けだし、理《り》勢《せい》（世の中のなりゆき）の然《しか》らしむところでありましょう。しかし、それもおいおいに盛徳《せいとく》（すぐれて立派な徳）に化せられて、いわゆる四方維一の政治に帰するようになったかと思うと、こんどはまた、外国との関係が複雑になってきた。

悲しいかな、その頃は世界に名の聞こえぬくらいの日本であったから、いきおい諸外国の仕向けも、あるいは軽んじ視るというきらいがないでもなかった。進取的の帝国は、さような待遇に甘んじておる訳にいかぬから、自然そこに葛藤も起こらざるを得ない。ことに、その中間に介在する国についての争議より、ついに二十七、八年の日清戦争となり、つづいて、三十七、八年の日露大戦役が起こったという次第である。

かくて、国家の運命を賭した大戦役も、幸いに連戦連勝をもって満足なる終局を告げたというのは、文武諸官の献身的行動と、国民一般の忠誠なる後援によることではあるけれども、そのここに至らしめたのは、先帝の御盛徳が、国民をして赤誠《せきせい》もって国に殉ぜざるを得ぬよう、御統率あそばされたからと申すほかはありませぬ。ゆえに、この大功績は、ひとえに先帝の御稜威《みいつ》に職《しょく》由《ゆ》(それに基づき、よること)するということは、誰も否の字をいうものはありますまい。

ついに国威も宣揚し、国力も発展して今日に至ったのは、中外《ちゅうがい》(国内と国外)のひとしく認むるところであります。しこうして、その間国富の増進に深く大御心をそそがせ給いて、なかなかに少なからぬ御治績を挙げさせられたるように拝見するのであります。

自分は、天顔《てんがん》に咫尺《しせき》することの出来ぬ身分であるから、取り立てて申し上げるほどの記憶もないが、ただ、西南戦争の済んだのち、明治十二年(一八七九)に、アメリカのグラント将軍が日本に来られた。そのときに、政府においても手厚い待遇をせられ、陛下におかせられても親しく御逢いあらせられて、種々御談話などもあそばされた。

ことに、アメリカは、日本を外国へ紹介してくれたという縁故の厚い国柄でもあり、かつ、グラント将軍は、アメリカの大統領中でも、至極真摯《しごくしんし》率直で、名声の高い御人のように聞こえておったから、東京市民は別してこれを歓迎したいということで、一つの歓迎団体を造って、虎の門の旧工部大学校を拝借して歓迎夜会を催し、新富座で特に仕組みたる芝居もお目にかけ、かつ、大なる園遊会的の歓迎会を催して、上野において、日本の古武術すなわち流鏑馬《やぶさめ》、騎射《きしゃ》などの余興をも開催しよう、それにはぜひ特殊の桟敷《さじき》を作って、陛下の御親臨を願って、グラント将軍とともに御覧あそばしてくだすったら、市民の満足この上もない、また、グラント将軍においても、その待遇の渥《あつ》いのを感佩《かんぱい》するであろう。

これは国交上からも必要であるということから、東京市の歓迎団体、すなわち私がその会長の名前をもって、東京府知事楠本正隆氏に協議し、氏も大いに力を尽くされて、それは至極よろしかろうということで、略《ほぼ》その手筈《てはず》が極まっておった。

そこで、前にいった夜会や演劇見物と順を追って運んでゆき、いよいよ八月の中旬、しかも炎暑中に、上野で歓迎大会を開こうという間際に至って、あいにく東京市内にコレラが流行して、しかも、おいおいに、病勢猖獗《しょうけつ》（勢いが盛んになること）というような有様であったために、岩倉公がたいそう気遣われて、こういう時節に上野の歓迎会へ臨御《りんぎょ》（天皇が行幸し、その場に臨むこと）の儀は、御見合わせなされたがよろしかろうということで、いったん許可されてあった御臨場が急に御沙汰やみになるという御内意を伝えられた。

ここにおいて、歓迎会員は実に落胆し、朝《あした》に夕《ゆうべ》に寄り合って心魂を砕いて評議をなし、幾分かの余日があったから、各方面に手分けをして、枢機《すうき》にあずかっている大臣方、すなわち今の井上侯や故伊藤公、松方侯、大隈伯というような御方とは、私は別して御懇意であったから、しきりにお話ししたけれども、なかなかむつかしい。そこで、私どもは府庁へ打ち寄って、我々市民がかくまで熱誠をこめて苦心もし手配もした、過般御大患の際に宮城前で熱誠をこめて御祈祷をあげたのと、その仕方は違うけれども、一般市民の赤誠は、ほとんどそれに近いような有様であったから、楠本府知事に、一般市民の至情はこういう有様である。親しみの深いアメリカの、しかも歴代の大統領中に最も威名の高いグラント将軍は、すでに、陛下におかせられても、しばしば御逢いあそばされたほどの国賓である。

しこうして、東京市民が打ち挙《こぞ》って、かくのごとき歓迎会を催すについては、陛下の御親臨を仰いだならば、賓客も悦ばれるであろうといって上願し、幸いに御許可になったから、先方へもその旨を通じたほどであるのに、流行病のために御見合わせになるということは、いかにもなげかわしいといったところが、楠本氏もたいそうそれに感動して、東京府会議場で同氏は大声を放って泣き出し、市民のこの赤誠をぜひお取り次ぎして許可を得るように努力しますといわれたけれども、その前の内意もあったから、果たして御許可になるや否や、この場合、陛下の臨御ということはほとんど望みなきがごとく、会員はもちろん、関係者一同真に憂苦《ゆうく》しておったところが、楠本氏が行って伺ったところが、臨御あそばされるという御沙汰を拝してきたといわれたときの、我々一同の喜びは、いまだに忘れることが出来ませぬ。

いかなる訳で、いったん御見合わせと決したことが、右様《みぎよう》（右の文章。前述のごとく）すみやかに回復されたかというと、陛下がだんだんの事情を御聴きあそばされて、いったん沙汰をいたしたことで、さように市民が熱望するならば、流行病は心配にはおよばぬ、臨御いたすであろうと仰せられたということを、後で拝承《はいしょう》（つつしんでうけたまわること）したときは、私は畏れ多きことながら、

「聖天子《せいてんし》（聖徳の高い天子。聖帝）かくこそあらめ」

と、思わず口走って喜んだことであります。これは、一場の歓迎会に出御を乞うたにすぎぬこと

であるが、先帝が、市民の熱誠を聞き召させ給う御情の渥《あつ》いという、一つの証拠としてよろしかろうと思います。

それのみならず、先帝におかせられては、その頃からして実業界に力を尽くす者を深く大御心《おおみこころ》にかけさせ給い、始終その御情愛が溢れていさせられたように拝します。その頃は、いまだ実業上の発達というものは、ごく鈍かったけれども、おいおいに実業教育も進み、立派なる実業家も出来、実業の地位も高まったとはいうものの、世間一体の風習よりは、帝室におかせられていっそう実業に深き御注意を払わせられたように思われます。

正確にその時日は覚えておりませぬけれども、あるいは大演習地へ行幸あらせられたる折などには、わざわざ侍臣を遣わされて各工場の模様を観察せしめられ、営業の顚末《てんまつ》を御聴き取りあそばさるるという事実に徴しても、先帝が始終実業上に御軫念《しんねん》（天子が心にかける、また、心を痛めること）あらせ給うたことを拝察し得らるるのでございます。

終《つい》に私どものごとき微力の者にも、特に爵を授けさせられたと申すのは、けだし、実業上に尽《じん》瘁《すい》したということを御奨励あらせられたことと拝します。これは、私一人のみならず他にも数多くありますが、実業を重んじ給える聖旨の優渥《ゆうあく》（恩沢をあまねく受けること）なるは、思えば思うほど涙の種となります。

由来、吾《わ》が、天皇陛下は、万機の政務を御親裁あらせらるるというのが天職であらせられて、しかも、大元帥の御職掌から、武事に対して、別して大御心をそそがせ給うは、もとよりそのところでありまして、聖徳の宏大なる、ただただ感泣するほかはござりませぬ。

しかし、国家はただ武備だけを整うたからといって、真正なる富強の国という訳にはいかぬ。武備とともに文政の進歩がなくてはならぬ。その庶政《しょせい》（各方面の政務）という中にも、最ももって肝要なるはすなわち実業の発達である。

これに対して、允文允武《いんぶんいんぶ》（文武ともにすぐれていること）の天職を御尽くしあそばされたのは、まことに聖徳のいたすところと、我々はこの御恩を忘るることは出来ぬのであります。

私は、詳細の事柄に立入って申し上げるほどの事実を存じませぬけれども、概括的に恐察《きょうさつ》し申し上げますると、あるいは言葉遣いが敬礼を欠くかも知れませぬけれども、陛下は始終大御心を国家の上にそそがせ給いて、造次顚沛《ぞうじてんぱい》（とっさの場合と、つまづき倒れる場合。転じて、わずかの間）にも御政務をおろそかにせられたことはない、ゆえに、その御一挙御一動、みな御国のためということが、ほとんど御不断のごとくに御成りあそばされておったように拝聞いたします。

しこうして、その御精励は天下万衆の具瞻《ぐぜん》（衆人が共に仰ぎ見ること）するところ、しかも、その御精励が、常人のごとく強いて刻苦して御勤めあそばすでなくして、ただその御心の欲するところに従って矩《のり》を踰《こ》えず、という極処にいたってござったように思われます。

それから、万機を御裁断あらせらるることが誠に公平無私で、万遍なく届かせられた。

たとえば、武備にいたせ、文治にいたせ、あるいは外交にいたせ、実業にいたせ、教育にいたせ、いずれの方面にも、あたかも太陽の宇宙を照らすがごとく、一視同仁《いっしどうじん》、ごく公平に大御心をそそがせ給いたるように拝見されます。宏大無辺の聖徳を備えさせ給うに非ずんば、かくまで行き渡らせ給うということは、決して出来るものではありませぬ。特にこの一面で秀でさせ給うとか、優れさせ給うとかいうことは、一向に申し上げられぬ。

むしろ、その聖徳の宏大なるを頌《しょう》し奉らんよりは、畏れ多き申し分ではあるが、大行天皇《たいこうてんのう》に対し奉りては、何か欠点がござしまさずやと御穿鑿《せんさく》申しあげる方が捷径《しょうけい》（近道。はやみち）ではないかと思われるくらいで、総ての方面が完備していさせられたように拝せられます。

それから久しうして、思し召しを変えさせ給わぬということも、聖徳の弥《いや》高き一班を窺い知ることが出来るように思われます。

かくのごとき日進月歩の世の中ゆえ、種々変わったことも、御耳にも達し御眼にも触れ、仕《つか》える人々もずいぶん変わったようでありますけれども、先帝におかせられては、決してその人、その昔を忘れさせ給わずして、ある場合には強い保守的の御情を示させ給うたということも拝聞しております。

そういう事実をだんだん繰り返して考えてみまするると、何と申し上げてよろしいか、ほとんど形容の辞に窮せざるを得ぬのであります。

畏れ多いけれども、仮に古人の言葉を借りて申し上げると、顔淵《がんえん》が孔子の徳を頌《しょう》して、

「仰之弥高、鑽之弥堅、瞻之在前、忽焉在後（之《これ》を仰げば弥《いよいよ》高く、之《これ》を鑽《き》れば弥《いよいよかた》堅し。之《これ》を瞻《み》れば前に在《あ》り、忽焉《こつえん》として後《うし》ろに在り）」

と申しましたが、私の寡聞《かぶん》なる、まずこれらの言葉が、大行天皇の聖徳を頌し奉るに近くはないかと思う。

要するに、端倪《たんげい》すべからずというような豪邁《ごうまい》（気性が強く衆にすぐれていること）なる御容子は拝

見されない、誠に循々《じゅんじゅん》として高く大きく滑らかに、高山大川の連綿汪洋《れんめんおうよう》（長くひきつづき、ゆったりとしたさま）たるがごとくして、かの突兀《とっこつ》と一方に秀でたところがあると思うと、一方にはまた欠けたところがあるというような、豪傑肌の君主も他国には往々ある。すなわち、智略に富んでいるけれども人情に疎《うと》いとか、あるいはまた、靄然《あいぜん》（おだやかなさま）として温情の掬《きく》すべきものはあるけれども英断が乏しいとか、あるいはまた、機先を制する明識はあるけれども、権変測るべからざるものがあるとか、古往今来、各国の明主賢君といわるる方にもそういう批評が沢山あります。

ところが、大行天皇におかせられては、いささかもさようのことはなくして、総ての方面に権《けん》衡《こう》（つりあい。平均）を得ておらさせられた。いわゆる智情意の完全に御発達あそばされた古今の明君であらせられる。例をとって申し上ぐるのは、はなはだ畏れ多いことなれども、かつて、ある学者が孔子を評して、

「智情意の円満に発達したる普通人の極めて偉大なるものなり」

といったことがありますが、先帝に対し奉りてもかように申し上げる外《ほか》、私は何とも形容する言葉を見出すことが出来ませぬ。

十二、明治神宮奉賛会

明治天皇の聖徳を欽仰《きんぎょう》（尊びうやまうこと）する翁の気持ちは、けだし東京市民、否日本全国民の気持ちであった。

かくて、御陵墓《ごりょうぼ》を京都桃山と御治定《ごじてい》（法定すること）あらせられ、東京においては、大葬《たいそう》の御儀のみ営ませられる旨、仰せ出されたのを見て、東京市二百万の人々は、この上は、東京付近に荘厳なる神社を建立し、遷都以来僅々《きんきん》四十五年間に、我が国をして今日の盛大に赴《おもむ》かし給いし聖徳鴻業《せいとくこうぎょう》を、追慕し奉ると同時に、国民に活《い》ける教訓を垂れさせ給わんことこそ願わしけれと熱望した。

かくて八月一日、翁は当時東京市長だった阪谷男爵、ならびに近藤廉平、中野武営らと東京商業会議所において協議したる結果、翌二日、翁ら四人臨時委員となり、当局者に対して御陵墓を東京に御治定あるよう陳情することになり、翁は即日、西園寺首相および渡辺宮相を訪問した。

しかるに御陵墓は、明治天皇御在世当時より、伏見桃山に御内定のこととて、東京に御治定のことは不可能であったので、越えて七日、臨時委員は東京商業会議所に会し、目的を変更して神宮を奉建するの議を決し、同月九日、有力実業家その他百余名を同所に招き、翁自ら座長となり、これを一同に付議して賛同を得、ただちに委員の選挙を行い、委員の互選により翁は委員長に推された。

八月十四日、東京商業会議所において委員会を開催し、市当局にも出席を求め、神宮内苑、および同外苑の奉建など、具体案に関する覚書を作成し、九月九日、翁は西園寺首相および原内相を訪問し、神宮奉建委員会の希望を述べ、神宮建設の議を政府案として議会に提出せんことを希望し、越えて同月二十七日、翁は委員の人々とともに首相および宮相を訪ね、かねて委員会において作成せる覚書を提出して意見を求めた。

明治天皇の崩御を哀悼し、聖徳を追慕し奉る東京市民の至誠の発露たる御陵墓御治定の希望より、一転して神宮奉建の請願に至れる運動は、大正元年（一九一二）八月から九月へかけて、老齢の翁がリーダーとして懸命に努力するところであったが、ただちに政府当局の容《い》るるところとならず、荏苒《じんぜん》（物事がのびのびとなるさま）日を送り、年あらたまって大正二年（一九一三）となったが、いまだ容易に翁らの熱望実現の機は至らなかった。

かくて、運動開始以来一年有余ののち、大正二年（一九一三）十一月二十八日に至り、閣議において神宮奉建の議を決するまで、熱誠あふるる運動は続いた。至誠をもって一貫した運動は、ついに目的を達し、閣議においてこれを可決し、翌月二十日勅令をもって、神社奉祀調査会官制発布せられ、同時に翁は、神社奉祀調査委員を命ぜられた。

翌大正三年（一九一四）一月、内相官邸において、神社奉祀調査委員会を開催し、協議の結果、東京に神宮奉祀のことを決議し、二月初旬、翁ら神社奉祀調査委員は、敷地の実地検分のため、戸山ヶ原、代々木御料地、青山ノ原を踏査したる結果、代々木御料地を鎮座地とせられんことを内願し、該御料地は世伝御料地《せでんごりょうち》（皇室の世襲の御料地）のまま鎮座地と確定した。

しかるに、同年四月、昭憲皇太后崩御あそばされた。皇太后の坤徳《こんとく》（皇后の徳）は中外（日本国内と国外）ひとしく欽仰《きんぎょう》したてまつるところにより、神社奉祀調査委員は審議の末、同年六月、皇太后を合祀し奉るの適当なることをその筋に建議した。かくて、五年五月、内務省告示をもって、東京府下代々幡大字代々木に明治神宮社殿を建設し、祭神を、明治天皇、昭憲皇太后の二柱として、社格を官《かん》幣大社《ぺいたいしゃ》に列せらるる旨仰せ出された。

かくのごとく、神宮奉建に関する翁の願意は、政府の納《い》るるところとなり、しかも、国費をもって経営せらるることになったので、翁らはさらに進んで、頌徳感恩《しょうとくかんおん》の微意をいたさんため、従来東京市民に限られたのを、あらためて広く全国民の努力により、献資をもって神宮外苑を旧青山練兵場に経営し、内苑と相俟《あいま》って境域の規模を大成せんことを期し、当局に請願した結果、大正三年（一九一四）十一月、大隈内相より外苑計画進捗方に付き示達《じたつ》（官庁から文書で知らせること。通知）を受けたため、翌十二月、東京商業会議所に神宮建設委員会を開き、翁より従来の経過を報告し、かつ、かくのごとく目的を達したるにつき、同委員会を解散し、あらたに外苑建設を目的として、全国に渉《わた》る大規模の組織を計画せんことを図り、満場一致の賛成を得て、これを明治神宮奉賛会と命名し、つづいて出席者一同に同会発起人たらんことを求め快諾を得て、ただちに創立発企人会を催し、翁ならびに阪谷芳郎、三島弥太郎、近藤廉平、辻新次、中野武営など二十七氏の創立準備委員を挙げ、翁を委員長に推薦した。

右の委員らは、あるいは内務当局と協議し、あるいは実地を踏査し、審議を重ぬること数次、大正四年（一九一五）五月、趣意書および規程を議決し、全国の有力者八千余の人々に勧誘状を発し、また創立準備委員長たる翁は、大隈内相宛に明治神宮奉賛会成立に関する復申書を提出した。これより先、同年一月および四月の両度、翁は地方長官会議に臨み、従来の経過と将来の計画を詳述して賛成を求めた。

創立準備は着々と進み、発企人七十有余、発企協賛者を合わせて八千六百有余の人々の共鳴を得たので、大正四年（一九一五）六月、伏見宮貞愛親王殿下を総裁に奉戴のことを内願し、同月十七日御許容あり、また徳川家達公を会長に推戴した。

越えて九月、総裁宮殿下より、山県有朋、松方正義を副総裁に、大山巌、徳大寺実則、東郷平八郎、大隈重信、土方久元、波多野敬直、一木喜徳郎の七氏を顧問に、翁および阪谷芳郎、三井八郎右衛門の両男爵、ならびに中野武営を副会長に、朝野有力者二十七名を理事に、大倉喜八郎を監事に、全国の主なる人々四百八十二名を評議員に嘱託せられ、ここに明治神宮奉賛会は成立し、創立準備委員会は解散し、一切の事務を引き継いだ。

明治神宮奉賛会は、創立の当初、外苑経営の資金を四百五十万円と予定し、これを全国民の献金に待ち、なお、在外同胞にも訴える方針を立て、大正四年（一九一五）十月、徳川会長は、京浜実業家百七十余名を華族会館に、東京府市の主なる吏員を帝国ホテルに招待し、翌十一月華族百三十余名を華族会館に招待し、援助を求め、さらに十二月、総裁宮殿下には、各府県知事その他九十余名を華族会館に召され、支部長を御嘱託あそばされ、翌五年（一九一六）二月、会長は在京中の朝鮮、台湾、関東州の大官、および駐米総領事などを華族会館に招待して援助を依頼し、また、大正四年（一九一五）、翁の渡米に際して、駐米大使、総領事、領事に趣旨を伝え、援助を請うことにした。

かくて、献金募集開始以来、六百七十一万円の拠出《きょしゅつ》を見、御下賜金三十万円を拝受し、爾来、この元金より生ずる利子その他を加え、大正十五年（一九二六）三月末日には、一千一万円を計上するに至った。

かくのごとく、予期の倍額以上の資金を得た明治神宮奉賛会は、その規模において、その結構において、その様式においても、空前とも称すべき神宮外苑を完成し、記念建造物として、葬場殿址記念建造物、聖徳記念絵画館、憲法記念館、同付属図書館、スポーツ興隆の時代の趨勢とともに喧伝せられる競技場、野球場、およびプールを完成した。

大正元年（一九一二）八月一日以来、あるいは、明治天皇御陵墓御治定に関する建議につき、あるいは、神宮奉建委員長として、さらに、また、明治神宮奉賛会創立準備委員長として、明治神宮奉賛会成立以来、その副会長として、終始一貫努力しきたれる翁の熱と粘りとは、いまさらながら驚くべきものがある。

十三、徳川慶喜逝く

老公の薨去《こうきょ》は、誠に意外と申すほかはない。ご老年のことだから、今日の御事はやむを得ぬが、何しろ突然なので、愕《おどろ》き、かつ、哀悼に堪えぬことである。この月のはじめから、風邪の御気味と承《うけたまわ》ったが、元来無病息災の御方ではなく、ときどき感冒や不眠症に御罹《かか》りになったが、御弱くはなく、一昨年国府津でご静養後、ますますご健勝で、ご長寿を期待していたのであった。

毎月二、三回は、必ず拝謁していたから、ご老衰のご様子もいちじるしくは分からず、予より三歳のご年上で、卒然薨去《こうきょ》となったのは、感慨に堪えない。今暁、ご危篤の報に接し、早速参邸したが、ご臨終には間に合わなかった。ご近侍の方も、こう急変のあろうとはお思いにならなかったようである。

「昔夢会」といって、毎月または隔月に、老公を中心に、往時を語る会合を自邸に開く例なので、今月も十五日に開こうと計画し、十日参邸してご沙汰を承ったが、お引き籠り中なので拝謁せず、たぶん当日には出席出来るであろうとの御事であったから、それぞれ準備を整えたが、十三日に至り、まだご快癒にならないから、当日は中止されたい、二十日頃なら出席出来ようとのことであったが、昨朝に至り、突然三十九度九分のご高熱となり、心臓を冒され、一時低熱となられたが、夜に入って再び心臓を冒され、ついに、今朝午前四時薨去《こうきょ》になったのであるが、その前夕、ご家族近親を枕頭《ちんとう》に召され、予も今回はむつかしいと思うが、決してあわてぬようにせよと、それとなく後事を托されたとのことである。

と、当時、翁が話しているように、大正二年（一九一三）十一月、徳川慶喜は急に逝《ゆ》いた。

電話に接し、取るものも取りあえず駈けつけた翁でさえ、間に合わなかったほどであった。かくて、親族旧臣会合の結果、翁が葬儀委員総裁となり、委員長に沢造兵総監、委員に榎本武揚、大鳥圭介、山内長人などの諸氏がなった。

葬儀は、同月三十日午後、上野公園第二霊屋裏手の斎場において、神式をもって執行せられ、埋棺式を終わったのは、夕靄低く立ち罩《こ》むる頃であった。

翁が、このにわかの永訣《えいけつ》に遭って、かぎりなき悲痛の情を味わったことは想察《そうさつ》に余りがある。

嘉遯韜光五十春
英姿今日化霊神
至誠果識天人合
赫赫鴻名遍四隣

嘉遯韜光《かとんとうこう》、五十春《ごじゅうしゅん》。
英姿《えいし》、今日《こんじつ》、霊神《れいしん》と化《か》す。
至誠《しせい》、果《はた》して識《し》る、天人《てんじん》の合《がっ》するを。
赫赫《かくかく》たる鴻名《こうめい》、四隣《しりん》に遍《あまね》し。

＊嘉遯《かとん》……人として正しい道を行うために世をのがれること。
＊韜光《とうこう》……才能を隠して人に知らせないこと。

と詠じて、切々たる欽慕《きんぼ》（よろこびしたうこと）の情をいたしたのも同感に堪えない。ことに、翁が、畢生《ひっせい》の努力を傾倒した『徳川慶喜公伝』の、いまだ完成を見ざるに、突如としてこの悲痛事に直面したことによって、いっそう深き憾を覚えたであろうことは、あらためていうまでもない。のちに公にされた同書の序文において、翁はこう記している。

御伝記の当初の企図は、恐れ入った申し分ではあるが、公の薨後《こうご》に社会に出す考えであったから、御生前に脱稿し刊行するとまでは予期しなかったが、公が東京のご住居になり、かつ、萩野博士の立案によってこの編纂を経始《けいし》（物事を始めること）し、ことに、「昔夢会」の開かれた頃からは考えが変わり、御伝記の全体については、もとより永久に人心に裨益《ひえき》すべき入念の著作でありたいとは予期したけれども、一方には一日も早くその刊本を公にも御覧に入れたいと思って、私はときどき編纂員諸氏を督励して、御覧に供すべき公もご老年であり、私も老人である。どうぞその考えをもって、なるべく早くと催促したことは、幾度もあったけれども、記事が複雑でもあり、大部な著述で、容易に脱稿とは参らぬ中に、図らずも公の御薨去《こうきょ》あそばされたのは、実に終生の恨事《こんじ》である。

今日このごとく、印刷も成り、製本も調《ととの》ったところを御覧に入れて、そのお喜びの眉を開かせられるのを拝するを得たならば、著者の名を署する私、および編纂の責任者たる萩野博士その他の人々は、どれほど嬉しかろうと思うにつけ、なおさら残懐の念を深くする次第である……。

『徳川慶喜公伝』本篇四冊、附録三冊、牽引一冊、合して一部八冊、総紙数四千二百余頁が完成したのは、大正六年（一九一七）秋であった。

同年十一月二十二日、谷中の慶喜の墓前において、荘厳なる奉告式が行れた。式は、午前十時からはじまり、公爵徳川慶久の「先考興山公の霊に対する奉告文」朗読があり、続いて、翁は墓前に進み、荘重典雅に装幀せられたる『徳川慶喜公伝』を案上《あんじょう》（机の上）に供え、一拝してのち、完成奉告の辞を述べた。

私は、この忘るるあたわざる忌辰《きしん》（死者の祥月命日。忌日）を卜《ぼく》しまして、ご墓前において興山公の神霊に告げ奉らんと存じます。

明治二十七年（一八九四）以降、二十有余年、私の心血をそそぎて公の御伝記編纂に努力いたしましたのは、深い衷情の存するところでございます。公のご生前において、この計画は詳細に聞《きこ》し召《め》され、ご許可も蒙りましたが、ついにその成本をご墓前に奉呈するに至ったのは、いかにも残り惜しく思うのでございます。

御伝記の編纂についての由来は、巻頭に自序として事長く認めおきましたから、在天《ざいてん》の神霊もご首肯下しおかれるであろうと信じまする。また社会の人も、かような次第であったかということは、一読されたら了解するであろうと思うのでございまするが、いまこの御伝記を霊前に献ずるに際しては、こと重複にわたりまするけれども、万感胸にあふれて、さらにご墓前に開陳いたさざるを得ないのであります。御伝記の巻頭に掲げました、

ながむればふりにしことのうかみ来て月に昔の影も見えけり

という、公のご名吟は、いかにも私の心をここに描出されるようにございまする。

また、小出粲《こいでつばら》氏の歌に、

心なき石も物いふ心地して向えば浮ぶ人の面影

という、その情緒見るがごとく思われます。すべて過ぎ来し方を回想しまして、かかる忌辰《きしん》（忌日）に当たりて追懐の情を申し上げますると、目前その温容を拝し、高風に接するよう感じまするのは、深く思うの情でございまする。

御伝記を完成して、今日あらしむるに至るまでの私の苦辛《くしん》も尋常一様ではありませぬが、その経営につきましては、今日列席しました主任者萩野文学博士その他の編纂委員はもちろんのこと、顧問たる三上文学博士、および親戚の穂積、阪谷両男爵、ともに心を尽くして援助せられ、私をして、今日この奉告をなさしめてくれたのでございます。ゆえに私は、これも併せて神霊に告げ

奉らねばならぬのでございます……。

慶応三年（一八六七）十月、政権を返上あそばされたということは、公の平生のご主義から、あるいは然《し》からんと恐察しましたが、その後伏見・鳥羽の事変と急遽ご帰京のことどもは、何ぶん実情を暁《さと》り得ずして、疑《ぎ》を持ちつつ帰朝いたしたのでございます。

帰朝後の私の心事は、世態《せたい》（世の中のありさま）はかく変化せしも、一旦三世《さんぜ》の契りを結びて、賢明の君主と仰ぎたる上は、一身はただ公に奉じてもって世を終わらんと思ったのでございます。

しかるに人事予想のごとくならずして、明治二年（一八六九）の冬、朝命を蒙りまして、大蔵省に職を奉ぜねばならぬこととなったために、前に懐抱《かいほう》（心に思っていること）したる疑問を解決し得られぬまま、年月を経過したのでございます。

その間、世間の公に対する評論は、是非《ぜひ》交々《こもごも》至《いた》るという有様ゆえに、ますます私をして憂愁苦悶の間に置かしめたのでございます。どうぞご心事を十分に研究して、事実を世の中に公にすることあれかしと希望いたしましたが、その時機の到来が、意外に遅延したのであります。

今を距《へだた》るおよそ二十三年前に、種々自問自答の末、これはぜひ御伝記を編纂して、事実を明白にするのが私の責任と覚悟いたしました。すなわち、自序にも記載しましたごとく、この御伝記を作るのは、私の天より与えられたる使命と感得いたしまして、爾来、種々なる方面の人々に諮《はか》りまして、積累《せきるい》（つみ重ねること）の効、ここにようやく、微意を貫徹することが出来たのでございます。

これらの顚末も前に陳上しました自序中に述べましたから、ご墓前に喋々《ちょうちょう》（口軽くしゃべるさま）するのを憚《はばか》りますが、ただここに、一事特に神霊に告げ奉らんと欲することは、昔孔子春秋を作りて、周末の諸侯の心を矯正し、乱臣賊子《ぞくし》（不孝の子。反逆の輩）を恐れしめたことでございまする。

また、公のご先祖水戸の義公（徳川光圀《みつくに》の諡号《しごう》）は、大日本史の編纂にご着手ありて、爾後、百余年を経て、その功を竣《おわ》りましたが、因《よ》りてもって、大義名分を明らかにせられたのでございます。

いま私のこの編纂の小事業は、決してさような、宏大なことに企ておよぶべくもございませぬけれども、公の忠誠君国に奉じたるご深慮をして、広く天下の人士に知らしめ得ることが出来るとしましたならば、私の微衷《びちゅう》（まごころ、微意）も貫徹いたしたことと思いまする。

ことに、最初このことを発起しましたときは、世の中が公を誤解し、あるいは曲解するに至ったのを、私はいかにも遺憾と思って、雪冤《せつえん》（無実の罪を明らかにすること）的の考慮を持ったのでございますが、それはそのときの有様であって、そののち雲霧は消散して、天日の公明、今日は社会に明瞭になりましたから、私の雪冤的の念慮は、業《すで》にすでに無用になりましたが、ここに、この小著述によって、後世天下の人の感応を企図するのは、すなわち公の大犠牲の精神であります。晩近《ばんきん》（ちかごろ。最近）、人文の進歩とともに人々みな智功に趨《はし》りて、やや犠牲的観念が乏しくなって、自己本位の弊、滔々《とうとう》として進むように感じまする。

このときに当たりて、公のご行動の、ただ君国のためにご一身を犠牲に供されたということを、よく社会の人に知悉《ちしつ》せしめたならば、あるいは春秋（批判）以上の効能あらんといい得るかと思うのでございます。

私は今日、御伝記をご墓前に呈するに方《あた》り、この一言を霊前に告げ奉りて、在天の神霊が私の微衷をお饗《う》け下さることご懇願してやまぬのでございます。

十四、東北振興会

大正初年（一九一二）の翁の動静を記してきて、思いおよぶのは東北振興会のことである。明治初年（一八六八）、第一国立銀行が対支発展を計画した当時、アラン・シャンドの反対に遭い、その計画を放棄したことを記したが、その代わりに実行されたのが東北地方への進出であった。

東北地方が常に政治的に閑却《かんきゃく》（打ち捨てておくこと。なおざりにすること）され、時勢の進運に遅れがちであったことは、あらためていうまでもないであろう。のみならず、気候、地勢などの関係上、関東、関西に比して、とかく遜色《そんしょく》あることもまた事実である。かくて、常に富において、文化において、列外に残されんとする東北地方のため、関心を絶たなかったのは翁であった。かくのごとく、東北地方に関心する翁が東北振興会のため努力したのは、ゆえんあるかなである。

東北振興会の成立したのは、大正二年（一九一三）、東北地方の大凶作の年であった。当時内務大臣であった原敬が、その出身地盛岡、ひいては東北六県の、他府県に比し余りに不振なるを嘆き、東京の有力者に尽力を請うたことに端を発する。

かくて、生まれ出でんとした東北振興会の創立委員には、原敬、益田孝、大倉喜八郎、大橋新太郎、根津嘉一郎、および翁などの諸氏がなり、成立後、翁は会頭になった。同会は、東北地方の産業を振興し、福利を増進することを目的とし、この目的を達するため産業上の調査、産業に関する陳列会、共進会、講習会、講話会およびその他必要なる集会を行い、機関雑誌を発行して会員に頒《くば》った。会員は、上記委員諸氏のほか、井上準之助、今井五介、池田成彬、早川千吉郎、左右田喜一郎、村井吉兵衛、久原房之助などの京浜の有力者諸氏百余名で、拠出《きょしゅつきん》金年額五十円を負担する組織であった。

かくて、作物、気候などを調査する順序を立て、東京帝国大学総長古在由直《こざいよしなお》、北海道帝国大学総長佐藤昌介など専門家の講演を請い、これを印刷して東北地方の各官庁および当業者の参考に供し、また各県より資料を蒐集して各般の産業調査を行い、各種の調査報告書を出版した。農業、工業、蚕糸業、畜産業、林業、水産業、鉱業、ならびに運輸などに関する詳細のものであった。さらに、これらの実情を他府県と比較し、具体的の改善案を作成して、政府ならびに県庁に建議した。

また翁は、大正六年（一九一七）、老軀を押して東北六県を巡回し、親しく地方の有志と懇談し、また壇上より産業開発を力説した。当時の記録によると、

……日下義雄氏の東道にて岩越鉄道の試乗をなし、若松市に入り、さらに転じて奥羽巡回の途に上られ、米沢、山形、秋田、青森、盛岡、仙台、および福島などの各市を訪ずれ、各地の人士に対し努力を説き、勉励を勧め、また元気作興を促し、ついに声の嗄《しわが》るるまで、東北の野に絶叫

せられたるのち、十月二十三日帰京せられたり。
十月六日、京を出でてより十八日間、旅程（汽車哩数）実に千百八十四哩、演説または講演の数二十回、宴会の数二十三回、さらに、その多忙の間に視察および接客に努められ、寸暇なきの活動を続け……。

とある。いかに努めたかを察せられるであろう。数多き講演の中より、秋田市におけるものを代表的にあげておこう。

尤《もっと》も、これは一時間余りにわたった大演説であったから、もとより全部を掲げることを得ないため、二、三の点を抜粋することとしよう。

時代の進歩につれて、秋田も大なる発展をした。三十余年前と今日とを比較すると、まったく隔世の感なきを得ませぬ。私は明治十五年（一八八二）、東北漫遊の途次、当地にも立ち寄り、親しく県内の情況を視察し、また多数県民とも会見し、相互に意見の交換を行ったのである。

爾来三十有余年、思いは秋田の天地に走《そう》するも再遊の機会を得ず、はなはだ遺憾に感じておったところ、今回再び東北六県を巡回することとなり、多数県民に接触し、既往《きおう》（過去。過去のこと）を偲《しの》び、未来を談ずるの機会を得たのは、私としても欣快《きんかい》に堪えざるところである。

明治十五年（一八八二）、来遊のときは、まったく銀行関係よりして、一応県内の状態を視察するの必要あり、数日間当地にも滞在したのであるが、今回の旅行はこれとやや趣《おもむき》を異《こと》にし、東北振興会の一員として東北地方の現状を観察し、幾分なりとも東北の振興発展に関し微力をいたしたい考えから、はからずも東北漫遊の途についた次第である。

と冒頭し、明治十五年（一八八二）の視察について語り、これを現状に比較して発展の著しきことを指摘し、転じてこう述べている。

川口知事は、私の今回の旅行は六県の視察が目的であって、渋沢のことであるから、振興上かならず有利な材料を得て帰るだろう。したがって渋沢はまた何か目新しい計画を立てるであろう。かように期待されておるようであるが、視察の効果については、今少しく是非の論を保留してほしい。

微力なる私としては、県民の期待を受くるような者ではなく、ただ東北地方における商業、工業、ならびに運輸の実況を視察し、調査の結果によって卑見《ひけん》を述べてみたいと考えたので、今回の旅行をも思い立った訳であるが、視察帰京後、何ごとをなすか、このことには今少し仮《か》（課《か》）すに時日をもってしてほしいと考えるものである。

非常な期待を嘱されても、見らるるごとき老人、あるいは何ごとをもなさずしてやむかも知れぬゆえ、今後のの働きいかんは、今回の視察の結果を見らるることにして、あまり渋沢の視察に重きを置かぬようにしてほしい。

東北振興会は、大正二年（一九一三）、組織されたものであるが、本会には東京、横浜、大阪、その他の地方における有力者が加入している。……会員の多数はいずれも資力ある人、事業に経験を積んだ人、特殊の知識学問を有する人を網羅した訳であるから、会員は一粒選《よ》りの者であると申しても、決して過言であるまいと思う。

しこうして、振興会で調査したものは一通り取りまとめ、意見書を作って、一昨年時の内閣に提出し、また各政党、ならびに議会にもこれを建議し、だいたいにおいて、政府当路《とうろ》（枢要な地位。また、その人）の承認を得、各政党ともにこれが建議を認めてくれたことは事実であるが、これらの意見が今日なお実行せられておらぬのは、私の最も遺憾とするところである。

希望や目的は、いたずらに紙の上では何らの効果を齎《もたら》さぬ。実際行うことによってはじめて効果を見ることが出来る。どうかして私らは、このことの一日も早く実現されんことを希望してやまぬので、意見がいかに立派でも、議論がいかに堂々としていても、実行の伴わぬものは何らの価値がない。何ごとも実行を伴わぬと、効果を顕すことが出来ぬ。

言行一致、世にこのくらい尊ぶべきものなく、また私はこれをもって終生《しゅうせい》の主義としておる者である。いかにすれば私らの希望が達せられるか。このことに関しては、今なお苦心中である。古諺《こげん》（昔のことわざ）にも、「過則勿憚改（過《あやま》ちては改《あらた》むるに憚《はばか》ることなかれ）」ということがある。もし自分の考えが過っていたならば、躊躇《ちゅうちょ》せずただちに改める。これは最も必要なことである。これに反し、善いことは必ず実行せねばならぬ。良いと知りつつ実行せずにいるのは、けだし、勇気に乏しく敢為《かんい》（物事を押し切ってすること）の力の足らぬ結果といわねばならぬ。

東北振興会の組織されたる以上は、本会の関係者は地方の諸君とも打ち合わせ、確乎たる決心をもって所信を断行せねばならぬ。これには、与論を喚起して政治界を動かし、絶えず何ごとかをなして、政府当局にも刺戟を与えることが必要である。これについては、古い東北を知っているだけでは、万事に都合が悪い。細かいことはとにかく、どうでも、だいたいにおいて東北の現状を知っておくことが必要である。それにはぜひ、六県を視察せねばならぬ。こう考えたので、今回の旅行を思い立ったのである……。

川口知事はただいま、渋沢は明治の初年政府に入って財政事務に従事し、のち官界を退いて民間に下り、銀行業をはじめて、爾来四十余年、終始一貫した男である。しこうして、国家社会のために貢献したことは、かくかくであるといわれた。経歴はまったく知事の陳《の》べられたごとくであるけれども、渋沢が事実、国家社会のためにかように功績のあった者とは考えておらぬ。過分の褒辞《ほうじ》はかえって恐縮に存ずる次第である。

とにかく私は、明治初年、銀行界に入ってから、爾来四十三年、第一銀行頭取としてその職に尽くしたが、この間何一つしたというのではないから、誠に若い人たちに対してはお恥ずかしい次第である。多年その職に在りながら、何らのなすところなく、碌碌《ろくろく》（平凡なさま。役に立たないさま）として歳月を送ったのは、広い世間には私くらいの者であろう。

今日、銀行の重役が頭取になるには非常に面倒で、銀行に入る、事務を執《と》る、進んで支店長となり、本店に引き取られて一《ひと》勉強し、上長に自分の才能手腕を認められ、世間からも信用されて、いよいよ重役になり、さらに頭取になる。それまでの苦労は、並大抵のことではない。

もし銀行に入る、すぐ支店長か重役になれると、誠に手数のないものであるが、世の中のことは、さように簡単には参らぬ。どうしても下から一歩ずつ進め、一階ずつ上がっていかねばならぬ。

私の半生もつまり五十歩百歩で、遊んでいて頭取になった訳でもなく、自分としてはそれ相当に苦労し、努力もしたつもりである。ただ四十三年間も一銀行の頭取で満足していたなどは、誠に気の利かぬ話であるという人があるかも知れない。

私自身は頭取以上にはならなかったが、第一銀行が創立当時と今日と同じものであるかというに、決してさようではない。明治六年（一八七三）と大正六年（一九一七）では、とうてい比較にならぬ大なる変化をなしている。変化とは進歩であり、発達である。

たとえば資本については、今日は創立当時に比し十五、六倍にのぼり、預金も百倍以上に進んでいる。したがって、営業上関係する範囲は百千倍にもなっていようと思う。

渋沢は、第一銀行に入ってから四十三年になる。位置は頭取より一歩も進まぬが、なした事業には、以上述べたごとき大なる進歩発達がある。明治初年（一八六八）の渋沢も、大正六年（一九一七）の渋沢も、渋沢それ自身には進歩もなく発達もないが、自分の努力し経営した事業は、かかる変化をなしている。かく考えると、私は自ら慰め得るのである。青年諸君は、このことを深く考えてほしい。

何か一つ仕事を始める。人は必ず全力をこれに傾注せねばならぬ。一身を打ち込んでかからぬと、とうてい成功するものではない。

心の持ちよう、力の入れようで、なした仕事の上には大なる差異をきたす。地位を進めようとか、世間からよく見られようとか、決してかようなことを思い、かつ望んではならぬ。地位が高くなったのみでは、社会に信用され、人から尊敬される訳のものでない。なした事業の大小によって、その人の価値も定まり、信用も増し、尊敬も加わる。

私から見ると、地位を高めることに腐心している人ほど、ばかげている者はない。手腕なく力量なき人が地位ばかり高くなったところで、誰が尊敬の意を表しよう……。

かくて、銀行業に従事するに至った理由を述べ、自説の合本主義を説き、王子製紙、大阪紡績、その他各会社を創立経営したことに触れ、

世の中が進むに連れて、会社組織が盛んに行われる。四十余年間、私は同一筆法でやってきたため、一時は四十余の会社に関係することになった。しかし私は、これがため世間から種々な批評を受け、非難を蒙った。はなはだしきは誹謗《ひぼう》する者さえあった。今になって考えてみると、かように多くの会社や銀行に関係したのは、私の出過ぎたためであったかも知れぬが、私の関係した会社または銀行が今日いずれも立派なものになり、それ相当の進歩と殷盛《いんせい》（きわめて盛んなこと）を呈している。これが私にとってせめてもの慰めである。

と述懐し、第一銀行と東北各地支店の関係、支店設置とともに東北地方視察をなしたことを述べ、当時羽振《はぶ》りのよかった瀬川安五郎、ならびに秋田県令石田英吉との接触を話し、現状に比較して感慨を叙《じょ》し、転じてこう陳《の》べている。

世の中のことは、決して自分の考え通りにいくものではないが、相当な時日を経、正しき道を辿り、努力を怠るところなくんば、必ず成功し得る。秋田市がかように面目をあらため、あらゆる方面に著しい進歩発達をしたのも、当地実業家諸君が、長い間奮闘努力を続けた結果で、その労苦は推賞に値する。何ごとも意のごとくにいくと、世の中には失望落胆したり、これがため、産を破り身を亡ぼすものはなくなる。が、万事はさよう都合よくいくものではない。

何ごとも努力が必要である。しこうして、努力が一時的でなく、長いあいだ継続することが必

要である。東北も今日においては、各方面にいちじるしい発達をなした。現に発達しつつある。しかし、現状に満足することは出来ぬ。

多くの人は、東北は気候が悪い、雪が降る、土地が痩せ、天恵《てんけい》（天が人間に与える恵み）に乏しいという。

しこうして、これをもって東北の発達せざる原因とする。一瞥《いちべつ》したところ、いかにもさような観がないではない。しかし、仔細に点検すると、しかりと速断することは出来ぬ。現に当秋田市はどうであろう。気候も余り良くない、雪も多い、土地も肥沃《ひよく》とは申されぬが、天恵には富んでいる。

鉱山は枚挙に遑《いとま》がない、石油も出る。近年石油の発達は驚くべきほどである。この方面の調査も行き届いている。土地も肥沃とはいえぬが、米も相当でる。養蚕は本場とまではいかぬが、相当収益を上げている。

かように秋田は、農に工に満足な特点を持っている。水力も十分である。それを利用して、水力電気を起こすなどもよろしかろうと思う。

しかし、秋田は天恵に富んでいるが、どうも、利用の途が十分でない。一例をあげると、鉱山は相当にやっているが、県人経営のものははなはだ少なく、多くは他県人の手に帰している。

私がこのことを申したところ、毎日新聞社長中村千代松君は、それは一を知って二を知らぬ者である。秋田県人は鉱山の経営にも、石油の掘削《くっさく》にも、相当の力をいたし金も投じた。しかし、経営の法よろしきを得ざるためか、または資金乏しく、努力忍耐の足らざるためか、事業には早く手を出したが、多くは失敗し、今日のごとく総ての事業が他県人の手に渡っている。それも何もかも、他県人が来てやったように見られてははなはだ困るといわれた。

あるいは、渋沢の観察が誤ったのかも知れぬが、しからば、秋田県民は何ゆえ他県人の手に渡さずに自分で経営しなかったか。事業家たる者が、このくらいの忍耐と努力がなくてどうする。実際の事業家が、努力足らず、資産に乏しく、これを永続して成功を収める見込みがないとしたならば、県民相寄《あいよ》り相扶《あいたす》けてその功を挙ぐべきである。

もし私の観察が誤っているにせよ、現在の事実を見ると、私は秋田県人に対して多大の遺憾なきを得ぬ。私は常に、事業は正しく堅くなければならぬが、これに相当な知識と、経営の才と、忍耐と勉強が添わぬと、とうてい成功を収められるものでないと断言している。秋田県人の、事業に失敗多く成功の少なきは、あるいは、これらの点に基因するのではあるまいか。また秋田県人に共同一致の観念乏しきことも、またその一因ではないだろうか。

東北に関することは、微力ながら私も大いに力を添えたい考えである。現に、この問題について中央の有力者と考慮計画中である。東北振興会も、今後大いにこのことについて努力するはずであるが、東北振興会の根本は、東北人の奮起努力に在ることを忘れてはならない。

東北の人々にして現状に満足することなく、奮然蹶起《ふんぜんけっき》、不撓不屈《ふとうふくつ》の精神をもって、あらゆる方面に活動するのでなければ、中央に在っていかに助力するも、とうてい満足な効果は挙げられぬのである。

会津若松においても、米沢においても、山形においても、青森においても、盛岡、仙台、福島においても、それぞれ古き思い出を持つ翁は、その所によりそれぞれの追懐《ついかい》（昔を思い出ししのぶこと。追想）を語り、所信を述べ、奮起を促し、激励を怠らなかった。

東北産業の基礎調査と、会頭たる翁の講演行脚《あんぎゃ》とを初期の事業とした東北振興会は、大正六年（一九一七）以来、東北銘産品陳列会を東京のデパートメント・ストア「三越」に開催して、東北の特産物を紹介し、またしばしば県知事と協議を凝《こ》らし、東北六県のために尽くすところが多かった。

十五、その面影

別荘を持たぬ人

明治末葉、古稀を迎えた翁は、用務の減省《げんしょう》（減らしはぶくこと）を目的として、実業界の関係の大部分を絶ち、いわゆる翁の生涯の「秋」に処するの準備をした。しからば、盛夏烈日の活動は日露戦争前後までであったかというと、必ずしもそうでない。

これまで書き続けたところによって察せられるであろうごとく、幾多の事業を起こし、育て、発達させた。ただその事業は営利的方面でなく、社会公共的のものであった。

かくて「秋」ようやく深くなるにつれ、翁の忙しさはますます加わっていった。そこに蕭条《しょうじょう》（ものさびしいさま）の「秋」を見ず、豊かに実る「秋」が展開するのであった。けだし、翁の過去七十年にわたる豊かな経験と、稀に見る穎智《えいち》と、絶倫の精力とによって築き上げた「味」と「力」は、世と遠ざかるには余りに偉大であったからである。のみならず、翁自身の気持ちが、社会と離れ、人と離れ、花鳥風月を友とすることを欲しなかったからである。

身を役《やく》し心を労し、国のため社会のために働くことを義務と思い、公私の職は時あって辞するを得るも、国民たることは死ぬるまで辞するを得ずと主張した翁は、一市民、一国民として、「最後の御奉公」をしたのであった。この根本の覚悟があればこそ、翁ほど「詩」を解し、「美」を味わい得る人が、「山水」を楽しまず、俗世界に没頭したのである。

この気持ちはやがて、翁の「別荘観」の説明になる。翁は別荘を持たない。飛鳥山の邸が別荘の名をもって呼ばれたことは、多くの人の知るところであるが、かつては郊外住宅であり、明治中期以降はその本邸であった。

世の常の紳士が多少とも余裕が出来ると、装飾のように持ついわゆる「別荘」を持ったことはない。生来《せいらい》（生まれつき。天性）強健であり、活動を生命とする翁には、別荘の要を認めない。安逸を排し、逃避を喜ばぬ翁には、別荘の必要がなかった。かくて、翁は生涯別荘を持たなかった。

翁は常に自ら中産階級をもって任じ、しばしば中産階級者たることを主張した。主観的には中産階級であったろうが、客観的にはしかりということが出来たであろうか。いわゆる「財界の大御所」をもって称する人々の眼には、中産階級として翁が映ったであろうか。

かつては、日本金融界、産業界の総師として、幾多の事業を指導経営した翁である。その富の程度においてもまた、察するに余りがあるとしたのは当然であった。しかし、翁が事業を愛し、利害を念頭に置かざることは、しばしば繰り返した通りであったため、外部より想像するほどの財力を有せざりしことは事実である。さりながら、日本の一般の富の程度において、果たして中産階級に入るべきかどうか。

とにかく、あの奉仕的活動をなし得る――ことに公共事業について努力し得る力があったことによって、その物質的方面を推察し得ると思う。

安逸を排し、逃避を好まず、奉仕奔走を生命とした翁は、喜寿を迎えんとする大正四年（一九一五）に至っても、「一年三百六十五日席暖かなるに遑《いとま》あらず、日夜公私の用務に忙殺」される有様であった。当時『実業之日本』が発表した翁の居常《きょじょう》（平常。ふだん。日頃）に関する記事を掲げて、その一斑を想像したい。

男爵渋沢栄一氏は当年取って七十六歳の高齢を以て、意気壮者を凌《しの》ぎ、日々奮闘、平均十五時間に渉るとは驚くではないか。

この寒空に男爵は毎日午前六時には早くも床を離れて入浴し、その日の奮闘準備にかかるのが常だ。午前七時頃からモウ客が飛鳥山に続々詰めかけ、中には我れこそ天晴《あっぱれ》先登第一の名誉を荷《にな》わんものと、開門前より押し寄せ、門の開くや否や飛び込む大熱心家もいる。午前十時頃まで、日々少なくとも七、八人の客が引っ切りなしに尋ねて来るので、どうかすると男爵は朝飯を喰いはぐれることが度々《たびたび》あるそうだ。

午前十時頃になると話を切り上げて、二十三号の銘を打ったる自動車に乗って警笛勇ましく本邸を出で、途中三、四軒の約束先を順次訪問し、それから目下男爵の唯一の実業的事業たる第一銀行に立ち寄り、そこで重役と食卓を同《おなじ》うし、行務を打ち合わせながら昼食を取ると云う寸法になっている。

かくて兜町の事務所に、福徳円満のニコニコ顔を現すのが、たいがい午後一時半頃である。そこにはすでに数多の客が詰めかけて、男爵の来所を今や遅しと鶴首《かくしゅ》して待っている。後から後からと引っ切りなしに来る客が、日々どうしても二十名以上あるそうだ。

親切な男爵は多くは客を引見し、そして噛んで含めるような反覆丁寧《はんぷくていねい》な談話振り、玄関に客を送り出《い》でてなおかつ娓々《びび》（おだやかでねんごろなこと）として尽きない。そのなかに諸方から電話が引っ切りなしにかかってくる、四時頃になると、モウ約束の時間がきて、またもや外出。毎晩止むを得ざる会が少なくとも二ヶ所はある。それを済まし、ようやくその日の活動を終わって飛鳥山の本邸に帰るのが、たいがい午後十時頃である。それから朝見残したその日の新聞紙や、諸方から寄贈してきた諸雑誌を繙読《はんどく》（書物をひもといて読むこと）して、ようやく午後十二時ころ床に就くのが例だ。

こういう次第で、家族団欒して楽しき晩餐の食卓をともにするのは日曜のほかはない。日曜は男爵に取って最も楽しき日である。客を謝して、あるいは好める書籍を耽読《たんどく》したり、あるいは興に乗じて、諸方から依頼されたる揮毫《きごう》をなすなどして、心静かに家庭の趣味を楽しまれるのが例である。聞けば近来諸方より男爵の揮毫を求むる者ますます増加し、大晦日に勘定したら、揮毫の債務の残高九百六十幾枚を存し、今日では約一千枚に上《のぼ》れるならんという。何不足なき男爵に、揮毫の債務一千枚とは面黒《おもくろ》い（面白いと同意）ではないか。二六時中激忙《げきぼう》の男爵には、胸中自ら閑《かん》日月《じつげつ》（ゆとりのある心ですごす時間）ありて、毎月一回文学士宇野哲人《てつと》氏と海老名弾正《だんじょう》氏とを聘《へい》して（礼を厚くして人を招くこと）、『論語』と『聖書』の講義とを聴聞せらるるそうだ。

　さて、兜町の本陣における男爵の机の据えてある所というは、二十畳敷くらいの西洋間で、応接兼帯になっている。ズッと室に入ると、向かって左には一双の屏風が列べられ、正面には暖かそうに燃されたストーブが据えられ、その脇に男爵の机と応接用のテーブルとが左右に置かれ、そのテーブルを囲って五、六脚の皮張り椅子が列べられてある。室の一隅には一台のソファーが横たえられてある。男爵の机に相対した壁上には、金縁《きんぶち》の男爵の油絵が高く掲げられ、左の壁上には渡米実業団一行の記念写真の額が掛けられてある。そして二つの書物箱には金文字入の書籍が一杯詰っている。

　男爵の机というは、星霜十幾年も経たと思われるくらいな、新しくない普通の長方形のテーブルで、ちょっと異なっているのは、テーブルの上の書棚が玻璃《ガラス》張りになっていることだ、そのなかには古ぼけた日本綴の『甲子夜話《かっしやわ》』が入っている。その小さな書棚の脇には、小形の法令全書が安置されてある。

　机上に一番異彩を放っているのは、少し色褪《いろあ》せたお納戸色の一つの信玄袋である。中には書類が一杯つまっていて、影の形におけるがごとく、男爵の行く先々にお供する大切な袋なそうだ。男爵の机上に諸方から日々降ってくる手紙は、本邸約十本、兜町事務所均《なら》し三十本、合計約四十本位なそうだ。そのなかに一番多いのは、男爵の今も関係しておられる慈善および教育に関することである。金を貸してくれとか、寄附して欲しいとか、職業を世話してもらいたいといったような無心状が、日に三、四本ずつはくる。そしてそれが一面識もない知らぬ人からのだから驚く……。

子から見て

この繁劇を繰り返した翁を、家庭の人々はどう見ていたか。「子」として見た翁はどうであったか。種々の場合に種々の視角を透《とう》して、「子」として見た翁を語られたが、その中から竜門雑誌に発表されたものを掲げてみよう。

渋沢篤二氏は、少年の頃を追懐して、こう記している。

何ぶん外部に大きな仕事がたくさんあった父は、家の内における父として、子供たちと共にいることは実際出来なかったのでありますから、普通の父親のようでなかったことは、私のみでない、他の兄弟たちも等しく思っていたのであろうと思います。

だから私などは父の風邪を希望した。希望したといっては可笑《おか》しいが、軽い風邪で家に引き籠られることを望んだのでした。申すまでもなく重い風邪では困る。ごく軽い、起きていて静養される程度を望んだのであります。

それは、父が深川なら深川の宅にいて、私たちの相手になってくれる、それが嬉しかった。その上たいくつなところから、ときどき余興の落語家などを呼ばれるので、さらに楽しみでした。ことに父は、すこぶる円満で優しい人でありましたから、ごく親切に、何をきいても相手になって話してくれました。それだけいっそう、この談笑が少年の私には愉快で、父の軽い風邪で家にいることを望んだ訳でした。

翁が、外部の劇務に忙殺され、家庭の人としての時間が少なく、世の常の「父」のごとく、子供と共にいる時間の少ないことが物足らなかったことは、子たる人々が共に感じていたことであった。渋沢正雄氏は、こういうている。

青淵先生が、普通の父親と違っていました事実は、私が特に喋々《ちょうちょう》(多くを語ること)するまでもありませんが、実際青淵先生はすべての人々に対し、一視同仁、無差別平等でありました。したがって我が子供と他人の子供との区別をまったくしていない場合などもあり、私ども子供の側から申しますと、時に「物足らない父」であり、「グッド・パパ」でなかったように感じたことも少なくありませんでした。

と申しますのは、他家の子供の様子を見ますと、その父親から特別な愛撫を受けていましたのに、私どもはそうしたことが稀《まれ》であり、しかも父の手で他家の子供との差別待遇がしてもらえなかったからであります。

否、何か事でもあったときには、その待遇があべこべになることさえありました。

「子」から見た翁に対する物足らなさを記した渋沢正雄氏は、さらに進んでこう記している。

私どもが少年の頃は、青淵先生の最も経済界で活動しておられたときでしたから、たいてい夜は十時か十一時に帰ってこられ、ご機嫌のよいときには、御居間へいかれる間、廊下を踏みながら義太夫の一節を口ずさんで通られる。

そして、あのフロックを和服に着替え、湯から上がって寛《くつろ》がれると、ときどき私などをして新聞や雑誌や書物などを読ませてお聞きになりましたが、疲れた折など横になっておられるので、居眠りを始められる、そこで新聞や雑誌を音読している私たちは、居眠りをしておられるなら差支えあるまいと、間を飛ばして読んで行くと、眠っておられると思っていた青淵先生は、

「続きが違うようだが、飛ばしはしないか」

といわれるので、いかに眠っておられると思っても、無闇《むやみ》に勝手な真似は出来なかったのでありまして、初めから終わりまで丁寧に少しも抜かさず読まなければなりませんでした。実に注意の行き届いた人でありました。

また、書物など自分でお読みになるにしても、最初から終わりまで正直に読まれる。しかも遅く帰宅されてから、一時間でも二時間でも必ず読書される。これを私など今頃真似がしたいと思っているが、どうしても出来ないので、不甲斐ないことであると思っております。これが青淵先生の新しい知識の源泉であったので、御居間の机の上には山のように書物が置いてありました。よく青淵先生は、

「本の読み方には三通りある」

とて、

「一は熟読、二は乱読、三は積読《つんどく》だ」

と冗談まじりにいわれ、また私たちに、

「暇あるを待って書を読まんとすれば、終《つい》に書を読むの時なし」

という言葉を引いて読書を奨励されましたが、真にご自分でも書に親しむことを楽しみとされ、序文から最後の頁まで熟読玩味されたのであります。そして誰にでも人を選ばず面会されたと同じ

ように、書物も特に選ぶことをしないで、手当たり次第といいたいくらいに読んでおられました。

人にもよく会われました。これも手当たり次第に訪問した人と会談されたので、朝はたいてい七時に起床し、すぐ入浴されるが、すでに八時頃までにはたくさんな客が来て待っている。実に千客万来で、玉石混交、紹介状を持った人、持たぬ人、既知の人、未知の人、有名な人、無名な人、なかには人からとかくの批評をされるような人物も混じっていましたが、いかなる人も忌避《きひ》することなく会われた。

しかも丁寧に相手のいうことを聴き、自分の意見を懇切に述べられたのであるから、あの調子ではどうしても出勤の時間が遅くならざるを得ないのでありました。

したがって訪問した相手はいずれも満足して引き取っていましたが、私など、あのお忙しい青淵先生が、人のために、かく精力や時間を費やしておられるのを勿体《もったい》ないと思いましたが、真に書物と人とは同様、いかなるものをも区別せず、なお功利的にいわゆる最小の労力で最大の効果を挙げようなどとは、少しも考えられていなかったのであります。

であリますから、他人にとっては実によい相談相手であったので、訪問客は用談が終わってもなかなか腰を上げない。いきおい後《あと》の客との約束の時間はまったく無視されてしまうので、後の客はしぜん不平でありましたが、しかしさて会って帰って行くところを見ると、ニコニコして満足げであったのは、何といっても青淵先生が、誠意を持ってたくさんな人に面会したからであろうと思います。

実に限りある時間をもって限りない人に面会し、しかもそれらの人々に満足の思いをさせて帰らせた点は、凡人では出来ないことであると思います。実際訪問客の中には、名前はいいかねますけれども、私たちさえどうかと思うような人もありましたが、決してそうした人を避けるということがなく、仕事の上から大切な人も大切でない人も、一様に会見されたのでありました。

自ら描く

外部なり、家庭なりから見た翁は、以上のごとくであったが、翁自身はどう思っていたであろうか。

……孔夫子《こうふうし》は、昨今の言葉で申す却々《なかなか》の活動家で、寸時も息《やす》むところなく努力し修養に勉められたから、ほとんど十年毎に思想の状態が一変し、七十歳になられた頃には、いかに心のままに行っても、それがチャンと人間の履《ふ》むべき道に合致し、決して規矩《きく》（物事の規則。手本）を超えるようなことの無かったものと思われる。

しかし私のように菲徳《ひとく》（うすい徳。不徳）なものは却々《なかなか》そうは参らぬ。現に七十余歳に相成った今日でも、もし心の欲するままに行うようにすれば、依然規矩を超えて乱れることになる。幸いに私が曲がりなりにも、とにかく規矩を超えた行いに陥らずに済むのは、一に克己《こっき》（己にかつこと。意志の力で自分の衝動・感情をおさえること）の賜《たまもの》である。私が克己すなわち己に克《か》つ事に力《つと》めて私の心を制するようにしなければ、決して今日の私であり得るもので無い。克己は実に偉大なる力である。

しかし七十余歳になった今日、孔夫子がわずかに四十歳にして達した不惑《ふわく》の境涯にだけは、私もどうやらこうやら達し得られたように思う。今より十五、六年前までは、種々他人の説を聞くと、なるほどそれもそうだとよく惑《まど》ったものであるが、今日では先ずかかる惑いを起こさずに済む。

一例を申し述べると、国民に信念を起こさするには神道に限るとの説を私にお聴かせ下されて、神道さえ信ずれば、国民道徳は自然に高まるとお説きになる方もある。十四、五年前ならば、これを聴くと、あるいはそうかと思わぬでもなかったろうが、早や七十四余歳になって、処世の実地を久しく経験して参った今日では、国家内外の事情も参酌《さんしゃく》（比べて参考にすること）せねばならぬものと思うから、すぐそれに心を動かすというような惑いは起こらぬのである……。

自らの心境について、偽らざる告白をしている。七十歳にして惑わざるに至ったとは、何という謙遜した発表であろう。

翁の過去を検討して――少なくとも政治に志を断って、もっぱら民間の有力者として働くようになってからの翁の歴史に、どこにいつ惑いがあったであろうか。動揺があったであろうか。好んで人に会い、他人の説を聴く翁は、採るべき意見があれば躊躇なくこれを採り、聴くべき説があればただちにこれを容れた。

しかし、採るべきもの聴くべきものを断ずるには、自己の信ずる標準をもってした。数多き事業、各般の事務も、その叡智と良心と愛とによって選別され、育てられ、導かれた。かくて、実業界において、ほとんど古今独歩というべき輝かしき足跡を残し、公共事業について着々として偉大なる業績を挙げつつある。

その翁が、七十歳にしてようやく惑わざるに至ったというのは、謙遜でなくて何であろう。しかし、卑屈からでもなく、反語《はんご》でもなく、真にかく信じているところに翁らしさを感ずる。ここに翁を批評するつもりは全然ない。

ゆえに、あの実業界における活躍の跡を見、どの方面でもパイオニアであり、リーダーであった事実により、反対の見解を持する人がありとしても争う気持ちはない。ただ表面に出た事実のみに即することをやめ、その折々の事情、その事業との関係、さらに裏面に隠されたる心理的経過を見てのち、意見を立てることが必要であるということを記しておこう。

それはとにかく、精神的方面から、七十歳にして惑わざるに至ったと見ている翁は、肉体的方面について、こう説いている。

一般に摂生《せっせい》（衛生に注意し、健康の増進をはかること。養生）が第一であるといわれているが、私は若いときから不摂生で、よく医者から、

「貴方のように余り身体を粗末にしては長生きは出来ない」

と忠告された。私がきまって診察を受けた医者は数人ありますが、一番古いのはフランスに行っていた時代から知っていた有名な蘭医伊東玄朴《げんぼく》、のちに伊東方成と称した人で、懇親《こんしん》の間であったが、のちに宮内省御用掛になり、再び渡欧するようになった。

そのとき、「自身診《み》ておあげすることが出来ないから」というので、織田研斎《けんさい》、後に猿渡盛雅《もりまさ》といった人を推薦してくれたが、この人もその養子の猿渡常安《じょうあん》も、常安の婿堀井宗一も、皆医者であったが、共に不摂生な私を残して先へ死んだ。

また高木兼寛《かねひろ》男爵には、明治十六年（一八八三）頃から診察を受けたが、特に喧《やかま》しく、

「価値のある物は品物でも大切にする、貴方の身体は大いに価値があり、世の中の人も大切がっているのに、かく残酷に取り扱ってはならぬ」

といってくれていたが、その人も今は亡《な》い。かくのごとく摂生を講釈した医者は皆逝《ゆ》き、不摂生を注意された私が生き残るという皮肉な結果になり、摂生必ずしも長寿の要件ではないとも申したいのである。しかし六十歳以後摂生の必要なことだけは動かし難いことのようである。

去年私は、ラプソーン・スミスというイギリスの医者が著した『百歳不老』という書物を読んだが、これにも、結局、六十歳以上になると摂生に注意する要があると書いてあって、私の考えと一致している。

この書物をはじめて読んだのは、四、五年前であるが、私は早くすでに六十一歳になった折に、これからは今までのようにやる訳にはいかぬ。しかし無理のない程度で働くことは必要であると気づいて、その心持ちで加減していたところ、スミスの説が偶然同様であったので、非常に愉快に感じたのである。

スミスは、『百歳不老』の劈頭《へきとう》において、次のように書いている。

先年ある著者は、「人は六十歳を限度としてクロロフォルムで麻酔させて、青年のために進路を開くべし」と論じて問題を惹起したが、これ実に大なる謬見《びゅうけん》（まちがった考え）といわざるを得ない。また六十の耄碌《もうろく》と称して、永年勤続した使用人を、単に六十歳に達したという理由のもとに、たちまち馘首《かくしゅ》（解雇すること）して無為《むい》の生活を強《し》いる習慣がある。

これも、六十歳以後においては、何ら有益なる活動をなすべき能力がないという前提のもとに行わるる陋習《ろうしゅう》（わるい習慣）であって、謬《あやま》られるも、はなはだしきものである。世には六十歳はおろか、八十歳、九十歳に至るまでも、幸福なる有益なる生活を営んだ者は、その数が決して少なくない。九十二歳で矍鑠《かくしゃく》として診療に従った医師もあり、九十歳で単身三百マイルの大旅行を試みた婦人もある。

ティツィアーノは百歳でいまだ画筆を捨てず、グラッドストンは八十二歳でイギリスの首相たり、ストラスコーナ卿は九十四歳で、イギリス、カナダ間の重要な交渉の任に当たった。

かかる例は、一々枚挙に遑《いとま》なきほどである。このごとき実例が存する以上、何人《なんびと》といえども、六十歳以後を有益に暮らし得ぬ訳がない。六十歳に達したりとて、すべての俗事を放擲《ほうてき》して、無為と哀愁の裡《うち》に余生を送るがごときは、著者の断じて与《くみ》せざるところである、と。

しこうして、進んで六十歳から九十歳までの有益にして幸福なる生活法につき種々説いているが、要するに六十歳以後は節制《せっせい》に注意し、心の平静を保ち、かつ適当な労働に従事することが必要であって、早くも自ら老いたと思うことがよろしくない。自ら老いたと思ってはたちまちにして老い込むようになるから、六十歳以上になったからといって、老いたとは考えず、また身の扱い方も老人らしくせず、六十歳前と同様にして行くべきである。さらに要約すると、

「労働と節制と満足、これが健康、幸福、長寿の主因である」

といっている。

ところが、私が六十歳をすぎたとき、いよいよ自分も老年期に入ったとは考えたけれども、我老いたりとの感はなく、無理は慎まねばならぬが、生活態度は変えず、依然として活動を続けよ

うと考え、爾来、多少摂生を重んじ、物事に満足して、心の平和を保つに努め、出来るだけ懊悩（おうのう）苦悶《くもん》せずにきたのである。

かく天命に安んじ、努めて平静を維持するならば、九十歳までは必ず活動出来ると思うのである。いったい人は無病でも百四十歳かに達すると、もはや生存出来ないものであるというが、九十歳、あるいは百歳頃までは十分働けるものと確信している。そして私は前に申した通り、スミスの書物を読むずっと以前から、かように考え、かつ実行して来たので、スミスに会ってこのことを自慢したいくらいに思っているのである。

かくのごとく、九十歳までは、身体、脳力、共に十分用いられるものであって、スミスの挙げたある人のいうがごとく、六十歳に達した人をクロロフォルムで麻酔させて殺すならば、むしろ生まないに如《し》くはない。

生まれた以上、完全に働き得る限り働かせた方が、国家社会のためであって、少なくとも九十歳くらいまでは、お爺さん扱いにしないことが必要であって、八十八歳になったのが珍しいようであってはならないと思う。

そういっている間にも人智が進歩発達すれば、必ずや九十歳頃までは誰も寿命を保ち得られるに至るであろうと、私は信じているのである。

精神的には不惑《ふわく》の境地に達したりと確信し、肉体的には、「我老いたりとの感はなく、無理は慎まねばならぬが、生活態度は変えず、依然として活動を続けよう」と考えた七十台の翁は、先に記したように、活動の舞台を営利事業に代わるに公共事業をもってせんとした。しこうして、古稀を機《き》として数多くの営利事業との関係を断った。

かくて、いわゆる翁生涯の秋立ちはじめたのであった。秋ようやく深く実業界との関係薄れゆくとともに、翁の精神的変化もいちじるしきものがあった。

『論語』の表現をもってすれば、天命を知り、心の欲するところにしたがって、矩《のり》を踰《こ》えざる境地に達した。視角を変えれば、現世に対する「執着」と「名誉」と「野心」は次第に影を潜め、ただ大なる愛、醇化《じゅんか》された愛に生きんとするに至った。

翁は、天性自己に対する欲のきわめて少ない人である。しかし利欲を離れて考えるとき、「自己」がなかったといえない。欲はないが、信ずるところはあり、主張するところはあった。だからこそ、あれほどの事業が出来、あれだけの成績を挙げ得られたのである。

しかるに、齢八旬《よわいはちじゅん》（八十歳）に近づくにおよんで、「エゴ」は次第に薄れゆき、愛の対象はいよいよ普遍化し、全日本の民衆、ひいては全人類の福祉を思う念ますます強きを加え、一事業の利害を超越するに至った。この変化を目して人格の浄化なりという人がある。とにかく、この時代の翁を注視するとき、精神的の大飛躍――大変化を見出すものである。それとともに外貌においても、またいちじるしい変化を見る。

これまでは――この精神的変化を起こすまでは、どうしても「力あり、徳ある活動家」としての翁が映る。しかるに、こののちの翁は、謙虚にして清く熱烈な愛に生きる淋しき老翁として映る。かく対照するときに、余りにはなはだしい隔絶《かくぜつ》をいぶかる人があるかも知れない。

またある時期、ある日を境として、この変化をきたしたならば、おそらくははなはだしい激変に驚嘆の声を発したであろう。もちろん、これほどの大変化が文字で表すように飛躍的にきたのではない。相当長き期間――七十代に入ってから数年の間に次第にあらわれきたり、八十歳を超えるに至って、明らかになったと見れば誤りはないであろう。

医者から見て

先生は『論語』の行者であるといってよろしい。孔夫子の教えを則《のり》とし、楽翁公《らくおうこう》（松平定信《さだのぶ》）に私淑《ししゅく》して、「温良恭謙譲」（『論語』では「温良恭倹譲（おだやか、すなお、うやうやしく、つつましく、ひかえめ）」とあり、渋沢栄一は倹を謙としている）の生活をしておられる。

真に『論語』そのものであるかのような感がする。起臥《きが》、飲食《おんじき》、整然として日々違《たが》わず。煙酒《えんしゅ》（煙草《たばこ》と飲酒）ともに厳に禁じ、特に愛好された煙草は、五十五歳の口中の癌腫《がんしゅ》以来自発的に廃され、飲食ともに嗜好を求めず、拒まず、追わず、与えらるるものをもって満足され、一日二食、昼食はほとんど取られない。

試みに献立の一、二を挙げぐれば、

朝　食

パン　五片（半斤の三分の一位）

鶏　卵　二個（半熟）

オートミール　一合

コーヒー　　　　　一杯
果物

夕食

飯　　　　　二椀
吸物　　　　一椀
魚　　　　　一皿（塩焼、煮付、酢の物、あるいはテンプラ等。肉類は稀《まれ》に用いらる）
野菜　　　　一皿（茄子《なす》、大根、里芋等を好む）
果物

衣食ともにきわめて簡素で、その地位に比較すれば、ほとんど無欲の生活ともいうべく、桑門《そうもん》（沙門《しゃもん》。仏道を修める人）の親鸞、白隠《はくいん》のごとく、俗ながらにして解脱せる孔門の大導師といってよいと思われる。

しかし、先生のの内生活を知らない人には、私のこういった話が、おそらく本当に通じないであろう。あの広壮な邸宅と、周囲の情況、および世間の声望から考えると、かくのごとき生活はちょっと想像に難《かた》いかも知れぬ。見方によっては、大平凡人《だいへいぼんじん》としか見えない先生にとっては、無理もないことである。

先生の簡素な生活については、平生咫尺《へいぜいしせき》（ふだん接していること）する私には感激すべき多くの逸話があるが、限りある紙面であるから発表することを遠慮する。

先生、平生の楽《たのし》みの第一は読書である。政治、外交、経済、教育、社会問題など、あらゆる方面に関する新旧の書籍を、常に書斎の机上に所狭きまで置き、感冒《かんぼう》に罹《かか》って高熱に苦しむときも、喘息《ぜんそく》に悩んで呻吟《しんぎん》しながらも、しばしば医戒《いかい》（医者の注意の意）を退けて端坐読書に耽《ふけ》られるのであって、自《みず》から疲れると侍者に音読せしめ、一日一刻も社会を憂い、国家を思うことをやめず、ことに国際問題、済世救民《さいせいきゅうみん》について常に焦慮《しょうりょ》（思いをこめる。心をいらだたせること）しておられる。しこうして、私利私欲に関する事項には一言も触れられない。はなはだしきは、余りに自から奉ずることの薄きために、周囲を困却《こんきゃく》せしめることもある。

しかし、こと国家社会に関する限り、忌憚《きたん》なき意見を述べられ、人間の行くべき道を高唱される。高潮《こうちょう》（物事の極度。クライマックス）に達するときは、実に二十代頃の先生を想像せしめ、懦夫《だふ》（気の弱い男。臆病な男）をして起たしむるの概《がい》（おもむき。様子）がある。

先生の周囲に対する訓育はきわめて寛仁《かんじん》（心がひろくて思いやりがある）にして大度《たいど》（度量が大きいこと）、過《か》があっても人を咎《とが》めず、諄々《じゅんじゅん》として自らの不徳を説いて相手の反省を促される。「人を責める前に自らを責めよ」ということは、人の過失に対する先生の心掛けである。ことに相手の身分の高下によって区別せず、平等に慇懃《いんぎん》に訓戒《くんかい》を尽くされる先生の偉いところは、禅僧などの努めて違《たが》わざるものと異なって、子供のような純真さをもって、努《つと》めずして「温良恭謙譲」の生活をされていることである。

その家庭以外における公生活については、いまさら蛇足を加えるまでもないと思う。

先生の日課表は整然として例外なく、

起　床　午前六時より同七時。
朝　浴　(夕浴はほとんどされない)
朝　食　午前八時より同八時半。
読　書　(または音読聴取、接客、揮毫《きごう》)午前九時より外出まで。
外　出　午前十時より同十一時。
昼　食　(この二ヶ年来自発的に廃止、わずかに紅茶、菓子を摂《と》られる。たまたま午餐会《ごさんかい》などに臨まれるときは、わずかにスープを摂《と》られるだけである)
帰　邸　午後五時より同八時。
夕　食　午後六時より同七時。
読　書　(または音読聴取)午後七時より同十時。
就　寝　午後十時より同十一時。(昼間仮睡、仮臥《かが》は絶対にされず、多少の発熱くらいは端坐して静養される)」

主治医林正道氏が、後姿淋しくなりゆく翁を凝視《ぎょうし》しての記述である。

十六、渋沢同族会社

翁の喜寿に先だつこと一年、大正四年（一九一五）四月、渋沢同族会社が創設された。翁の心境の変化、次第にいちじるしきを加え来たった時期である。ことに、実業界との関係を断《た》たんとしたときである。その折から、翁と最も関係深き一つの「株式会社」が生まれたことは、矛盾と見えるかも知れない。しかし、それは、矛盾でもなく撞着《どうちゃく》（つじつまが合わないこと。矛盾）でもない。

何ゆえであろうか。翁が、実業界との関係を断たんとするために出来た会社であるからである。しばしば繰り返したように、翁は明治の聖代《せいだい》（立派な天子の治める時代）のほとんど全期間にわたって、実業界の第一人者として活躍した。

自己の富についてはほとんどまったく省みるところなく、国家のため、会社のため、偉大なる活動をなした。かくて、絢爛《けんらん》目を奪うばかりの業績を挙げた。その活動と業績に比しては余り少なきものではあったが、消費一点張りの各種社会公共事業に拠出《きょしゅつ》し得るだけの富はあった。この物質的方面の処理をしてきたのが、渋沢事務所の財務部門である。

渋沢事務所はすでに記したごとく、翁執務の場所であり、当時の活動の本拠であった。翁活動の本拠は、時代とともに移っている。早くは東京商業会議所が充《あ》てられ、また第一銀行がそれであった。臆《おく》断《だん》(おしはかって決めること。憶測での判断)を許さるるならば、実業界の啓蒙時代は東京商業会議所を中心とし、その発展時代は第一銀行を本拠とし、完成期に入ってから渋沢事務所に移ったと見得るであろう。

かくて渋沢事務所は、あるときは実業界における種々の事象の発源地であり、あるときは公共事業の誕生所であった。翁の関係するところが広汎なだけに、渋沢事務所の関係するところもまた極めて雑多であった。この広き範囲にわたる多種多様の関係を処理するとともに、資金の運用管理をも掌《つかさど》った。翁が実業界の人として活動した間は、自《みず》からその運用管理に任じた。

もちろん、それでなくとも繁劇《はんげき》であった翁が、一々を見たとはいわない。忠実堅固の尾高幸五郎、無限の信頼を得た八十島親徳《やそじまちかのり》、また、ついで恪勤《かくごん》(おこたらず勤めること)精励《せいれい》の益田明六のごとき人々がこれを処理したが、裁断は翁が自から当たった。

しかし、翁の心境変化し、実業界との関係ようやく薄くなりゆくに当たり、自己——渋沢家の財務方面のみそのままに掌《つかさど》るを得ないのは当然である。かくて成立したのが、渋沢同族会社である。大正四年(一九一五)一月付をもって、親しき人々に対して発表せられた翁の手紙に、簡潔ながら記されている。

拝啓。春暄の候、益《ますます》御清適奉賀候。陳《のぶれ》ば今般嫡孫渋沢敬三、及び同族穂積陳重《ほづみのぶしげ》、阪谷芳郎、渋沢武之助、渋沢正雄、明石照男、渋沢秀雄等をして渋沢同族株式会社を設立致候に付ては、向後何分の御同情御眷顧被成下度《くだされたく》拝願仕候。右は老生微力ながら従来国家に必要なる商工業の発達に資するの期念を以て、些少の財産を其方面に運用致し来り候多年の方針を、会社組織として永遠

に継続せしめ候微意に外ならざる次第に御座候。而して会社の経営は、

社長　渋沢　敬三
専務取締役　八十島親徳
取締役　明石　照男
監査役　阪谷　芳郎
相談役　尾高幸五郎
主事　益田　明六

此際前書の役割を以て担当致し候都合に御座候。右御披露旁《かたがた》可得貴意、如此御座候。敬具。

渋沢敬三氏は、渋沢篤二氏の長男として明治二十九年（一八九六）八月に生まれ、『はゝその落葉』宝光院十七回忌法要の条に、

篤二君の太郎敬三の、いとささやかなる楓葉の如き手して、香をひねりふしおがみ奉るさまを見れば、猶《なお》世にいまそからましかばいかにと思うかなしさ……。

と記された人である。また、近く、『実業之日本』がこう記した人である。

子爵渋沢敬三、とこう書いてしばらく眺めていても、何だかまだピッタリとしない。渋沢子爵といえばすぐあの福々とした老翁の姿が眼にうかぶのに、これはまた溌溂とした三十七の青年を現実に見るのだから、ちょっとオヤ？　という感じが湧く。

しかしそれだけにこの若き子爵が、われらに何となく清新な感じを与えることはたしかである。

老子爵を喪った悲しみのうちにも、この青年子爵を盟主とした渋沢家一門は決して淋しくはないと確信する。さてそこで、この新しく子爵となった渋沢敬三君は、どういう人物であるか。

今更説明するまでもないが、氏は故青淵翁の長男渋沢篤二氏の長男、即ち故翁にとって嫡孫である。前には、どうも感じがちがうと書いたけれど、しかし一方から見たら、いかに孫とは云え、よくもこう似たものだと感心するほど、この新子爵はお祖父さんによく似ている。ただにそれが顔かたちが似ているというだけでなしに、その人となりまでが、実に似ているのだ。

「学者の説に隔世遺伝というのがあるが、渋沢さんと敬三さんくらい、この学説を有力に証明するものはない。実に何から何までそっくりだ。」

故翁存命中から、よくこう記者に語ってきかせた人があったが、恐らくこの両者を知っているほどの人ならば、誰でもこの同じことをいうに違いない。そのためでもあるまいが、渋沢さんにとっては眼の中へ入れても痛くないほどのお気に入りだった。

先ずその外観——あの豊頬《ほうきょう》、あの地蔵眉、あの福々しい耳が、そして身体全体が、如何《いか》にも円満で、どこを触《さわ》って見てもかどというものを発見することが到底出来まいと思われるのだが、その性質もまたこの外観のままで、明朗で、温かくて、広い大きな感じを人に与える。いつも一所にいる人々も、まだ敬三さんの怒った顔を見たことがないといっているが、それは夫人でさえも見たことがないそうである。その悠々せまらぬゆったりとした態度は、何としても自然にそなわった長者の素質とでもいうのであろうと人は云ってる。

しかしそのくせ実に細かい神経を持っている人で、普通人の気のつかぬような細かいところまで気がつく。人情の機微《きび》を知っており、富豪や名家の子弟によく見るような、いわゆるお坊ちゃんでは断じてない。

氏は東京高師の附属小学、中学から、仙台の第二高等学校へ進み、東京帝大経済学部経済学科を大正十年（一九二一）に卒業した。卒業のときは非常にいい成績だったらしいが、学校を出ると直ちに正金銀行へ入り、しばらく東京の店で銀行の仕事を見習ってから、大正十二年（一九二三）の春だったかにロンドン支店詰となり、十四年（一九二五）の春までいて帰国し、約一年ののち正金銀行を罷《や》めて、大正十五年（一九二六）の夏第一銀行の重役になった。

その経歴はザッとこれだけだが、もともと氏が正金銀行へ平行員として入ったのも、ほんの見習い程度で、行《ゆ》く行《ゆ》くは当然お祖父さんの本城である第一銀行へ帰って、これが経営者になるべき人だったのだから、正金だけで叩き上げて、一生を正金に託すというような人々とは、その取り扱いがちがったことは、当然すぎるほど当然なことだった。だからこそ、普通の行員ならいかに秀才でも、ロンドン詰を命ぜられるまでには五年や六年はどうしてもかかるところを、一年半ほどで既にロンドン詰を命ぜられた。一緒に入った行員たちには、これがどんなに羨ましいものだったか知れない。

普通の金持のお坊ちゃんなどだったら、これが得意で仕方がないか、あるいはこんなことは当たり前だぐらいに考えて、平気でいられたかも知れない。しかし敬三氏はそれが堪《たま》らぬほど苦痛だったらしい。

とにかく敬三氏はただのお坊ちゃんではない。別段苦労をしているというのでもないが、それでいて不思議に苦労人の持つ「物わかりのよさ」を持っている。平民的などという言葉は余りゾッとしないが、とにかく誰にも気持ちよく、気安く、わざとらしくなく話もし、つき合いもする人である。

非常な世話好きで、頼まれたら嫌とはいえぬところ、甚《はなは》だお祖父さんに似ているが、二高時代には、高師附属出の二高生のために自ら桐寮なる寄宿舎を作ってその世話役となり、この寮は今になお存続しているくらいである。友情にあつく、よく友人の家のトラブルなどをきいては、それを解決してやることが、なかなかうまい。何しろ友情に厚くて智慧があって世話好きで、人情の機微を知っているのだから、その解決が実に上手で早い。だからこの人に人事相談所をやらせたら、非常に適任だといった人がいる。

氏は非常に趣味の広い人で、釣は玄人《くろうと》の域に達しており、水泳も山登りも得意である。しかし氏の登山は、考古学、土俗学、経済史等の研究のために山奥へ入るというのが非常に多い。その三田の邸には玩具の博物館があり、実に見事なものが集まっているというが、また絵も描き、音楽も楽しみ、文章も巧みだという。もともと氏は小さい時から動物の研究が好きで、将来は是非動物学者になろうという志望だったのだが、故翁にそればかりは止めて、どうか経済の方を勉強してくれと懇願《こんがん》されたので、ようやく志望を翻《ひるがえ》して経済の方へ進んだというくらいで、今でも動物の研究はなかなか堂に入っている。

そんなわけで、氏はその広い趣味において多くの友を持っており、一月に一度ぐらいは必ずこうした方面の人を家に招いて、うき世を忘れて語り明かし、またこうした方面にくすぶっている学者等に深い同情と尊敬を持ち、かれらのために相当の金を使っているという。

氏は現在第一銀行の取締役兼調査部長であり、外《ほか》に渋沢同族会社社長、東京貯蓄銀行取締役会長、渋沢倉庫取締役、東洋生命取締役、魚介養殖取締役会長、理化学興業監査役の仕事を持ち、また社会事業方面の仕事では、癌《がん》研究会の理事、日本青年協会の監事をしており、徳川慶光公爵家の顧問でもある。

さすがに九十幾つの肩書を持っていた渋沢さんの後継者だけのことはあるともいえるが、それらの総てについて一つの見識を持っており、妄《みだ》りに他人の説に雷同《らいどう》せず、またその意見が専門の老大家連をビックリさせることがよくある。

ただ余りに頭が鋭《するど》すぎるせいか、その意見の発表があまり早すぎて、もう少し考えてから返事してくれたらよかろうにと、相手に思わせるような場合がしばしばある。人の話を半分もきいたら、もう自分の返事はチャンと出来ているというほど、渋沢君の頭は鋭敏なんだとある人はいったが、今後大きくなるには矢張りそれではいけないので、解り切ったことでも一度は腹へおちつけてから出した方が、人の上に立つ人物としては舞台効果が多い。しかしこれは年齢が自然に解決して呉れるだろう……。

尾高幸五郎の名は、翁の実業界初期の活動とともに連想されるものである。明治十五、六年頃から渋沢事務所に在って、主として会計の方面に尽くした人である。さきに、しばしば記した藍香の従弟で、尾高次郎の養父である。久しく渋沢事務所に在って翁の活動を扶《たす》け、明治の末年に至って第一線を退いたのであった。

渋沢同族会社は、資本金三百三十万円をもって設立せられ、「動産不動産及び有価証券の取得、所有、利用、又は売渡、各種の企業に対する資金の供給」を目的とするものである。
目的として掲げる以上、かくのごとく広汎にする必要があるが、内容的に見るときは、有価証券に関する項と、企業に対する投資がその事業のほとんど全部である。換言すれば、シェア・ホールディング・カンパニーである。翁の過去の活動の名残りとして所有した幾多の株式の保管運用が主なる業務である。

この頃でこそ、これに類する会社が見られるが、――ことに世界大戦後、所得税法数次の改正に刺激されて、数多くの同族会社が生まれ出たが、この会社の設立当時は、唯一無二の会社であった。おそらく、その内容を想像しない人が多かったであろうごとき新しき試みであった。同族会社の名将が何を表示するかを、知るものが少なかったであろうと思われるほどであった。

この項を結ぶに当たり、翁の語った「渋沢同族株式会社組織に就て」を掲げておこう。

今般私一家の経営上の都合によりて、渋沢同族株式会社を作るということは、私の平素の持論とは少しく矛盾するように見えるのを、はなはだ遺憾に思うのである。

私は明治六年（一八七三）に官を辞したときの決心というものは、すでに実業家となったについては、向後《こうご》（こののち。今後）なるべく、身を終えるまで同じ仕事を経営し終わらせたいと、こう期念しておったので、爾来四十二年の歳月は、まず、その目的を立て通したつもりであります。

さらに、その前にさかのぼってお話すると、明治初年（一八六八）すなわちフランスから帰朝したときの自分の覚悟は、維新の朝廷に出て官職にゆくことを好まなかった。いかんとなれば、文久三年（一八六三）に、家を出て京都に行くときには、とにかく政治家として、いわゆる国を治め天下を平《たい》らにするというような、中国風の思想に充たされておった。

しかるに、こと志と違って一橋家に奉公することになったのは、家を出るときの目的とは全く違却《いきゃく》（異なる。違ってしまうこと）したのである。しかし、その当時は、政治家たる観念は減退したのでなくて、この君を奉じて天下に雄飛せしめ、己もまた、国家に貢献したいという意志であった。

しかるに、慶応三年（一八六七）の夏、慶喜公が将軍家の御相続をなさるという場合において、私は深くその不可を論じて、諫言《かんげん》を申し上げたけれども、ついに容《い》れられずして、まもなく私は海外に旅行することになった。そのときに私は、内心ひそかに徳川幕府の将来はもはや知るべきのみと観念しておった。

これゆえに、海外に在って、幕府が政権を返上した、鳥羽伏見の戦争より新将軍は俄然東帰《とうき》されたということを聞くにおよんでも、他人に在っては驚嘆すべきことであったろうけれども、私においては、かねて覚悟の前で、平易にいえば、さもあるべしと思った。しかし、そのとき、心中に一種の覚悟をなして、いったん君主と仰いだ慶喜公に対しては、どこまでも臣節を尽くさねばならぬと、深く思惟《しゆい》したのである。

ただし、日本国民はみな、帝室の臣民であるということは、もとより、よく理解しているつもりであるけれども、さて、人の感情というものは妙なもので、何だか不安の心持ちがして、朝廷に職を奉ずるなどというような心は微塵も持っておらなんだ。

明治二年（一八六九）に至って、事情やむことを得ずして、新政府に奉ずることになったのも、自分の本意でなかったからして、機会あらば辞職したいと思っておるうちに、ついに明治六年（一八七三）に職を辞すようになったのは、かえって基本に戻るような気がしたのであった。

爾来、この実業界をもって終身の地と定め、また、この実業によっていささか自己の本分を国家に尽くそうと思った。

ただし、一身の名誉、一家の富などということは、当初より私は顧念《こねん》（かえりみて思うこと。後事を心配すること）していなかったが、ただこの合本法によって、国家の経済、日本の実業の発達を図りたい、一般の富を増したい、同時に商工業者の位置を高めて、欧米人と同じ有様《ありさま》にまで進めたいと、これは私の唯一の目的にして、また終生《しゅうせい》の業《ぎょう》（つとめ。職業）としたのであった。

世間では目的のためには手段を択《えら》ばぬという人もあるけれども、私はそうでないと思った。

もちろん、その目的が善良でなければならぬが、これを行う手段もまた正当でなければならぬ。いかに善良なる目的といえども、不合理の手段をもって行ったならば、かえってその目的を傷つける。

また、たとえ手段が正当であっても、目的そのものが誤っておれば、やはり完全な成功はせぬものである。ゆえに、いやしくも事を成すには、その目的も手段も、ともに善良正当でなければならぬということを、始終一つの信仰としているのであります。

私は、すでに合本主義を主張して、その会社に従事する以上は、自己一身はいわゆる出来得る限りの能力をもって正当なる勤務をなし、もって受くる報酬によりて一家を支持し、その以外の利益を図るということは、むしろ手段を誤るものと確信し、また、いったんその職務を定めてはなるべく変更せざらんことを約したから、大正六年（一九一七）、第一国立銀行に職を執《と》って以来、これを我が終身の場所と定め、棺《かん》を蓋《おお》うまで勤続したいと覚悟しておった。

爾来、世運《せうん》（世の中のなりゆき）の進歩に伴って各種の事業に関係したのは、国家経済の発展を謀《はか》るにおいてやむを得ざることとなるも、自身一己の業務を営むということは絶対なかった。

しかるに、今般渋沢同族株式会社を組織するということは、同族中の合本によって特に自己の営利でもするかのごとく、世間の人々から観察を受けることを恐れるけれども、事実はまったくそうでないので、家族が沢山あるために、その家族の生活をなるべく公平に、かつ安全にするためには、僅少ながら私の一家の財産を共同に保持して、なるだけ相協和して生活を営むようにしたいと云うのが趣旨であった。

ただし、それは、唯一の申し合わせのみにとどめずして、むしろこの際、その財産の管理法を会社組織にした方が、将来において保持の方法に便宜であろうということからして、ついに、これを会社とすることに相談をきめたにすぎぬのであります。

このことは、従来よく私を知ってくれる友人でも、もしも誤られてはならぬと思って、懇意な向きには特に手紙をもって、こういう訳でやむを得ず会社組織にしたと書き送ってあるから、私を知ってくれる人々には十分理解せらるることと思うが、念のためここに一言を述べて事実を説明しておくのである。

実は、この会社を作るということは、私の棺を蓋《おお》った後と思ったけれども、同族たちの説では、むしろ生前にきめておいた方が、後日同族中の物議《ぶつぎ》を生ずるなどのことがなかろうというので、ついにこれを今日に発表した訳であります。

十七、第一銀行支店の開廃

朝鮮中央銀行

第一銀行の朝鮮における活動についてはすでに記したが、明治三十八年（一九〇五）三月、勅令第七十三号によって、朝鮮各地における第一銀行支店は、同国中央銀行の働きをすることになり、半島王国の金融界を支配することになった。

よって、業務遂行のため、特に三百万円をその資本と定めたが、同年十一月、日韓協約成り、統監府官制制定せられ、翌三十九年（一九〇六）五月、統監の監督に属することとなった。この月、京城支店を韓国総支店とし、その事務を分かちて、国庫部、発行部、調査部、営業部、文書課とし、越えて八月、取締役市原盛宏は総支店支配人となった。

しかるに、統監伊藤博文は、私立銀行の支店に銀行券発行の特権を附与し、一国金融の中枢機関たらしむるを喜ばず、別に韓国中央銀行を創立するを適当なりとし、明治四十一年（一九〇八）二月、その条例および第一銀行への命令案を内示した。統監が伊藤であり、第一銀行の主宰者が翁であったから、交渉も出来たが、考えてみれば無理である。

何しろ、三十年来拮据《けっきょ》（忙しく動き、骨折ること）経営の結果築き上げたものである。長き歳月を続けてきた苦心の結晶として得た幾多の特権と利益とを、にわかに奪取しようというのである。営利会社として立つ第一銀行としての苦痛はいうまでもない。普通ならばとうてい聴くべきものでない。

しかし、翁は、国家百年の大計より見て、これを容《い》るる決心をなし、第一銀行は犠牲となることを甘んじた。その間、佐々木氏など当局の強烈なる国家意識を覗《うかが》うことが出来る。かくて、交渉を重ねた末、明治四十二年（一九〇九）六月、翁と韓国度支部次官《たくしぶじかん》荒井賢太郎との間に左の覚書を交換した。

一、韓国中央銀行は株式会社第一銀行の発行に依る銀行券消却の義務を承継すること。
一、株式会社第一銀行は前項引継と同時に無償にて正貨準備を韓国中央銀行に引渡すこと。
一、保証準備発行額に就きては株式会社第一銀行は二十箇年賦にて韓国中央銀行に之を償還すること。
一、株式会社第一銀行は営業上一切の権利義務を韓国中央銀行に引継ぐこと。但其《その》の引継ぎたる債権中回収不確実のものに対しては保証の責に任ずること。
一、株式会社第一銀行は営業用地所建物を韓国中央銀行に引継ぐこと。
一、韓国中央銀行は現在使用人の総べてを引継ぎ使用すること。
一、必要ある場合は株式会社第一銀行にて一二の支店出張所を存置することを得るも、其場合は韓国中央銀行の営業の妨害とならざる様努むること。

ついで、その細目の協定を遂げ、覚書に基づく承継細則を作成した。かくのごとく、基礎の協定が成立したので、翌月、韓国政府は韓国銀行条例を公布し、その設立に関する事務を挙げて日本政府に委任し、日本政府は日本銀行総裁松尾臣善を設立委員長に、翁および荒木賢太郎など三十一名を設立委員に任命した。設立委員は定款を定め、政府の認可を得て株式の募集を了《おわ》り、十月下旬創立総会を開き、伊藤統監の主張による韓国中央銀行は成立した。今の朝鮮銀行の前身である。

このとき、業務引き継ぎのため朝鮮に赴き、総裁市原盛宏と折衝したのは、取締役日下義雄であった。第一銀行は、銀行券発行額千百八十三万余円を韓国銀行に引き渡し、その三分の二に当たる七百八十八万余円を無利息二十年賦をもって、同行に償還することとし、かつ、かつて韓国政府との間に締結した銀行券発行、国庫金取り扱い、貨幣整理に関する契約を解除した。そののち第一銀行は、京城、釜山の両支店を存置して普通銀行業務を営み、その他の支店出張所は、その事務と土地、建物、ならびに使用人とを挙げてことごとく韓国銀行に引き渡したのであった。

この粗雑な記述でも推察されるように、朝鮮における第一銀行三十年の苦心は、ほとんど何ら報いられるところなく放棄された。この儀性を政府当局において多としたことは、明治四十三年（一九一〇）一月当時の大蔵大臣桂太郎、統監曽弥荒助の連署をもってした感状によって明らかである。

其行ハ明治十一年率先シテ支店ヲ韓國ニ開設シテ以来、今日ニ至ルマテ三十有余年、日韓両国間ノ為替 幷《ならびに》 韓国内地金融業務ノ發達ニ尽力シ、兌換銀行券ノ発行、幣制整理、国庫金取扱、及公債募集等、韓国中央銀行トシテノ事務ヲ担当シ、忠実克《よ》ク其職責ヲ尽シ、以テ同国財政及経済上今日ノ発展ヲ見ルニ至レリ。又客年四月韓国銀行設立ノ計画アルヤ、其行ハ克ク其趣旨ヲ奉体シ、其特権及業務ヲ挙テ同行ニ引継クコトヲ快諾シ、今ヤ其引継事務ノ完了ヲ告ケタルヲ聞キ、韓国ニ対スル其行ノ動作ハ、公益ト誠実トヲ以テ終始一貫シ、其功労大ナルヲ認ム。尚将来其行ノ業務益隆盛ニシテ、大《おおい》ニ金融及一般経済事情ニ尽瘁セムコトヲ望ム。

中国九州への発展・松山訪問　第一銀行の支店の開廃は、自《おの》ずから同銀行の発展の状況を反映するものであって、三段に分けることが出来る。

第一期には、東北地方を主とし、次第に北陸より東海、近畿の諸地方におよんだが、やがて東北および北陸地方を撤退し、第二期には、関西方面に少しく力をそそいだのみで、もっぱら朝鮮方面に業務を拡張し、第三期には、朝鮮よりほとんど撤退して、北海道、関東、東海、近畿、中国、九州などにわたり、もっぱら内地の営業に努めたのであった。

第一期は、明治六年（一八七三）七月から明治二十九年（一八九六）九月組織改正までであって、その東北地方進出についてはすでに記したが、元来東北ならびに北陸方面の支店出張所は、地方開発のため設けたもので、そののち幾多の地方銀行が新設されたから、漸次《ぜんじ》これらの支店を廃止し、大部分を当該地方の銀行に譲渡した。仙台ならびに石巻支店は七十七銀行に、金沢支店は加州銀行に、盛岡支店は盛岡銀行に、秋田支店は秋田銀行に譲渡し、福島支店および宇都宮支店は廃止した。かくて、期末には大阪、横浜、神戸、京都、新潟、四日市、名古屋、釜山、元山、仁川、京城における支店出張所を有するのみであった。

第二期は、そののち明治四十二年(一九〇九)十一月に至るまでであって、この間に新設されたのは伏見、兵庫、新大阪町(東京)、長岡、西区(大阪)、下関、木浦、鎮南浦、群山、平壌、大邱、城津、安東県、開城、咸興、馬山、錦城の支店、出張所であった。新規開設十七ヶ所の中、十一ヶ所は朝鮮各地におけるものであった。先に記した翁の朝鮮経営時代は、第一銀行の歴史においても、また朝鮮への発展時代であった。しかるに、明治四十二年(一九〇九)、韓国銀行の創設により、朝鮮における一切の業務を同行に譲渡し、翌年二月、釜山、京城の両支店のみを残して、他の四支店、十出張所を廃止した。

かくて第三期に入り、国内の事業充実に鋭意し、まず明治四十五年(一九一二)、伏見、兵庫、西区の三出張所を支店とし、また大阪に南区支店を開き、大正元年(一九一二)九月、二十銀行を併合し、その本支店を改めて支店とし、翌年二月、山口県に長府支店を置き、同年四月、北海道銀行を買収して札幌支店を置き、越えて大正四年(一九一五)十月、広島および熊本に支店を設けた。

爾来、あるいは京都商工銀行、東海銀行を合併して、その本支店を支店となし、あるいは必要の土地に新たに支店を開き、しだいに発展して現在に至ったのであるが、翁の直接主宰した時代における支店設置は、広島および熊本が最後であった。これら二支店はその開業に当たり、特に翁が頭取としてその地に臨み、それぞれのスタートを飾ったので、この点からも特殊の意義を感ぜられる。広島支店は十月二日に、熊本支店は同月四日に、披露宴を催すこととなり、翁は渡米前ことに多忙の間を繰り合わせて西下臨席することとなった。

しかるに、かねて顧問として関係し来たった大阪市公会堂の定礎式が、同月八日挙行されることになったため、帰途これに列し、また当時熱心尽力中であった明治神宮奉賛会の寄附金勧誘を、各地において試みることとなった。これらの予定を含めて、十月一日出発、同月十一日帰京のプログラムは決まった。

ところが、出発の期迫った九月下旬、山下亀三郎氏の懇請により、途中、氏の郷里松山市を訪問することとなり、出発の期を繰り上げて九月二十九日と変更した。山下氏は、出発のときから行を共にした。

九月三十日は、「夜来の陰雨いまだはれず、慌しき雲の徂徠《そらい》(ゆきき。往来)の常ならず見ゆるに心安から」ぬものがあった。しかし、山下氏の「専門眼」より、またバロメーターにより、天候回復疑いなしとのことで、予定の通り出発した。当時神戸支店長の職にあった、今の第一銀行常務取締役杉田富氏もまた同行した。

松山市における歓迎、道後における静養は、山下氏の声望と配慮とによって、至れり尽くせりであった。かくて十月一日、移り行く瀬戸内海の佳景《かけい》ようやく夕やみにつつまれゆく頃、紅葉丸のダイニング・ルームにおける山下氏の翁に対する感謝の辞――氏のいわゆる処女テーブル・スピーチと、これに対する翁の挨拶――松山に対する感想談の応酬をもって、山下氏の請《こ》いによる四国訪問のプログラムを終わり、広島に入った。その行について、山下氏はこう追懐している。

大正四年(一九一五)、東京から神戸、尾道を経て、伊予の松山に至り、広島までお供をして帰京したことがありますが、その頃は私も四十七、八の頃で、脱線もし、茶目ぶりも発揮しましたが、常にニコニコとお笑いになって、あたかも慈父が腕白盛りの子供に対する態度で、私はその測り知れない海のような広大な雅量《がりょう》に、衷心《ちゅうしん》から感激いたしております。

松山においては、井上要という私の友人が歓迎委員長でありましたが、松山あって以来例のないほどの大歓迎をせねばならぬといって、松山城の天守閣で盛宴を張りました。そのときに、伊予農工銀行頭取であった窪田という老人が、銀行業に関する青淵先生の功労を述べ、「明治天皇陛下と渋沢男爵云々」というと、青淵先生はお起立になり、厳然として、只今のお話中に、明治天皇陛下と渋沢云々と申された点は取り消されたいといわれましたので、満座粛然といたしましたが、これなどは、いかに青淵先生が、御上《おかみ》（明治天皇）に対し奉り、いついかなる席においても、厳粛なお気持でいられたかを如実に物語るもので、一座の者は敬虔の念に打たれました。

山下氏と翁との関係は、この旅行に期せずして同行した杉田氏の紹介によって、明治三十八年（一九〇五）に会ったときから始まる。杉田氏は横浜支店に在って、当時の支店長石井健吾氏の欧米旅行中、その代理として活動していたときであった。

要件は、当時第一銀行取締役であった市原盛宏が、朝鮮総支店支配人として渡鮮するについて、かつて横浜市長の任にあったとき、後進のため整理を引き受けた北海道雄武《おうむ》の山林の跡始末をすることが出来なくなったので、代わって整理をさせようというのであった。事の意外に驚いた山下氏の答はこうであった。

私は石炭と船のことは多少知っていると申してもよいかと思われますが、外《ほか》のことは全然わかりませんから、とてもお役に立ちません。せっかくでございますが、ご辞退申し上げたいと思います。

翁は重ねていった。

そう考えるのも尤《もっと》もと思われるけれども、いったい仕事というものは、一の事に通じていれば、筋は同じものであるから、そのだいたいを常識で考え、専門に属する事柄は、働いている人の意見に委《まか》したらよろしいではありませんか。ちょうど現に従事している船のことにしても、船長としても、機関長としても、失礼ながら自信はないことと思われます。それにもかかわらず、船舶業者として成績をあげることが出来るではありませんか。

同様の主義で経営すれば、たとえ、全然門外漢であっても、山林のことが出来ない訳はないと思います。もしまた、全然方面違いの木材に手を出したという非難についての心配ならば、それはいらぬことです。その点については、明日、銀行で佐々木さんによく話し、誤解のないようにします。

これを聞いた山下氏は、感激をもって承諾し、数日を出でずして北海道に赴き、小樽木材会社の事に関係するに至った。翁との最初の会見によって引き受けた小樽木材会社の経営について、山下氏はつぶさに艱難《かんなん》（苦しみ）を嘗《な》め、ついに「死」を考えるにさえ至ったのであった。しかし、剛腹（腹がすわっていること）の氏は挫折しなかったのみでなく、試金石として感謝さえしている。

しかし、船舶業者としての輪郭を大きくし、世界的に船を動かしてみようと考えつき、今日悪戦苦闘の中にも、常に九十万トン以上を操行していけるのも、小樽木材のときの苦しい体験が、仕事の上に非常の鍛錬を与えてくれ、今日の素地を作ったと信じ、常に感謝しているような訳であります。

と、告白したことによっても明らかである。爾来の翁との関係については、種々の場合に記されたものがある。

その一々を記すを得ないからここには省き、氏の翁観を掲げておこう。

青淵先生は、非常に謙遜《けんそん》な人であるということが出来る。謙遜というものは、富士の山が高いでもなし、低いでもなし、樹木が多いでもなし、何とも形容が出来ぬと同じように、説明出来ぬものである。

しからば、何をもって青淵先生が謙遜の人であるかと申せば、先生は講演をなさるにも、テーブル・スピーチをなさるにも、座談をなさるにも、常に揉手《もみて》をしながらなされたことである。真の揉手というものは、雲のようなものであり、月のようなもので、自然の謙遜の態度が光るものである。

・広島、熊本、大阪　十月二日午前十時、広島市少壮実業家の団体たる、交魚会において講演し、正午、広島同盟銀行歓迎午餐会に臨み、夜は広島支店開設披露宴に列した。

定刻午後五時、広島市公会堂階上宴会場を開き、席定まるを待って、翁は起って挨拶をした。

第一銀行がその力を内地に用いるを主眼とすることより、今回、神戸、下関、両支店間に仲介連絡のために、一支店を必要とし、当地に支店を設くるに至りたることを述べ、さらに進んで、広島のごとく銀行の比較的多き土地に進出するは、決して無理に押し入って競争せんがためにあらざることを、きわめて婉曲《えんきょく》にまた慇懃《いんぎん》に説明したのであった。

翌三日、商業会議所と広島殖民協会連合講演会において、約四十分にわたり日米問題を説き、午後広島を発し、下関に一泊の上、翌四日午後、熊本に着いた。「旅館の室は川に面し、いとど涼しげに見えたれども、折からの暑熱には事実何の甲斐もなかりき。斜ながらに赤々と障子を染めたる太陽の光眩しく、風は全く死して、窓に近き柳条は造り物の如くにソヨともせず、汗は唯《ただ》にじみ出て気味悪かりき」と、当時の記録に記されたこの日の暑さを思い出される。

夜に入ってなお去りやらぬ暑熱の中を偕行社に赴き、階上大広間の席定まるや、翁は起って挨拶した。

「よしや、その香はさほど芳しくなくとも、また、その花はたいして美しからずとも、ともかく、厳冬の間に咲き出でた梅花にたとえることが出来ようと思います」

と述べて、幾多有力な銀行はあるが、その魁《さきがけ》をなしたのは第一銀行であったことより説き起こし、熊本に支店を置くに至ったゆえんを述べ、競争の弊《へい》を論じ、

「ときどき競争の弊について老婆心禁ずるあたわざるものがありまして、これを戒《いまし》めております。悪い競争こそ超絶を期すべきでありますが、善い競争はむしろ助成してもよかろうと考えております。この意味において、当支店は自ら勉め自《みず》から勤《はげ》む考えであります」

と結んだのであった。

翌五日、三池炭坑を視察し、六日、熊本における官民合同歓迎会に列して同地をあとにし、途中下

関に一泊ののち、七日夜、神戸につき、八日午前、大阪に入り、公会堂建設事務所を訪ね、楼上より近く聳える大鉄骨を望んでその結構を賞し、かつ、この日午後、礎石の下に埋められるはずであった鉛筐を見た。中に納められた銀板、寄附者岩本栄之助に関する記録、定款、大正四年（一九一五）略本暦、二十円、五十銭、一銭の各種硬貨、ならびに、この日発行の大阪朝日、大阪毎日、両新聞紙を順次手にして目を通し、別室において、「定礎」の二字を揮毫《きごう》した。

かくて、第一銀行大阪支店に赴いて少憩ののち、午後再び中之島に赴き公会堂定礎式に臨んだ。

礎石は花崗岩で、長さ三尺余、幅、高さ、共に二尺、建物の東南隅に吊り上げられ、その表面には、先に記した「定礎」の二字が墨痕《ぼっこん》鮮《あざ》やかに掲げられた。

午後三時、式は開始され、大麻塩水行事ののち、降神の儀があり、鉛筐《えんきょう》と銀鏝《ぎんまん》とを神前に供し、神官の祝詞《のりと》ののち、理事長土居通夫は鉛筐を受けて礎石内の穴に納め、翁は銀鏝をもって手際よくセメントを鉛筐の上に掩《おお》った。翁の鏝を置くを機会に木遣節《きやりぶし》が歌い出され、礎石はしだいに降ろされた。

翌九日、および十日を、大阪、京都に送り、明治神宮奉賛会の要務を弁じ、十一日午前、梅田をあとにしたのであった。

十八、三度太平洋を越えて

渡米の理由

大正四年（一九一五）は翁にとって、事多い年であった。

一月、東京市中の電灯統一問題について、先代森村市左衛門男爵とともに調停の労を取り、四月、渋沢同族会社を創設し、またサンフランシスコ博覧会観覧協会を組織し、五月、明治神宮造営局評議委員となり、六月、東照宮三百年祭奉賛会会長として日光における祭典に列し、また教育調査会会員として学制改革建議案を提出し、七月、日本郵船会社と東洋汽船会社との合併について尽力し、また広東水害救恤《きゅうじゅつ》のため努力し、ユー・エス・スチールのゲーリーを飛鳥山邸に迎え、十月、米価調節調査会成立に当たって副会長となり、同月下旬、七十六歳の高齢をもって渡米した。

主なるものを拾っても、これだけある。いかに、事多かりしかを察すべきである。

まず、東京市の電灯統一問題について記しておこう。東京市の電灯は、東京市電気局、および東京電灯、日本電灯両会社の供給するところで、各当事者の懇嘱により、翁は森村市左衛門男爵とともにその統一につき斡旋《あっせん》することとなり、大正三年（一九一四）十二月五日、飛鳥山邸に各当事者を招き、その意向を聴取し、翌六日、帝国ホテルに新聞界の人々を招き懇談した。席上翁は、本問題につき尽力するに至った理由を、こういっている。

自分は電灯会社に対し何ら関係なく、全然部外者であります。従って力こそ微弱でありますが、社会公益上公平無私の判断を下すに、比較的好都合の立場であります。

ただ、問題が至難でございますから、いかなる方法によって解決するかについては、大いに苦しむところでありますが、私の考えは、全般の利害より打算し、国家経済ならびに市民の利益から観て、この際、三電を統一し、これを市営とするを最も得策であろうと思っております。

ただ、実行については、諸君のご意見を聴き、諸君のご尽力に待たねばならぬところが多々ありますので、この点をご諒承くださってよろしくお願いいたします。

出席者また思うところを述べ、食後さらに協議を重ねたが、だいたい市営統一を可とし、ただ、買収条件について考慮すべく、かつ、統一後の料金は、十燭光五十銭見当を実行し得る計算を基礎とせんことを希望した。

爾来、翁は、八十島親徳を、森村は和田豊治を代表として、鋭意調停委を作成せしめ、大正四年(一九一五)一月下旬、成案を得、同月二十三日付をもって、市長阪谷男爵に提出した。

「意見書」と題するものを調停本書とし、「買収物件要目」ならびに「附属覚書」を添付したものであった。右に対し、東電は自己の主張とははなはだしき懸隔《けんかく》(かけ離れていること)あり、かつ、時機いまだ熟せずとの理由をもって、不服の意を明らかにしたるをもって、翁および森村市左衛門は、ついに一月二十七日、交渉不調を公表し、本問題から手を引き、また、阪谷男爵もまもなく市長の職を辞した。

サンフランシスコ博覧会観覧協会は、翁、中野武営、添田寿一、池田謙三などを顧問として、大正四年（一九一五）四月下旬組織されたもので、パナマ太平洋万国博覧会に対する出品、観覧に資することを目的とするものであった。けだし、当時、欧州戦乱のため、同博覧会の出品ふるわず、かつ観客も微々たるべき見込みであったので、せっかくパナマ運河開通記念として計画されたこの博覧会に気勢を添えることは、翁年来の主張たる、日米親善増進の一助たるべきを思い、熱心に主張して出来たものである。

この協会そのものの成績は、あえて特記するほどのこともなかったけれども、主張者たる翁は、ただに世人を勧誘するのみに満足せず、ついに八十歳に近き身をもって親しく渡米して、その主張を身をもって行ったことによって、意義あらしめたのであった。

かくて、翁が第三回目の渡米の途についたのは、大正四年（一九一五）十月二十三日で、出発の光景を東京朝日新聞はこう記している。

桑博（サンフランシスコ博覧会）見物の序《ついで》を以て米国東部地方を歴訪し、日米親善の為めに努力せんと云った渋沢男爵は二男武之助氏、三男正雄氏、増田秘書等を従え、二十三日午後零時半発の汽車で渡米の途に就いた。この日の東京駅は朝野各方面の名士を集めて近来の壮観を呈した。それは福徳円満の渋沢男の社会的勢力を示す一幕の芝居とも見られた。南手の八角塔の中は爪も立たぬ程の人込みである。この間には絹帽を被った痩形の高田文相や、六尺豊かの長身の久保田内務次官の姿などが際立って見えた。大臣の箔は剥げても同志会と云う大きな背景を背負って居る加藤君も、在野式の羽織袴で珍しい笑い顔を見せている。そこへ渋沢男がオーバーコートを着込んで、米国式に刈った髪と、剃り立ての髯のないニコニコした顔に三分のハイカラ振りを見せて、「ヤア今日は有難うございます」と云い云い入って来る。左から右から、前から後から、種々な頭と種々な手が出る。一歩歩む毎に見送りの群衆が犇々《ひしひし》と男を取り囲んで、我こそ御見送りの忠勤振りを御眼留めて置いて戴こうとするので、プラットホームに出るまでには可なり長い時間を要した。男と行を共にする九人の実業家と、それから横浜まで見送る人々を乗せた一等室の隣に、貸切の札を下げた同じ一等室の窓が明いたと思うと、そこから男の顔が出る。プラットホームを埋めた信心深い善男善女は、其広大な御利益にあやかろうとして、おびんづる様（釈迦の弟子の一人）のような男の頭を撫で廻す為めに寄って行く。其人々の中には、白い髯の二幅対とも見えた河野農相と板垣伯、それから菊地男、発車間際になって原六郎氏の白髪頭や、ゴム風船のように膨れた池田謙三氏なども居た。七十六歳と云えば、楽隠居気取りで孫の相手でもして暮そうと云うのが世間並なのに、老いて益壮んな男の元気な顔は、零時半の発車と共に東京から其大きな印象を消した。高千穂小学校の愛らしい生徒が五十人許り並んで、手に手に旗を振って見送ったのと、姉崎博士や救世軍の山室大佐なども見送り人に交って居たのは、男の見送り人の範囲を益押広めた一つの出来事であった。男と渡米を共にした一行は、頭本元貞氏、第一銀行副支配人野口弘毅氏、堀越善重郎氏、石川島造船所取締役横山徳次郎氏、東京栄銀行専務取締役脇田勇氏其他である。午後三時春洋丸で横浜解纜、帰朝期は年内か来春か今の処未定である。

出港以来風強く浪は高かったが、翁は元気であった。翌二十四日も動揺烈しかったが変わりなく、二十五日やや船酔いを感じたけれども、食堂は欠かさなかった。二十六日に至って波浪ようやく収まり、爾来、快晴の日が続き、翁はキャビンにあって読書に文案に、時を消した。

この間に起草された「余が今回の渡米理由」は、「大正四年十月三十一日天長節の佳辰に当たり、太平洋上春洋丸の船室に於いて」と小見出しを付けて発表された。それは、こう記されている。

余が今回の北米合衆国旅行は、主として当春来サンフランシスコに開会中のパナマ開通記念の大博覧会を参観し、同時にカリフォルニア州方面のアメリカの友人を訪ねて旧情を温め、かつ在留の邦人にも会見して、注意を与えたいと思うに過ぎぬのであるから、永く滞留はせぬつもりであるが、従来余はアメリカには各地に懇親の知人が多いから、この序《ついで》をもって東部をも巡回し、ワシントン、ニューヨーク、もしくはフィラデルフィア、ピッツバーグなどの都市に抵《いた》り、実業界、宗教界、教育界の人々にも会話して、アメリカ近来の事物の非常なる発展について、その実況を見聞して、我が国に資するところあらせたいと企望《きぼう》（ある事を企て、その達成を望むこと）するのである。

また時日と旅程とが許すならば、独りサンフランシスコのみにとどめずして、太平洋沿岸を、南はロスアンゼルス、北はシアトルなどの都市、すなわち先年、余が我が国の実業団長として渡米せし際に、種々なる款待《かんたい》を受けたる地方各知友をも訪問したいと予期している。ただし、老齢の身をもって、長途《ちょうと》の旅行をするのであって、ことに気候もおいおい寒冷に向かうから、なるべく早く切り上げて、往復二ヶ月半くらいで帰国するの考えである。

前にもいうごとく、余が今回の渡米は、政府または他の団体などより、毫《ごう》も（少しも）ある使命、または嘱託などを受けたることなく、真の自由旅行であるけれども、現に我が政治界および実業界に在る親友にして、常に日米の国交について種々尽力している多数の人々は、余がこの漫遊を衷心《ちゅうしん》より喜悦して、各方面において、最も懇篤《こんとく》なる方法をもって送別せられたのは、いかにこれらの人士がアメリカに対する交情の深厚《しんこう》なるかを証するものであると思って、余はこれに満足している。

さて、余がこの漫遊を思い立ちたる理由には、大小二個の意味が含蓄《がんちく》（深い意味を内に蔵していること）せらるるのである。しこうして、その小なるものは、単に余が一身に関する謝恩的の行動といい得《う》べく、また、その大なるものは、現下欧州の戦乱に関して、アメリカの識者に向かって、世界的の観念より余が卑見《ひけん》を陳述して、その明教《めいきょう》（立派な教え。見解）を請わんと欲するのである。

これより余は、まず、その小なるものの説明を試みるとしよう。

今を距《さ》る六十三年前、アメリカが日本の長夜の眠りを覚醒《かくせい》して、世界の仲間入りをさせてくれたのは、余が十四歳のときである。当時余は、東京に遠からぬ田舎に在って、農家の少年として、耕耘《こううん》の余暇、漢学と撃剣とを修めていたが、時勢ようやく騒然として、漢学者または撃剣家などの、余が地方に遊歴するたびに、徳川幕府の外交上の失敗を伝聞《でんぶん》して、青年ながらもときどき扼《やく》腕憤慨《わんふんがい》したこともあった。

それから十余年を経て、余は旧里を脱走して、攘夷論者の伍伴《ごはん》（なかま）に入って京都に流浪したりしたが、ある事情によりて鎖国論を変じて一橋公に仕え、公が徳川宗家を相続せしのち、その命によりフランスに留学し、親しく欧州の文物を見て大いに前説の非なるを覚《さと》り、翌年に至りて徳川幕府は倒れて、明治維新の世と変じ、余もまた帰朝して、明治政府の官吏となりたれども、余はさきに感ずるところありたるため、数年間にして官吏を固辞《こじ》し、ついに現在の身となったのである。

ゆえに余は、常に我が身の変化転々は、我が国の政変とその軌道を同じうし、しこうして、その発端は、実にアメリカ政府がペリー提督を日本に派遣して、和親通商のことを勧誘せしに起因したるものと思惟《しゆい》し、その因縁の浅からざるを感じて、爾来、日米国交につきては、自己の利害を顧みず、報謝的に専心尽力し来たった。

想うに、余の微力短才、何らの効果を見るを得ざるはもとより、そのはずのことなれども、成敗は余の期するところにあらず、ただ自己所信を貫くまでにして、いわゆる斃而已矣《たおれてのちやむ》（命あるかぎりやること）に安んずるのである。

それゆえに、余は我が国とアメリカとの国交上については、平素これに注意して、その友誼《ゆうぎ》親善なるを見て喜悦しおりしが、明治三十八、九年頃より、カリフォルニア州における我が国の移民に対する処置に差別的のことあるは、余が衷心安んぜざるところにして、爾後、余は深くこれを憂慮し、日米間の同志の人士とともに、その解決に努力しおるのである。

明治四十二年（一九〇九）、余が渡米実業団長としてアメリカに渡航し、多数の人士に会見して衷情を吐露し、両国民の情意の融和を図りしも、これが解決を望むためであった。また、今回のサンフランシスコ大博覧会における日本よりの出品も、一昨年カリフォルニア州に土地法の制定ありしより、我が国の官民間に幾分躊躇するところありしを、余は切にその出品を慫慂《しょうよう》して、いささか該会に貢献したと思う。

右の事情であるから、今回その会場を参観して実況を視察するは、余の歓喜に堪えぬ次第である。これ、余の心が余の老軀をして、この行を決せしめたゆえんである。

さらに、他の大なる一個の理由は、昨年以来ヨーロッパに勃発したる大戦乱である。

余の想像をもってすれば、この戦争の起因は、ある強大国の威力を全世界に逞《たくまし》うせんとする驕《きょう》暴心《ぼうしん》より発して、ここにおよびたるものといわざるを得ぬのであった。社会の不幸、真に名状すべからざるものである。

かつて余は中国の書を読んで、「弱の肉は強の食」という古語について、深くその人道に悖《もと》るを慨《がい》し、また青年のときフランスにて、「強い者の申し分は常に優者となる」という俚諺《りげん》を聞いて、当時文明をもって欧州に誇れるフランスにも、なおこの言あるを憂い、そののち我が国における明治十年（一八七七）国内戦争に当たりて、「勝てば官軍、負くれば賊軍」という俗曲に心を痛めたが、つまり、中国の古言もフランスの俚諺も日本の俗曲も、みな強者にのみ利益ある悖徳《はいとく》（道徳にもとり背くこと）不義の比喩なれば、吾人《ごじん》いやしくも道徳仁義をもって世界の文運を発展せんことを期する者は、勉めてこの没理の妄言暴行を禁遏《きんあつ》（押しとどめて止めさせること）せねばならぬ。

現にヨーロッパの戦局に対して、アメリカの学者間には種々その意見を発表せられおるのであろう。余の知るところにても、ピッツバーク市のS・H・チツヤ氏のアメリカ国民の欧州戦争観、またエール大学教授ラッド博士の倫理上の中立問題を一覧しても、吾人の意見と符節を合するごとくである。

ゆえに余は思う。この惨憺たる欧州の戦雲を掃攘《そうじょう》（はらい除くこと）して、恵風和暢《けいふうわちょう》、靄然《あいぜん》たる春日《しゅんじつ》の光を観ることを得るのは、アメリカ固有の正義人道を重んずる雄大の力に待たざるべからずと同時に、また東洋の平和を維持してよくその常軌を逸せしめざるは、我が日本の任ずべきものである。

しかるに、この大任ある両国間に、前段に述べたるごとき国交上の未了案件あるは、余の憂苦おくあたわざるところである。これすなわち、余が老軀を提《かか》げてこの旅行をなし、アメリカの識者に向かって問わんと欲する要点である。

要するに余は、これを小にしては自己の謝恩的の行動とし、また、これを大にしては世界の戦乱の善後策を講ずるために、この旅行を思い立ったのであるから、その大小の懸隔《けんかく》（へだたり、離れていること）は、いわゆる蒼海《そうかい》の一粟《いちぞく》（広大なものの中の、極めて小さいもの）であるけれども、世界の平和を愛する真情においては、彼此軒輊《ひしけんち》（優劣。軽重）なきものと思う。

かつて、余が親友のアメリカ人シドニー・ギューリック氏は、その著述せる一冊子に題して、氏が日米問題の解決を無声の声をもって神より命ぜられたといわれたが、余もまた、これに倣《なら》って、他人もし余が渡米の原因を問わば、平生尊信《へいぜいそんしん》する孔夫子《こうふうし》の教示にしたがい、天の使命を受けたりと答えんと欲するのである。

所感

総理大臣閣下、満場の閣下、諸君、昨年の十月、私がアメリカに旅行をいたしましたことが、はからずも政治界、実業界のお認めくださるところとなって、今夕、しかも大隈総理大臣の官邸において、かく政治家、実業家諸君、多数のお打ち揃いのところで、この旅行談を申し上げるということは、ほとんど望外といおうか、実に夢想だもせぬことで、私一身の名誉余りありて、かえって恐縮いたす次第でございます。

元来私がアメリカ旅行を思い立ちましたのは、昨年の春の頃と思いますが、今日もご出席になっております中野武営君が、東京商業会議所の会頭として、私にサンフランシスコ博覧会見物のため、アメリカへ旅行したらよろしかろうという勧誘がございました。この話は畢竟、サンフランシスコの博覧会を日本の実業界でも注目しているということを、アメリカ人へ知らしめたいという意念《いねん》（おもい。意識）から起こったのであります。

また、明治四十二年（一九〇九）にアメリカの商工業者から、近ごろ稀《まれ》に見るところの方法をもって、我が実業界の多人数を招いてくれましたが、けだし、その目的は、日米両国の親善にあって、しこうして、その結果が有効であったか、なかったかは知りませぬ。いずれにせよ、それなりで謝辞も述べぬというのは、私においても少し物足らぬように感じておりました。ゆえに、いささか時候おくれの挨拶ではありますけれども、一度参って各地方の主だった人々に、ありがたかったというは、相当の礼儀ではなかろうか。

つまり、それらがアメリカ旅行をなすに至った主なる理由でございました。ただし、私がそういう位地に立つべき身柄であるか、また、立たねばならぬのであろうかということを、自問自答して、はなはだ迷っておりました。

しかるに、八月のはじめに至って、旅行したがよろしかろうと思い定めた理由というは、サンフランシスコにおいて、アメリカ側の人々から、日米の関係について随時協議をするところの一会を組織しようという一案が生じた。それは余り多数の人でなく、二十名ないし二十五名くらいで、そうして、その会員の資格は、官といわず民といわず、政治家も学者も実業家も打ち混じたる一会としたい。

同時に、日本においても、同様の組織をもって一会を起こし、この両会が互いにその意見を交換し、常に両国間の事物に注意して綿密にこれを調査講究し、ときには双方より人を往来せしめて、情意を疏通し、万一両国間に事ある場合には、十分にその事情を審査して、意見を討議確定し、適当と思う場合にはこれを世間にも発表しよう。

ただし、アメリカ側と日本側との意見に相違あるときには、なるべくこれを協商《きょうしょう》（協議して取りはからうこと）し、もしも一致せざることあるも、これを捨て置かず、各是と信ずるところによって行動しよう。

かかる趣意をもってサンフランシスコに一会を起こしたいが、日本にも同様の設立を企望《きぼう》するという照会が、その筋にあったと聞きまして、私は至極《しごく》よろしい方法と思いました。

適当なる人々によって、サンフランシスコにそういう組織が出来るならば、それと相応《ふさわ》しい一会を東京にも組み立てて、相《あい》ともに意見を交換し、ある場合には、彼が是とするところを我は非とすることもあるかも知れませぬが、各自公平無私の心をもって相論じ、その一致した意見をもって、双方の当局または社会に向かって、これを発表するということは、すこぶる有益であろうと考えましたから、勉めてこれを成立せしめたいと思いました。

しかし、それとても、私が主として設立に任ぜなければならぬというようには、思いませなんだけれども、従来の行きがかりより、烏滸《おこ》がましくも自《みず》から進んでこれらのことに参加しておりますため、すでに両国の親善に有益なりと思う以上は、自身かの地に参って、サンフランシスコの諸君の考案もよく聞いてみたいと思いました。

さりながら、言語も通ぜず、学問もなく、力も微弱であるところのこの老衰の身体をもって、何ら得るところはなかろうということは、かねての覚悟でありましたが、せめてはこの老婆心がアメリカ各地の人々に通じて、奇特なものだと思われるだけでも、まんざら無駄でもなかろうという心得で発足したのでありますから、かの地における旅行の経過《けいか》（なりゆき）が、たとえ有効と申し上げられぬまでも、自分としては決して不足とは思いませぬ。もし、はたして、総理大臣の仰せのごとく、いささかたりとも効果ありとせば、それは望外の幸せでございます。

サンフランシスコへ着したのは、十一月の八日の夜でございました。翌九日には、まずサンフランシスコ博覧会見物に一日を費やし、十日は、はるかに本邦の御大典を奉祝するために、その用務で終日奔走しました。

十一日には、前に申し上げました、サンフランシスコに設立されたる日米関係委員という一団体の評議会が、商業会議所で催されました。

当日、会同したアメリカ人の名前は、ことごとく記録してまいりましたが、ハワイにおける砂糖業を盛大に経営しているアレキサンダー氏が座長で、商業会議所会頭モーア氏、博覧会社副総裁ヘール氏、カリフォルニア州大学総長のホイラー氏、それから、キャプテン・ダラー氏、シアトル市より来合せしローマン氏、ガイ博士など、都合十九名の集会でありました。これに、私をはじめ日本人が六名であったと思います。

この日の集会は、つまり、サンフランシスコの人々から、日米関係委員会を造ることが必要だと思って、当地ではその相談が略熟しているが、日本においても同意し得るや、はたして同意ならば東京にも同様のものを組織するか、しこうして、この委員会は、つまり、カリフォルニア州に関する日米関係のことが主となると思うについては、現在のカリフォルニア州移民に関して日本国民の世論《よろん》はどの辺にあるか。また渋沢の希望するところはいずれにあるか。

アメリカ人の考案も腹蔵なくいうがよろしいと思うけれども、日本側の希望もなるだけ詳知《しょうち》して、相互の間にこういう意見があるという要点を知って、その解決を企図するようにしたい。しこうして、今日の一会は、双方の意志交換会といってよろしかろうと思うということで、来会アメリカ人にもだんだんその意見を述べる人がございました。

結局、私にも腹蔵のない意見を陳述せよということになりましたから、私はその席において、遠慮なく愚見を申し述べたのでございます。ただし、日本の世論として、ここに陳述することは出来ぬ。つまり、渋沢の意見を述べるより外《ほか》ないのである。

自己の想像上より、日本の多数の意見はかようであろうと信ずるところを申すのである。他日あるいは多きを望む人もあろう。それによりて私の意見の相違といってくださるな。私は今日自己の信ずるところを申すのである。

しこうして、私自身にはこれを世論と思うけれども、屹度《きっと》確かめるということははなはだ難しいことであるから、それだけはよくご了解くださいという前提をもって、カリフォルニア州移民についての問題を論じました。

元来、この移民に対して、カリフォルニア州の人々が迷惑を感じるということは、我々、はなはだ了解に苦しむ。また現にアメリカにある日本移民に対して、ヨーロッパ人の待遇と差別をするということは、どうしても日本人としては耐え難《がた》いことである。

日本はアメリカの勧誘によって、世界に顔を出したという深い縁故がある。しこうして、アメリカはあくまでも正義人道を重んじて、世界の人民を一様に待遇するをもって主義としている。しかるに、今日、カリフォルニア州方面において、経済上の関係から、日本より移民する労働者を排斥し、これに差別待遇をするということは、我々の真に了解し得ぬ点がある。

日本国民の多数は、アメリカを尊敬している。そのアメリカは、建国以来、常に道理を重んじ仁義を貴ぶ国である。この道義に明るい国民が、縁故深い日本移民に対して、かく不公平の処置に出るかと考えると、いきおい不平をいわざるを得ぬ。すなわち、差別的待遇に対して日本国民はどうも満足出来ぬ、同意を表しかねるということを、よく理解してもらいたい。

さりながら、日本人は、常に忠恕《ちゅうじょ》（まごころと思いやり）の心掛けありて、他人の迷惑をかまわぬというような無情の国民ではありませぬ。また、国の法律制度には服従する人民であります。ゆえに、現に移住している同胞中に、アメリカの風習に同化せぬ者があるとか、もしくは迷惑になるというようなことについては、勉《つと》めてその匡正《きょうせい》に尽力している。

また、日本政府は、両国間に成り立ったところの紳士協約というものを、固く守っていると同時に、国民においても、その希望はともかくも、いわゆる国法には十分に従わなければならないと思っている。ゆえに、今日のところでは、もはや、移民問題は過去となったといってもよい。しかるに、現在の移住民に向かって、なお差別的待遇を加えるということは、我々は不快に感ぜざるを得ぬのであります。

要するに、我々日本人は、アメリカの迷惑はかまわぬなどという考えは、微塵《みじん》もない。また、我が政府の定めたる法令には、完全に服従しなければならぬと思っている。ただ、現在の移民が、アメリカ人たり得る人はもちろん、よしや、アメリカ人となり得ぬ人々に対しても、ヨーロッパ移民と同じ待遇をせらるることを希望するのである。

これが、私のアメリカの御人に対して希望する、要旨であるということを申し述べました。

この演説に対しては、経済問題として他の移民との関係上、地方的に生ずる処置であるから、日本人が余りに苦情をいってくれては困るという、弁解的の意見を述べた人はあったが、私の説に全然同意とはいわぬまでも、我々は反対だという駁撃《ばくげき》的の議論は聞こえませぬでした。

カリフォルニア州大学総長ホイラー氏などは、何も意見は述べませぬ。また、商業会議所会頭モーア氏は、私の演説に同意を表されました。ガイ博士は、かつて日本に学校を立てたこともあって、日本の国情に通じた人であるから、全然同意と申されました。

その他二、三の人々も各その意見を述べましたが、これは討論会ではない。いわゆる意志の交換会でありましたから、二時間余りで打ち切りました。

これで、双方の大趣意は分かったから、アメリカ側ではこの手続きをもって、委員会を成立しようということになり、日本でも同様のものを組織し、おいおいに生じてくる問題ごとに、双方の意見を交換することとなし、なお詳細の手続きは私が東部を巡回して、再びサンフランシスコに帰ってきたときに取り極めるとして、それから午餐会となったのであります。

それから続いて申し上げますのは、翌十二日に、博覧会会場において特に私に対する午餐会がありましたことであります。今夕ご出席の山脇君も当日その宴席に出席されましたが、元来私はこの博覧会へ日本人が来て参観したという声を高めたいと思っておりましたのに、先方もそれに応ずるような方法で、会場において盛宴を張って、参観した私に会社の総裁より謝礼の演説をされたのであります。

このときのモーア氏の言葉は、私に対しても種々なる誉め言葉がありましたが、より以上、日本に対して謝意を表されました。つまり、この博覧会がかくのごとく成功したのも、日本が参加してくれたということが、与《あずか》って力がある。これは衷心からそう思っているといって、よほど深《しん》厚《こう》の意味をもって謝辞を述べました。

このことについては、山脇君から必ず当局に申し上げたと思いますから、私が喋々《ちょうちょう》（多くを話すこと）するは、無用に属しますが、総裁の演説中、この博覧会へ日本から出品するというについて、種々の説があったということであるが、渋沢君は最初から出品の賛成者の一人であったとのことである。

しこうして、今日あるをいたしたのは、実にこの博覧会としては、日本政府に対し日本国民に対して、厚く謝意を表するとともに、今日参観された渋沢君に対しても謝意を述べる必要があり、かくするのは私の愉快とするところであるとまで申されました。ゆえに、当初から博覧会に対して、今回の旅行を勧誘された中野会頭のお言葉は、それほどの価値あるものと見られたか否かは分かりませぬけれども、この博覧会会場のおいて、その局に当たる者から、前《さき》に述べたるごとき謝辞を受けましては、いささかながらその効ありと申し上げてよろしかろうと思います。

さらに一つ申し上げたいことは、博覧会を機会として、労働組合の大会がサンフランシスコに開かれました。

このことについては、昨年の春、シェラー・マシウス、シドニー・ギューリックという両博士が、宗教家の代表としてアメリカより日本に参られまして、そのときにギューリック博士は、日本から労働者の代表者をサンフランシスコに開かるる大会に臨席するようにしたならば、労働者間の情意が融和してくるだろう。労働者の情意が融和すれば、自然と根本の解決が出来て、カリフォルニア州の移民問題がなくなるであろうと思う。ゆえに、労働大会に日本より誰か参列させたいものである。

しかし、せっかく出張しても、その大会で受けぬようでは困ると思ったから、サンフランシスコ方面の幹事たるシャーレンベルグという人と相談しておいた。同氏の意見は、日本から正当の手続きにて来たら受けてやろうということであったから、ぜひ日本からも代表者を出したいものだという、ギューリック博士の意見でありましたが、同博士の推薦で、友愛会の会長鈴木文治および同会の幹事吉松貞弥の両氏が、七月頃アメリカへ立って行きました。ただサンフランシスコに開かれる大会は、十一月でありますけれども、その前にアメリカの各地を巡遊し、幾分の調べもしたいというので、両人は早く立ってまいったのであります。

このことは、あえて、私の主として関係したる仕事ではございませぬけれども、幸いにこの労働大会に両人が出席するを得て、日本の労働者はこういうものだと認められたならば、相互の情意が融和するだろうと思いましたから、どうぞ都合よくゆけかしと、心ひそかに希望しておりました。

私は先にも申し上げた通り、十一月八日サンフランシスコに到着しましたが、折から、アメリカ労働党の首領たるワシントンのゴンパースという人が、労働大会に出席のためにサンフランシスコへ参りました。

恰好の機会であるから、これらの人々と私が会見したがよろしかろうというので、かの地でポテト・キングといわれている牛島謹爾氏が主催者となり、そのゴンパース氏およびシャーレンベルグ氏、鈴木、吉松両氏などを案内して晩餐会を開き、私もその席へ出席しました。

その席において私は、ゴンパース氏と相接近して、アメリカにおける労働組合はいかなる順序から起こったか、現にいかなる運びをなしているか、労働者と資本家との関係はいかがであるか、また、この労働者の処置について、日本では今日工場法を制定しつつあるということを種々質問談論して、腹蔵なき意見を取りかわせてみました。

このゴンパース氏というのは、七十に近い老人で、元来労働者で、今も労働者と称しておりますが、しかしアメリカ労働組合の総長として相当の報酬を受けておりますから、立派な紳士たる位置を保っているのでございます。かつ、だんだんと談話してみると、立派な学問をした人ではないようでありますが、資本と労働の関係はかようである、また労働者自身はいかに考えなければならぬなどという論理は、まったく学者の論ずるところ、政治家の考えるところと余り違いはないだけの知識も持っており、論理もちゃんと立っているので、アメリカの労働者は見上げたものだと私は感じました。

日本にも、労働者であれくらいに事柄を理解しているものが、あるいはあるかも知れませぬが、日本では学問の仕組の違うのかして、まったく学問なくして成り立った人は、たとえば定石《じょうせき》を稽古せぬ碁のようなもので、その処置は巧妙であるけれども、何となく、筋が起たぬというきらいがあるように見えます。しかるに、アメリカの、無学といっては悪いが、本式の学問をせぬ、いわゆる帝国大学を卒業せずに成り立った人は、偉くなればなるほど、帝国大学の大学者と違わぬような意見を述べるのである。

これはどういう訳でありましょうか。

ゴンパース氏との意見が、幾分か効能があったように思いましたのは、初め彼は私に遇うのをよほどいやであったと見えて、八時半から前約があるから長い話は困るといっておりました。しかるに、私と談話をしているうちに、もう九時になっても十時になっても、なかなか帰らぬという有様で、ついには自ら立って食卓演説をして、しきりに愉快そうに見えましたが、これは何でも私のことをアメリカでは大富豪と間違えている、日本のモルガンなどといっている。

右などのことから、ゴンパース氏は、金持ちは何でもワガママなものだと、見ずに嫌っておったところが、少しく見当違いで、やはり自分たちの情意をよく酌み取ってくれると思われたか、そこは私のうぬぼれかも知れませぬが、何にいたせ、初めは拠《よんどころ》なく遇《あ》うというような態度であったが、だんだん話す間に、イヤこれも人間だ、そう筋の分からぬものではないというくらいに、相互に思い合うというような次第でありました。

しこうして、そのことに多少の関係をもってか、鈴木文治、吉松貞弥の両人は、都合よく労働大会の正会員となり、相当の待遇を受けるようになったのであります。

十一月十五日に、サンフランシスコを出立して北部の方へまいりました。

オレゴン州ではポートランド市、またワシントン州ではシアトル市を訪問いたしました。

ポートランド市では、先年渡米実業団長として参ったときに、クラークという人に種々親切なる待遇を承けましたから、同氏に面会して謝意を述べましたが、時間がなかったために、午前八時頃に朝飯の饗応《きょうおう》を受けて、すぐ出立するというような有様でありました。

大正五年（一九一六）一月二十六日開催された、大隈首相主催の翁の帰朝歓迎会における、翁の談話を要約したものである。説き来たり説き去る、その一つ一つについて記すべきことがないではないが、今はこれを措《お》き、クラーク主催の朝餐会のことを記しておこう。

近頃、後藤農相の朝餐会が問題にされたことがあるが、その朝餐会が大正四年（一九一五）、すでにクラークによって翁を主賓として試みられたことを思うと愉快である。当時の記録に、「けだし、早朝七時頃の饗応および演説の交換は、世界を通じて今回のクラーク氏饗応が嚆矢《こうし》にして、また最終ならんと思われたり」と註してある。朝の遅い欧米人には、けだし空前絶後であろう。しかし、早起きの国日本では、精励恪勤《かくごん》（おこたらず勤めること）の少壮大臣後藤文夫氏によって実行されたのであった。

翁の談話に帰る。

シアトル市では、ローマン氏、ブレイン氏、前判事バーク氏、トリート氏などいう人々が、先年も我が物のごとくに、実業団を世話してくれまして、実にいたらざるところなく懇切《こんせつ》を尽くしてくれたのであります。

これらに対して、厚く礼をいわなければならぬと思って、当時の一同を代表してよく謝意を申し述べましたが、御礼をいうと、また御馳走になるから、とうてい際限のないことであるといって、主客一同大笑いをしました。

それから、シカゴへ参る間は、ちょうど三昼夜でありますが、その途中、四ヶ所か五ヶ所の停車場に、その地方在留の同胞が私の旅行を聞き、旅情を慰めて一言の謝辞を述べるというので、菊の花の数枝、あるいは林檎《りんご》などを袋へ入れて来訪してくれました。それも、夜寒い時分に、子供などを連れてきて、私を送迎してくれましたが、私は真にその熱情に感じて暗涙《あんるい》（人知れず流す涙。

心の中で泣く涙）を催しました。

シカゴにおける行動は、特に申し上げることはございませぬ。……ピッツバーグ市、フィラデルフィア市などにては、他日日本に開くことになっている、日曜学校の世界大会のことについて、ハインツ氏およびワナメーカー氏に会見しました。

このハインツ氏は、一昨々年、日曜学校のことについて、ヨーロッパへ行く途中日本へ参りまして、大隈伯爵の御邸へもまかり出ました。さて、右の両氏に会見しましてから、私が一種異様に感じたのは、このハインツ氏の業体はすこぶる通俗的である。蔬菜《そさい》果物などの缶詰業を経営している。

また、ワナメーカー氏は、デパートメント・ストアの主人であって、いずれも有名な人々であるが、両氏ともに平素哲学的素養のあることも聞きませぬが、日曜学校については熱心に骨を折っている。

ゆえに、外見からは何だか、一つの名聞《みょうもん》（世間の評判。名誉）にして、商売の助けにするのではないかと邪推《じゃすい》されるようであるが、だんだん様子を見ると、この両氏の精神というものは真に敬服の至りで、まったく日曜学校については宗教家以上の信念をもって尽力しているのであります。

私は我が国における次回大会の際、大勢の会員に来られては、その接待に困ると思います。ゆえに、余り多数の人が来ぬようにしてもらいたい。また、大船の傭入《ようにゅう》（やとい入れ）が出来ぬと、陸上のみでは、宿泊に困る。ことに、アメリカの婦人たちはずいぶんわがままであるから、そのわがままは諸君が慰撫《いぶ》してくれなくてはならぬ。準備不十分でこちらに手落ちがあっても、なるだけ諒恕《りょうじょ》（事情を思いやってゆるすこと）して苦情不平はいわぬようにしてもらいたい、といいましたら、両氏もすこぶる熱心でありますから、それしきのことはどうでもよろしいが、まず第一に、貴下がこれに関係する真意はいかん、という質問を起こされました。

そこで、私の答えますには、自分は耶蘇《ヤソ》教も仏教も奉ぜぬゆえに、宗教上からの信念ではないが、しかし、人は、自己のためにのみ生くべきものではないということは、東洋哲学で深く感じている。その点については、耶蘇教の趣旨とほとんど同一であろうと思うという話をしました。

この談話からして、いわゆる精神相感《そうかん》とでも申しましょうか、両老人ともに愉快なる会話をしました。

ボストン市に参りましては、エリオット博士に面会しました。博士は、大隈伯爵とは別して御懇親の間柄で、現に各方面において、相当なる尊敬を受けている人であります。

そのときに私は、こういうことを申しました。アメリカの東部に参って見ると、欧州の戦乱はアメリカに無上の幸福を与えているようである。この商工業の繁盛は、いつまで続くか知れぬように思われるが、この結果アメリカは他に発展するようになるであろう。大いにその力を他方に伸ばすようになるは、必然の理である。

しこうして、その伸ばす方面は中国であろうと思うが、日本も従来中国に向かって相当なる力を尽くしている。この間に競争もしくは衝突というものが、起こりはしないかということを恐れる。貴下はいかにお考えなさるか。

私は大いに憂うるから、ニューヨークへ行ったら実業界の人々と、このことについて論じようと思うが、貴下は政治家であり学者であるが、その位地から、私のこの考えに対してはどうご判断くださるかというと、博士は、尤《もっと》もだ、実にそれは正当なお考えだと思う。これから私も、もしアメリカの商工業者に会見の機会があったら、務めて注意を与えるようにしましょうといってくれました。エリオット博士との談話は、まずこれまででございます。

ニューヨークへは、十一月の三十日に到着して、十二月四日までおりました。この五日の間に、十一月三十日の夜は日本倶楽部の会合でありました。

二日目は、高峰博士が、ニューヨークの主立った政治家、学者、実業家を会して、私のために盛大なる宴会を開いてくれました。

三日目は、正金銀行の一宮鈴太郎氏が午餐会を開いてくれた。その会には、金融界の人々が、二十人余り会合いたしました。このときにおいて、欧州の戦乱より受けるアメリカの金融界、また商工業界の繁昌のことを当事者に質問してみましたが、今その数字を挙げて申し上げることは出来ませぬけれども、私の前に想像した通りの有様でございます。この夜は、また日本協会の主催で、大宴会とレセプションとが開催されまして、来会者男女六、七百名を算し、すこぶる盛会でありました。

四日目には、ルーズベルト氏が午餐会に招くということで、オイスター・ベイなる同氏の居宅に参りました。当日は、賓主八人ばかりの小午餐会でございましたが、氏は率直に自分の意見を述べました。第一に、朝鮮の総督の政策がすこぶるよろしい。ちょうど始政五年の報告書を見たが、日本は海外の植民については十分な経験はないように思ったが、思いのほか上手におやりなさるといって、大いに称讃しておりました。

それから、日支問題についていかなる意見を持っておらるるかと思って、無遠慮に問いを発して、アメリカの政治家にはだいぶ不平があるか知らぬが、私は政治家でないからご心配なく貴案をお示しくださいといって、その意見を叩いてみましたが、氏は答えて、このことは込み入った事柄であるから、卒爾《そつじ》（にわかに。軽率なさま）にすぐ答は出来ない。しかし、私はこういうことをいう。

東洋の平和を維持する盟主は、日本である。日本の政治家も国民もだいたい自覚していると思う。また、西洋人もそのように承認している。少なくとも私は、そう思っているから、この見地にいるものと解釈したら、中国に関する意見も了解し得るであろうという答でありました。

カリフォルニア州移民に対しては、これから移民を送るということには反対するという意味をもって話されましたが、帰化権の問題について問いましたら、それは自分はとっくに熱心に賛成し、先に大統領の職にありたる際、国会に教書を発して、日本人に帰化権を与えるの至当なることを勧告したと申しておりました。

先年、私が渡米の際、氏は大統領の職に在って、ワシントンのホワイトハウスで謁見しましたときに、開口一番、日本の美術と軍隊とを誉めておりましたから、私は揶揄《やゆ》的に、閣下は日本の美術と軍隊をお誉めくださるが、私は銀行業者だから、実業家である。実業については、次回に参上したときに、お誉め言葉を戴くようにいたしたく思いますと申したら、氏は大いに笑っておられました。

よって、その話を持ち出して、十三年前ワシントンにてお目にかかったときに、閣下は日本の美術と軍隊とをお誉めくださったから、私は、この場合はまだ日本の実業家はお誉め言葉は戴き得ぬと思うが、この次にお目にかかるときには誉めて戴きたいものであると申したが、今日も誉めて戴く訳にいかぬのを遺憾としますと申しましたら、彼は先年のことをよく覚えておりまして、イヤ今日は十分お誉め申すから、そう御承知ください、といって笑っておりました。

しかし、これは真実誉めたのか、あるいは申し訳に褒めたのか分かりませぬから、実業家諸君は余り誉められたとご自慢くださらぬように願います。

その翌日は、ニューヨークの大銀行家ヴァンダーリップ氏に面会いたしました。これも、午餐会を開くからといって招かれたのでございます。同行者は、日本銀行の浜岡五雄《いつお》氏、今西兼二氏、頭本氏などで、郊外なる同氏の宅で、ゆるゆると談話をいたしました。

そのときに、氏もよほど懇切に私を款待《かんたい》され、私の申すことには、同氏はだいたいは同意のようでありました。

けれども、氏は今回組み立てたインターナショナル・コーポレーションで、戦後欧州における国債整理の際、大いに活動をなし、かつ、南米および中国に向かって十分に発展しようという考えを持っておられて、私が日米商工業者の中国方面における競争衝突を避くるため、なるべく日米共同の仕事をしなければならぬ、アメリカ人は日本と一緒にやらねば不利益だといったのに対しては、全然同意といわれない。

かつ、氏の話の中にこういう問いがございました。

それは、中国人は日本人に反感を有すると聞くが、はたしてそうかと申すのでした。

そこで、私は、まず中国人の現状を詳述し、かつ、日米共同といっても、私の企望《きぼう》（企ての達成を望むこと）するところは決して漠然たるものではない。

現在、アメリカ人と日本人と力を合せて経営している事業が、着々都合よろしく進行している。たとえば、東京における芝浦の製作所、また、川崎の電気会社にしてもそうである。

朝鮮に成立している鉱業会社も同様で、日本のアメリカと共同している会社事業は着々進行している。ゆえに、日米共同の事業はすでに事実において在るので、想像上の空論ではない。

日米人がお互いに、新しき精神をもって相恕《あいじょ》するの心より共同してやろうと思えば、双方の長所をよろしく利用することは必ず出来ようと思う。もしも、これに反して両方にて自己の満足を謀《はか》るならば、必ずその結果は競争になろうと思う。

私は、それがはなはだ懸念であると、丁寧に反覆して申しましたが、同氏もだいたいには同様のようでありました。ぜひ今年は東洋視察に行くと申しておりましたが、はたして参りますか、そこはまだ分かりませぬけれども、この愚見は、独りヴァンダーリップ氏にのみ申したのではありませぬ。ゼネラル・エレクトリック会社のコッフィン氏、その他の諸氏にも申しました。

ワシントンに参りましても、多数の人から款待《かんたい》を承けました。我が駐在大使珍田子爵の厚意によって、幸いに大統領ウイルソン閣下にお目にかかりました。

これは、ただ、謁見にすぎませぬが、そのとき大統領は、国際病院の建設について、帝室から御下賜金《ごかしきん》のあったこと、また実業家の寄附金についても、ひどく喜ばれ、厚い謝意を述べられました。かつ、主任者たるトイスラー氏が、今ニューヨークでそのことに奔走しておらるるから、そのうち当地へ来たら、なお心添えしてせいぜい寄附金を取り纏《まと》めるようにするが、再び日本へ行って世話になるだろうといわれました。

ことに、私がしばしばアメリカに旅行したことを喜んで、古語に、旅人の足跡はその国境を踏みならすといっているといわれたから、私は、自己の足跡にて日米の境界を踏み消したく希望しますと申しましたが、これがまず、談話の要点でございます。

ウイルソンと会して、この記念すべき談話を交《かわ》した翁は、ワシントンの墓にも詣でた。マウントバーノンに遊んだのは、十二月六日であったが、深き感慨を催して、七絶二首を賦《ふ》した。

国初大憲燦明章　国初《こくしょ》の大憲《たいけん》、明章燦《めいしょうさん》とし、
鉄石心兼錦繍腸　鉄石《てっせき》の心《しん》は、錦繍《きんしゅう》の腸《ちょう》を兼《かね》たり。
民衆到今懐旧徳　民衆《みんしゅう》、今《いま》に到《いた》るも旧徳《きゅうとく》を懐《おも》い、
古墳無樹不甘棠　古墳《こふん》、樹《じゅ》として甘棠《かんとう》ならざるは無《な》し。

＊鉄石心腸《てっせきしんちょう》……鉄や石のようにかたく、他から動かされない精神。
＊古墳《こふん》……ジョージ・ワシントンの墓の意。
＊甘棠《かんとう》（之愛《のあい》）……立派な政治を行う人への敬愛の情。

連邦随処足観光
来弔英魂感更長
霊域不関都市熱
茅茨風冷鎖斜陽

連邦《れんぽう》、随処《ずいしょ》に観光《かんこう》に足《た》り、
来《きた》りて英魂《えいこん》を弔《とむら》い、感《かん》、更《さら》に長《なが》し。
霊域《れいいき》は関《かん》せず、都市《とし》の熱《ねつ》、
茅茨《ぼうし》、風冷《かぜひや》やかにして斜陽《しゃよう》を鎖《とざ》す。

＊茅茨《ぼうし》……①屋根をふく材料のちがやと、いばら。
②粗末なあばら屋。

ワシントンを後にしてからは、詩趣しきりに湧いたことが察せられるが、ロスアンゼルスにつく前、一詩を得た。

雨歇峰巒未現嶺
野花夾路地生烟
扶疎緑樹潺湲水
描出郷園四月天

雨歇《あめや》み、峰巒《ほうらん》、未《いま》だ嶺《れい》を現《あらわ》さず、
野花《やか》、路《みち》を夾《はさ》んで、地《ち》、烟《けむり》を生《しょう》ず。
扶疎《ふそ》なる緑樹《りょくじゅ》、潺湲《せんかん》の水《みず》、
描出《びょうしゅつ》す、郷園《きょうえん》の四月《しがつ》の天《てん》を。

＊峰巒《ほうらん》……山のみね。
＊扶疎《ふそ》……木の枝が茂って、四方に広がるさま。
＊潺湲《せんかん》……さらさらと流れるさま。

サンフランシスコに着き、転じて牛島謹爾の別天地園に招かれた十二月二十五日にも、二絶（二つの七言絶句）を得ている。

未将心事委行雲
老去尚期解世紛
船入金門波浪穏
別天園裏又尋君

未《いま》だ心事《しんじ》を将《もち》て、行雲《こううん》に委《まか》せず、
老去《ろうきょ》、尚《なお》、世紛《せふん》を解《と》かんことを期《き》す。
船《ふね》は金門《きんもん》に入《い》り、波浪《はろう》穏《おだや》かにして、
別天園裏《べってんえんり》、又《また》、君《きみ》を尋《たず》ねん。

＊老去《ろうきょ》……年をとって老人になること。
＊世紛《せふん》……世の中の紛争。

楼対青巒不受塵
三冬光景勝芳春
温情頼有故人在
果識天涯如比隣

楼《ろう》は青巒《せいらん》に対《たい》し、塵《ちり》を受《う》けず。
三冬《さんとう》の光景《こうけい》、芳春《ほうしゅん》に勝《まさ》る。
温情《おんじょう》、頼《さいわ》いに、故人《こじん》在《あ》る有《あ》り。
果識《かしき》す、天涯《てんがい》の比隣《ひりん》の如《ごと》きを。

＊青巒《せいらん》……あおあおとした山々。
＊三冬《さんとう》……陰暦で冬に当たる三つの月。

帰航の途上、「太平洋中除夜」に会して、

一路帰帆向北溟
船窓除夜夢頻醒
家人応有送年歎
不識吾儂迎喜齢

一路《いちろ》の帰帆《きはん》、北溟《ほくめい》に向《む》かい、
船窓《せんそう》の除夜《じょや》、夢頻《ゆめしき》りに醒《さ》む。
家人《かじん》、応《まさ》に送年《そうねん》の歎《たん》、有《あ》るべし、
識《し》らず、吾儂《ごのう》、喜齢《きれい》を迎《むか》えるを。

＊吾儂《ごのう》……わし。自分。多く男性の老人が用いる。
＊喜齢《きれい》……喜寿七十七歳のこと。

と賦し、大正五年（一九一六）一月四日、曖依別荘に帰着し、

航破東洋万里波
春泥鴻爪跡如何
雖無高逸壮豪事
翻比会遊感慨多

航破《こうは》す、東洋万里《とうようばんり》の波《なみ》、
春泥《しゅんでい》に鴻爪《こうそう》の跡《あと》、如何《いかん》。
高逸壮豪《こういつそうごう》の事《こと》、無《な》しと雖《いえど》も、
翻《ひるがえ》って会遊《かいゆう》を比《ひ》すれば感慨多《かんがいおお》し。

＊鴻爪《こうそう》……鴻《こう》（カモ科の水鳥）が南に飛ぶとき、後《のち》の目印に雪に爪痕《つめあと》をつけること。往時の痕跡。
＊高逸《こういつ》……世俗にとらわれず、自由な境地の人。

と、「還家所感」を叙した。

十九、日米関係委員会

大正四年（一九一五）の翁のアメリカ旅行に関連して思いを馳《は》せるとき、逸するあたわざるは、日米

関係委員会のことである。翁が帰朝ののち、大隈首相の歓迎会においてなした挨拶の中、最も力を入れて発表したのは、実にこのことであった。言えば実行する翁が、大隈はじめ有力者列席の公開の席において発表した「日米関係委員会組織」のことは、大正五年（一九一六）二月に至って実現した。

「日米関係の親善を永遠に保維《ほい》（たもち、つなぐこと）するため、常に両国民の情意を調査融合せしめ、時に紛議《ふんぎ》（もつれた議論）を生ずることあれば、之が解決に努むるを以て目的」とし、「曩《さき》に米国サンフランシスコに於て本会の趣旨と同一なるもの組織されたるにより、本会は之と相提携して、彼我《ひが》の意志疏通を図る」ことと定めた。

のちに、ニューヨークにウイカーシャム博士およびギウーリック博士を中心として同様の組織成り、東京、サンフランシスコおよびニューヨークの三団体は、常に連絡を保ち、同一目的に向かって活動することとなった。

会員定数を二十四名以内とし、欠員を生じたるときは、全会員の投票をもって代員を補填《ほてん》することとし、また、日常の事務を処理せしむるため、会員の投票をもって若干の常務委員を置き、会長を置かなかった。創立当時の常務委員には、翁と中野武営《たけなか》が選ばれ、堀越善重郎、頭本元貞《ずもともとさだ》両氏が幹事となり、会員には、当時横浜正金銀行頭取であった井上準之助、三井銀行常務取締役早川千吉郎、東京帝国大学法科大学教授新渡戸博士、大倉喜八郎、金子堅太郎子爵、高田慎蔵、帝国鉄道院総裁添田寿一、瓜生大将、三菱銀行部長串田万蔵、郵船の近藤廉平、東京帝国大学文科大学教授姉崎博士、浅野総一郎、阪谷男爵、日本銀行総裁三島弥太郎、古河男爵、日本勧業銀行総裁志村源太郎、衆議院議長島田三郎、日本興業銀行総裁志立鉄次郎、ならびに森村男爵があり、いうところの代表的メンバーをもって組織せられた。

日米関係委員会の活動の第一歩は、同年九月のエルバート・ゲーリーの歓迎晩餐会であった。ゲーリーは、アメリカのユーエス・スチール・コーポレーションの取締役会長で、鋼鉄王といわれた人である。その来遊を迎えた日本は、ほとんど上下を挙げて歓迎した。

東京においては、翁主催の午餐会、日米関係委員会の晩餐会、三井家の午餐会、東京市民有志歓迎晩餐会、大隈首相の午餐会、浅野氏の晩餐会、東京商業会議所の午餐会、外相石井子爵の送別晩餐会と、滞京中、連日招待会が催された。

爾来、アメリカより来遊の名士を迎えるごとに、会員の集会を催し、相互の意見を交換し、その活動は派手ではなかったが、着々その目的に向かって進んだ。しこうして、その最も意義深きものは、大正九年（一九二〇）の日米関係協議会、および米日協議会である。

前者は、サンフランシスコ日米関係委員会委員との協議であり、後者は、フランク・A・ヴァンダーリップ氏を団長とするアメリカ東部の有力者との協議である。サンフランシスコからは、サンフランシスコ商業会議所会頭であり、同地の実業界の元老にして、事実上の統率者ウオレス・M・アレキサンダーを団長とし、エメリタス大学総長ベンジャミン・イーデ・ホイーラー、前商業会議所会頭ワルトン・N・ムーア、同じくウィリアム・T・セスノン、ウェスティングハウス・エレクトリック社長ローヤル・A・オズボーン、大西洋造船会社副社長ウォルター・L・クラーク、ならびに弁護士フレデリック・H・ランダル諸氏が来た。

ほかに夫人、令嬢で、一行十七名であった。東京に着いたのは、大正九年（一九二〇）三月十六日で、翌十七日から同月二十四日まで、午前中を日米関係協議会に送った。会場は東京銀行倶楽部、時間は午前九時半より午後零時半までであった。

座長は翁、議長は金子子爵、副議長は阪谷男爵ならびにアレキサンダー氏、名誉書記は服部文四郎およびランダル両氏であった。

議題は、

(一) 移民問題、
(二) 土地問題、
(三) 資本合同に関する件、
(四) 電信に関する件、
(五) 交換教授ならびに公衆通信に関する件、

であった。

一週日にわたる腹蔵なき意見交換の結果、ついに左の協定に達した。

一、土地移民問題

土地と移民は相互に極めて密接なる関係あり、且つ両国間に横たわる重大問題なるを以て、最も慎重に考究するの必要あり、数日に亘って各自其意見を交換したる後、両国関係委員は互に協同して之が解決に努力することに申合せたり。

二、資本合同問題

両国の関係は経済上に於て結合するにあらざれば鞏固《きょうこ》とならざるを以て、今日迄多少既に資本合同事業の観るべきものなきにあらざるも、今後尚一層之を奨励するに意見一致せり。

三、海底電信

両国国民の外交上、貿易上、今日の如き海底電信の有様にては到底満足すること能わざるを以て、之が改善に必要なる方策を講ずることに決定せり。

四、教授交換問題

教授の交換より生ずる利益の多大なるを認め、学理上より冷静公平に両国国民に知識の交換をなすが為、双方より適当なる学校を選定して講座を設け、教授を派遣することを申し合せたり。又通信公表機関の方法に就ても考究せり。

五、通商問題、特に商事仲裁機関問題

商業上種々なる行違い論争は日米両国の関係を疎隔するの虞《おそれ》あり。日米両国共に商業会議所は商事仲裁の任に当りつつあるを以て、之に基き相当の方策を講ずることに決せり。

六、産業問題

産業上、労働問題は今や国際的重要なる問題となり、而も各国経済事情を同じくせざるを以て、互に両国の事情を参考に供し、完全なる労資の解決に努めざるべからず。此点に就ては日本の現状は最も其講究を必要とするを以て、米国の実例を斟酌《しんしゃく》（考慮）すべきことを協議せり。

ヴァンダーリップ一行の搭乗した鹿島丸が横浜に着いたのは、大正九年（一九二〇）四月二十四日の午後一時頃であった。一行は、アメリカン・インターナショナル・コーポレーション取締役会長ヴァンダーリップ氏を団長とし、前大蔵卿ライマン・ゲージ、アメリカン・エクスチェンジ・ナショナル・バンク頭取クラーク、コーネル大学総長シャーマン博士、イーストマン・コダック社長イーストマン、ニューヨーク・ライフ・インシュアランス社長キングスレー、ニューヨーク証券取引所副社長クロムウエル、前大統領令弟ヘンリー・タフト、著述家として第一線に在るストリート、弁護士として著名なるデビスの諸氏、そのほか夫人、令嬢、秘書などより成る二十四人の団体であった。

到着の翌々二十六日から翌月一日に至る六日間、東京銀行倶楽部を会場とし、午前中を連続協議に耽《ふけ》った。しこうして、協定したところは、こうであった。

一、加州移民問題に就ては、来る十月の議会に於て、排日一派の最後の圧迫計画に対し、委員間に於て、予め十分なる対策を決定すること。

二、対支借款問題に就ては、満蒙除外は、加入外国と吾国との立場の自ら異《こと》なれる関係上、従来日本は極力之を主張したるが、加入国の諒解さえ十分なれば、必ずしも主張の貫徹を期すと云うにもあらざる所なるが、此点は米国委員側も十分の諒解をなしたること。

三、西伯利亞、朝鮮問題も、従来屢両国間に誤解を来たしたが、是亦此《これまたこれ》の協議会に於て相互に十分氷解したること。

四、海底電信問題は、今日日米間に於て猶十日の日子を要するが如きは、不便不利の極と言わざるべからず。本問題に関しては従来屢《しばしば》電信会社の腹案を蔵したが、米国側委員クラーク氏の如きは、米国重要電信会社に関係せる専門家であって、結局資本金五六十万円の社を設立する必要あることを主張した。猶過般《なお》ゼノアの国際海員労働会議に参加せる内田嘉吉氏が会議後渡米し、之が調査研究の上帰朝の筈なることをも話し合いたること。

かくて、左の覚書を交換して、意義深き協議会を閉じた。

一千九百二十年の日米有志協議会に於ける日本側委員は、吾人《われら》と共に此協議会に参加せる米国側委員の提出せられたる覚書記載の旨意に対して、全会一致満足の意を表す。吾人《われら》日本側委員は、米国側委員が虚心坦懐にて本協議会に現われたる諸問題を討議せられしことを、衷心より感謝するものなり。吾人日本側委員は右覚書の精神に基きて、吾人《われら》も亦総ての誤解を一掃し、両国間に於ける従来の親交を益鞏固《きょうこ》ならしめん為に、最善の努力を為すべきことを敢て言明す。

一千九百二十年の日米有志協議会に、日本側委員の招致に応じて本協議会に参加せる米国側委員は、本協議会に於て日本側委員が終始隔意なき打明けたる態度を以て、論議せられしことに満足し、会議中種々の問題に関して与えられたる報道に対し、感謝することを言明す。

米国側委員は、合衆国に於ける日本の移民問題に関し、並に山東、サイベリア、蒙古、満州、及び支那に於ける日本の目的及び政策に就いて、米国人民の心中に起りたる如何なる疑問をも考究するの機会を与えられ、最も十分に之を受諾したり。而して右疑問に対しては腹蔵なき答弁を得たり。米国側委員は一の組織的団体にあらずして、同様なる日本側委員の集団と、非公式協議会に参加せる個人々々の市民たるに過ぎず、故に協議事項に就て、公式的結論、若くは或る最終の判定を下すことは適当なるものにあらず。然しながら米国側委員は、帰米後機会到来する毎《ごと》に、此協議会に依りて到達し得たる意見を各自に公表せんと欲す。之等各自の公表は、協議会に就て論議せられたる問題に就て、日本側委員の与えられたる事実の真相を、米国人間に表明するに有用なりと思惟す。右事実の多くは今日まで広く知られず、若《も》しくは米国の公衆に向つて明瞭に表明せられざりしものなり。米国側委員は、斯の如くして此協議会の招集せられたる目的の遂行、即ち両国間に於ける国際関係に関する事項の、より善き相互の了解に貢献することを得べきを確信す。

サンフランシスコの一行にしても、東部からの人々にしても、滞京中上下を挙げての歓迎に忙殺せられた。その招待のいちいちを記すことは、煩《はん》に堪《た》えぬから略するが、その間、常に翁が主人となり陪賓《ばいひん》（正客を相伴する客人《しょうきゃくしょうばん》）となり、主なるパートを演じたことは、あらためていうまでもなかろう。

ことに、ヴァンダーリップ氏一行の来遊については、当時の総理大臣原敬を動かし、一行の来着に先だち、三月二十八日夕、首相をしてその官邸に目賀田種太郎、阪谷芳郎、添田寿一、浅野総一郎、梶原仲治、金子堅太郎、早川千吉郎、串田万蔵、内田嘉吉、井上準之助、大倉喜八郎、団琢磨、湯川寛吉、ならびに翁など、主として日米関係委員会の人々を招待して晩餐会を開き、その歓迎について打ち合わせをなさしむるに至った。

首相を動かした翁は、また、在野の有力者を動かした。四月七日午前十一時、徳川公爵、阪谷、大倉、近藤各男爵、添田寿一、杉原栄三郎、山科礼蔵などの諸氏とともに東京商業会議所に参集し、ヴァンダーリップ一行の歓迎につき種々協議し、同一行が日米親善の大目的をもって来航するに鑑み、特に一会を組織して、歓迎に遺漏《いろう》なきを期することを協議し、その名称を米賓歓迎会とし、会長には一同から推されて翁が任じた。

かくて翁は、アメリカに親しみ深きバロン・シブサワとしても、日米関係委員会の事実上のリーダーとしても、さらにまた、一行のため特に組織された米賓歓迎会会長としても、一行の在るところ必ずその名を見出すことになったのであった。

日米親善を示現する翁の風貌と、情意透徹、しかも機智と風刺に富んだそのテーブル・スピーチをもって点綴《てんてい》された一行の目まぐるしいプログラムを終わり、いよいよ帰米の途につく日がきた。

「私は来朝以来各所の熱誠にして懇切なる歓迎会の席上において、嬉しさの余り、もう腹の底まで叩いて、日本に対する所感を吐出してしまった。けれどもまだ言えと言うなら、まだこの上どれだけでもお話ししよう。本当に私共の一行は予期に二十倍も五十倍もの好感を与えられて、貴国におさらばを告げることを、この機会においてお伝え願いたい」

十四日午前十一時半横浜発サンフランシスコに向かう東洋汽船コレヤ丸の甲板上、忙しい銅鑼《どら》の音を聞きながら、ヴァンダーリップ氏はこう言って、心からなる感謝の表情を見せた。

客月《かくげつ》（先月、前の月）二十四日来朝以来、日米親善のために努力したアメリカ実業団の一行は、二十一日振りでいま帰国の途に就こうというのである。そこへ杉原東京副会頭、大谷横浜会頭を始め、日米協議員並びに新代議士の井上神奈川県知事、久保田横浜市長等、夥《おびただ》しい見送りの名士で甲板はごった返す。ヴァンダーリップ氏は美しい令嬢を顧みながら語り続ける。

「私が何よりも嬉しいことは、日本の主なる人々と隔意《かくい》なき協議を遂げたことである。その結果は既に一種の非公式の覚書となって現れたが、今後はこの覚書の実を如何にして結ばしむるかに努力せねばならぬ。私はあらゆる機会において、アメリカ朝野の各方面に、日本の真意と東洋における立場を語り、併せてドシドシ日本観光の旅に上らしめたいと思う。将来における太平洋は、主として日英米三国が解決せねばならぬのは持論で、また誰でも知っていることである。それには親密協同のほかはない。この点において、日本がそれを待ち受けていることを知って愉快に堪えない。日本は東洋において座頭《ざがしら》である許《ばか》りでなく、実に世界において主なる立役者の一人であることを十分ご了解願いたい」

というちにも、発航の時刻が迫って来る。そこへこれも帰国の途に就くモルガン商会のラモント氏が、四国借款の要務も目出度く終わった喜ばしさを見せながら乗船する。かくて一同はサロンに入り、シャンパンの杯を高く捧げて日米親善を祈り、船はブリッジに互いに重なりながら打ち揮うハンカチを名残り惜しげに見せつつ、正午桟橋から纜《ともづな》を切った。ボン・ボヤージュ・ツー・ユア・パーティーの声を浴びながら……。

新聞一流の表現ではあるが、事実ヴァンダーリップ・パーティーは喜んで帰った。

日米関係委員会のことを記して、思わずも大正九年（一九二〇）の日米協議会のことにおよんだ。展望次第に濶《ひろ》く、日米間の問題はいよいよ多い。筆を進めれば、記すべきことは数限りもない。よしや、日米親善が翁終生の大目的であったにしても、晩年の大事業であったにしても、他に記すべき幾多のことがある。今は一応眼を転じて、他の分野を観るべきときであろう。

二十、井上馨の死

翁の外国旅行と、先輩友人の不幸とは、何となく関連するところがあるかと思われて不可思議である。翁は、明治四十二年（一九〇九）、渡米実業団の旅行中、伊藤博文の訃《ふ》を聞き、大正三年（一九一四）、中国旅行中、当時の公使山座円次郎、公使館参事官水野幸吉の不幸に遭《あ》い、さらに大正四年（一九一五）の渡米に先だつ約二ヶ月、明治初年以来懇親を重ねた井上馨に別かれた。

翁と井上との交渉（かかわりあい。関係）は、その折々に記しておいたから、今あらためて書くこともないかと思われるが、井上のことを思うとき、思い出されるのは日露戦争のことである。

日露戦争は、我が日本の国運を賭《と》する大事変であった。当時、戦時財政は、勅諚《ちょくじょう》（天皇の命令。みことのり。勅命）により井上馨と松方正義が最高顧問として、政府の後見をすることとなり、井上の無冠の大蔵大臣時代が現出し、傍若無人振《ぼうじゃくぶじんぶ》りを発揮したことは、余りにも有名である。その一例として、高橋是清の外債募集に関する努力がある。翁がその高橋氏の海外出張に際して、

咲きいでし春のいろ香をこと国にまづ手折りませやまぶきの花

の一首を贈ったのはこのときのことである。井上が爾来、政界の大隠居として、我儘《わがまま》の限りを尽くしたことは、あらためて記すまでもなかろう。この時代に、兜町の渋沢事務所の玄関から、

「栄一さん居るか」

と大声をあげて翁を訪ね、昔話に花を咲かせたことは知る人ぞ知ろう。その井上に別れたことは、翁にとって限りなき憾《うら》み（残念な気持ち）であった。

大正四年（一九一五）七月、興津別邸《おきつべってい》（静岡市興津にあった西園寺公望《きんもち》の別邸）に赴いた井上は、翌月二十九日発熱し、臥床静養中、三十一日に至りにわかに心臓麻痺を起こし、ついに数奇《すうき》なる八十一年の生涯を閉じた。急報に接した翁は、九月二日午前八時三十分、東京駅発の列車にて同地に赴き、米糠《こめぬか》山の邸を訪ね、限りなき哀悼の意を表した。葬儀は、同月七日、日比谷公園において行われ、翁は葬儀副委員長として最後の奉仕をした。

翁と井上との関係は繰り返して記した通り、明治初年以来である。半世紀にわたる永き経過に想い出は多い。種々の機会に、種々の題目に就いて、井上との交渉を話している。

その中から、大正四年（一九一五）九月、永訣《えいけつ》の涙乾《かわ》かざる折、「井上侯と予との関係」と題して発表したものを掲げておこう。

……井上侯は、七年前大病に罹《かか》られて、そのときすでに、よほど危篤に瀕したのであったが、御維新当時から鍛え上げた丈夫な健康のゆえんで、ようやく回復されて今日に至ったので、お歳も私などよりは五つ上の八十一、まずはなはだしい不足はないというものの、こう急に薨去《こうきょ》（皇族または三位以上の人の死去）されるとは、もとより思いかけなかったところである。

私は、侯の死に接して、何だか真実の兄に先だたれたような、特殊の悲しみに打たれるのである。井上侯は、維新当時の志士の中でも、最も新知識、新思想に富んでおられた一人で、文久、元

るが、その中に、

治の頃、挺身《ていしん》イギリスに渡航されたほどであった。そのときの話を、侯から直接承ったことがあ

「このとき伊藤と上海に渡ったが、言葉がよく解らない。何の目的でイギリスへ渡航するかとかれて、海軍研究というべきところを、ナビゲーションと、やっと覚えた一字を口走った。相手はこれを航海術の稽古のことだと取って、さっそく二百トンくらいの帆船に水夫として乗り込ませ、四ヶ月間水夫の仕事をしつつイギリスに渡った。物を知らぬということはバカバカしいものだ。ちょっとした言葉のごときでもかの通りだ」

と笑われたことがある。

井上侯は、最初攘《じょう》夷《い》論者であったけれども、ただいま申した洋行以来、翻然《ほんぜん》(急に心を改めるさま)開国論者と変わり、同時に倒幕論者となって、大いに国事に奔走された。それがために、藩内の攘夷論者から眼をつけられ、ついに、かの俗論党壮士が閃《ひらめ》かす憤怒の刃《やいば》に、袖付橋で重傷を負うことになったのである。

私が井上侯を知ったそもそものはじめは、明治三年(一八七〇)であった。私は明治二年(一八六九)に、大蔵省へ出仕して租税局に勤めていたが、その頃は維新怱怱《そうそう》(あわただしいさま)の紛糾した時代であるから、私はいわば、諸制度改正係とでもいうべき役目であった。

当時の参議は、西郷、大久保、木戸の諸公、伊藤公や大隈伯が実際政治の司宰者であった。初め大隈伯が大蔵大輔《たいふ》であったが、そののち井上侯が大阪の造幣局から入って大蔵大輔となり、私は少丞《しょうじょう》としてその配下に属することになった。これが侯の知遇を得た最初である。

これより先、諸制度取り調べのため、アメリカに渡航した伊藤公が、四年（一八七一）の夏帰朝せられるにおよんで、アメリカ式を日本化して、凡百の制度、取り扱いを改革せばならぬということになり、井上侯は伊藤公の説を聞いて、銀行条例とか、帳簿の改正とか、伝票の制度など、種々新しい改正に努めた折から、私はその下にあって微力をいたしたのである。

銀行条例の施行については、アメリカ式かイギリス式かの議論が盛んであった。伊藤公はアメリカ式を主張し、井上侯と私との間におった薩摩藩の吉田清成氏は、イギリスに遊学した関係からイギリス式を提唱し、妙なところに薩長の論争になっては面白くないと思っていたのであったが、井上侯はなかなか判断力の強い方で、衆議を排して伊藤公のアメリカ式を採ることにきめてしまった。

「よろしい、おれに任してくれ」

といい残して内閣に出たが、大久保公とでも相談してきた行きがかりか、とにかく役所に戻るやいなや、アメリカ式だと宣告された。その上、何でもかでも三日以内に制度案を完成せよとの命令である。

当時のお役所は、何を申せ維新の混雑した時代であるため、事務が動《やや》もすれば公私混淆《こんこう》のきらいがあった。宅調べと称して、火急を要するものは私宅で事務を処理する習慣さえあったもので、私もこのときには、徹夜の覚悟を定め、本郷湯島天神下の小《ささ》やかな僑居《きょうきょ》（仮ずまい）に部下の者を召集して仕事に取り掛かり、三日の間不眠不休の宅調べを決行したのであった。八月の暑い盛りであった。井上侯は、

「三日でやれ」

といわれる。私はそうは出来ませんと答える。

「何出来ないものか、それならおれ自身がやる」

と頑張る。やかましくいいつけられ、意気地なしとガミガミ叱られたものである。

こういうところから、井上侯の雷という異名が生じたことと思われるが、しかし性急ではあったけれども、横暴などいうべき性質の分子はなく、侯のは、まったく正直と熱心からであった。ときとして、正直と熱心が私人関係にまでもおよび、ために公私混淆の気味も多少免れなかったようであるが、これも決してご自分の利益のためではなく、例の性急と熱心から来たものである。

明治五年(一八七二)七月十三日、廃藩置県が断行された。その結果は、特に民部と大蔵両省の施設に俟《ま》つものが多かったが、中にも藩札の始末は大仕事であった。維新改革後まもなく、新政府を組織して新政治を布《し》こうというのであるから、諸事がなかなか容易には運ばない。

時も時、その藩札を引き上げて公債に換えねばならぬ。これをいかにすべきかは、実に朝野の大問題であった。下手に始末すれば、あるいは比価《ひか》(他と比較しての価格)の差を見込んで投機を試みる者があるかも知れない。したがって相場に動揺をきたし、収拾すべからざる困惑に陥るやも計られないという心配があった。

井上侯は、七月十六日、現在の相場で公債を交付するがよろしいと提唱された。私もこれに賛成した。この卓見と断行は、誠に侯の才識手腕を証明したもので、今日といえども、常に称讃せられるところである。井上侯は、議論はうまくはなかったが、将来の予見が利《き》き、すこぶる明敏果断であられた。

さて、廃藩置県の公布された七月十三日は盆である。現在では田舎でもない限り別段のこともないが、その頃、盆といえば休日として皆休んだものであった。当時は、政府といっても、あたかもお店風《たなふう》なものにすぎなかったから、もちろん十六日まで休暇ということになっておった。私どもも、これから帰って三日ほども休もうとしておる折から、井上侯が内閣から帰ってこられて、急に臨時の仕事を命ぜられ、休暇をやめてしまって大車輪で仕事をして、大いに弱らされた。こういう中にも、侯の雷式には、多量の疾風迅雷《しっぷうじんらい》的の機敏《きびん》を含んでいることを察知することが出来る。

井上侯は、当時熱心な富国主義を持しておられた。陸海軍の必要はいうまでもないけれども、まず国本《こくほん》（国の基礎。一国の根本）となる富力を増進せねばならぬというのが、侯の終始かわらざる主義であった。個人に対しても同様であった。道理を度外視した、いわゆる町人根性の金儲けをすることは最もいけない。道理正しく、かつ、国家本位に事業を起こさねばならぬと、常にいましめられた。

これが、私と全然意気投合したわけである。侯は、以上のごとき末の末までを見透した着実な見地から、国家の内外をも料理せんと努められたのであった。かくて、財政上いろいろ工夫創設されたことも多い。

いつの政府でもそうであるが、この時代もやはり、大蔵省がなかんずく勢力があった。従って、ここの長官たる井上侯の勢威《せいい》（権勢と威力。いきおい）を、嫉《ねた》むような人間は多少はあったらしかった。

さて、侯や私どもは、例の国力充実論を振りかざして、陸海軍に莫大の金銭を投ずることには、常に反対の態度をとった。正直に申せば、財政の方のみ考えていたので、大久保公などの参議側から見れば、軍備とか教育とかには知識のなかったように思われたかも知れない。当時、何でも軍備に千三百万円から支出するという案があったが、賛成しなかった。

その結果が、その年の九月二十三日と思うが、

「いったいお前は大蔵々々と、大蔵一点張りで、陸軍などは眼中に置かぬのか」

と、大久保公から憤《おこ》られた。私も、自分が赤誠《せきせい》を尽くしている志の報いられざるを慨《がい》し、かつは血気盛りの時分ではあるし、辞表を懐《ふところ》にして、いったん井上侯の居宅を訪ねて辞意を陳《の》べた。

ところが井上侯は、その問題は何もいわれず、

「時に渋沢君、日本の経済はいったいどうしたらよろしいだろう」

といったような風で、日本帝国の財政経済の話を持ち出された。よって私も、縷々《るる》意見を吐露して討論にときを移した。けれども、さらに辞表の件には言及されないから、耐えきれずに私から再びいい出すと、

「まあまあ我慢をせよ。まだ野に下るには早い。君もやめるならおれもやめる。何さま新政府が出来たばかりだから、お互いに自重して国家のために砕身《ふんしん》せねばならぬ。おれにも考えがあるから、今しばらく見合わせろ」

と、懇々《こんこん》いわれるものだから、私も踏みとどまることになったが、やがて、大阪の造幣寮へ転任

することになった。

……四年（一八七一）九月、大阪に赴任した私は、十一月復《ま》た東京に戻った。大久保公が不在になったからである。東京へ帰ったのは十三日。十六日に、父の病報に接して郷里に帰省したが、二十二日にとうとう父が亡くなった。

その頃、井上侯は大蔵卿で、私の留任に報いらるる意味からか、侯のすぐ下に吉田少輔がおられたので、少輔を二人拵《す》えるわけにもいかぬところから、私を少輔代理に昇進させてくだされた。禄高制を廃して、秩禄公債を給付するようになったのも、この頃の改革で、士族などの遊食を戒める上に効があった。しこうして、この施策《しさく》（政策・方策）についても、井上侯の発案は与《あずか》って力が多かった。要するに、井上侯は財政上の創案が多かった方である。特に物をまとめる堅実性に富んでおった。

人は動《やや》もすれば消極的だというけれども、実は、財政の基礎を固めて仕事に着手するという、積極心から生じた消極であったことは注意すべきである。

これも、明治五年（一八七二）の出来事であるが、

「井上は大蔵には金を出すが、司法などには金を出さぬ」

と、江藤新平卿などが喧《やかま》しく井上侯を攻撃した。当時、岩倉、大久保、伊藤の諸卿は外遊中で、参議西郷、板垣、大隈の諸卿が内閣に居残っていたが、皆井上侯を非難するので、侯もこのときは大いに憤慨され、

「勝手にせよ」

と家に帰ってしまって、そして使いを出しても出てこられない。そこで、三条公なども大いに心配され、私の宅に三度も駕《かご》を枉《ま》げて、井上侯の辞意を翻すことをご依頼された。

三条公は、格別私を重く見られた訳でもなかろうが、親切なお方だけに、侯の身の上を慮《おもんぱか》って三度も来られたことは、誠に恐縮の至りで、私も熱心に侯に説いて、辛《から》くも留任されることにした。しかし、政府の方では容易に大蔵省の言い分を聴かずに、盛んに濫費《らんぴ》する。

井上の説なんかかまうことはないというような、本当の喧嘩沙汰になってしまったから、井上侯もとうてい我慢が出来ず、六年（一八七三）の五月三日と思うが、内閣から帰って来て、

「もうおれも辞職の外《ほか》はない」

と、私どもの昼飯を喫しているところへ来て述懐され、

「さあ辞表を認めてくれ」

と、無造作に秘書官へいい付けられた。今日から見ると、こんなあけっぱなしの態度に出るのは思いもよらぬことであるが、当時はマアこういった調子であった。そこで私は、

「貴卿が辞任されるなら、私もやめます」

と申し出ると、国家のためだ、ぜひ後任者のためにといって、どうしても承知して下さらない。

私が、

「それは、貴卿は御勝手すぎる。以前私の辞職を申し入れた節は、一緒にやめるとおっしゃったではありませんか」

と大いに議論した末、それではというので、二人同時に辞表を提出することにしたのである。

私はこのとき、会計制度に関する政府糾弾の論文を草してこれを侯に示したところ、侯も大いに同感なりとして自らの意見をも加え、これに連署して政府に提出し、かつ新聞に公開した。そのために二人は、罰金を科せられたという奇談もあった。

辞表を提出すると共に、私は各係の者に、丁寧に事務の引き継ぎをしたが、あとで陸奥さんから、

「渋沢は仕事をするに親切だ」

と誉められました。

いよいよ辞職の許可になったのは、五月二十七日。

それから御用滞在といって、免職以外の退任者はいろいろの残務の始末に出仕する慣《なら》いで、侯と私とは同年の十一月におよんで純然たる浪人になった。

そこで二人とも野に下ってこれから大いにことをなそうというので、六年（一八七三）、井上侯は先収会社を起こして、益田孝、馬越恭平、木村正幹《まさもと》諸氏を包容した一種の貿易会社を作った。それが今の三井物産の前身である。

私は、六年（一八七三）の七月三十一日、第一銀行を創設することになった。当初は、ごく僅少の株を所有するのみで、三井と小野組が大株主であった。先代三井八郎右衛門と小野善助両氏が頭取、私は何ら責任のない、そう申しては何だか変だが、今の実力ある一種の相談役という形の、総監という名義であった。

ところが、七年（一八七四）の冬のこと、創立もいまだ間もないというのに、小野組は不幸大失敗を演じた。何しろ頭取の破産であるから、私も大いに痛心《つうしん》して前後策を議《ぎ》したが、窮《きゅう》してしまい、むしろ第一銀行を拋棄《ほうき》せんとまで考えていた折、一日井上侯が突然私を尋ねてきて、一緒に飯を食いに八百善にお伴した。

ところが、侯は食事をしながら、私が特にご依頼もせぬのに、時に渋沢君といって、銀行のことについて種々配慮され、小野組と第一銀行の間に立って奔走してくだされることになった。

三井と小野組とは均しく政府の御用を承っていたが、侯は、三井と小野組と第一銀行の関係を巧みに切りはなして、小野組の不都合を明らかにして、三井や第一銀行やの関係を都合よくして、政府にもヒドイ迷惑の残らぬように取り計らってくだされた。このときの侯の親切は、私の一生忘るるあたわざるところである。

かく親身になって世話を焼いてくれる代わりには、対手《あいて》の振舞いが思うようにいかねば、ついお小言《こごと》が出たものと思われる。いったいが我意の強いためか、やや偏狭《へんきょう》に見えるのが、侯の損な点であったろうと思われる。

伊藤公は、論理の優れた人で、事を断ずるにも必ず論理からこられて、大政治家らしいところがあったに反して、井上侯は議論は下手で、その結果を直覚して事を断ずる方であった。侯がついに総理大臣になられなかったのは、ここの相違からきているのではあるまいかと思われる。

井上侯は、あくまでも名を捨てて実を取る方であった関係上、花々しい政治家とはなれなかったけれども、そしてまた実務家であるために、とかく消極的に見えたけれども、侯は決して、世界の大勢、時勢の進歩に遅れる人ではなかった。軍事のこと、外交のこと、なかなか通達しておられたものである。外交官として、大臣として、相当の経歴もあられるし、軍人としても、一通りの見識は持っておられた。

天性が軍人肌で、山県公のごときもそういっておられたそうだが、侯自身でも、

「おれも軍人になっていたら、大変豪《えら》い者になったろうに」

と述懐しておられたと聞いた。私も、貴卿は軍人になられたら、一方の猛将になられたろうと申したこともある。

その後、井上侯も私も、実業界とはますます密接の関係が結ばれた。ことに、戦争の後はいつも国運に異常の変動をきたすために、侯などの輔導《ほどう》（たすけ導くこと）に待つものが少なくなかった。

西南戦争のときは、不換紙幣を余り発行しすぎた。私なども侯と共にそれを唱道したところが、或る人が、時の大蔵卿大隈伯に、渋沢らが再び井上を大蔵に入れようとする運動のため反対するのだと讒《ざん》したと、あとで聞いたことがあった。

日清戦争の結果、日本と朝鮮との関係はますます緊密になると私は考えた。これより先、明治十一年（一八七八）から朝鮮に第一銀行の支店を設置した。これは、大倉喜八郎などに勧められたことも、その動機の一つとなっている。

その後、明治十六年（一八八三）には、朝鮮の税関の収支を第一銀行で代理取り扱いをすることにした、といったような深い交渉（かかわりあい。関係）もあり、また、日鮮両国のために経済上

ますます朝鮮と密接の関係を結ぼうとして、明治三十年（一八九七）の松隈内閣《しょうわいないかく》（第二次松方内閣）に私どもが発起して、三井、三菱、大倉、安田、原、大谷、前島、松本、今村、原、益田、瓜生の諸氏とシンジケートを作り、アメリカ人モールス氏が権利を得てすでに多少敷設しかかっていた京仁鉄道を、二百五十万円で買い受けることにした。

これは、大隈伯も賛成して、政府から百何十万円かを無利子で貸下《かりさ》げることに運びがついたが、実行に至らぬうち内閣が倒れて、三十一年（一八九八）、伊藤内閣が代わって成立し、井上侯が大蔵大臣たるにおよんで、侯は大隈伯の保護は違法だから、あらためて取り消すと言い張られた。何といっても承知されぬ。けだし、伊藤侯も井上侯も、朝鮮に手をのばすと露国と衝突する恐れがあるとの外交上の杞慮《こりょ》（取り越し苦労）から、かく主張せられたのであった。そこで私も、そのときばかりは憤慨して、

「外《ほか》の人はいざ知らず、ソンナことをいわれるなら、私は今後一切、政府の仕事には関係せぬ。政府とも井上侯とも絶縁する」

と激語を放って、あとにも先にもたった一度の喧嘩をしたのであった。そのとき、秘書官が傍《そば》におられて、そんなことで永年の交誼《こうぎ》を絶縁なぞしてはつまらぬといって、いろいろ仲裁されたけれども、そんなことでは私は承知出来ぬので、その日はそのまま帰ってしまった。

すると、翌日、伊藤公から来てくれとのことで行ってみると、

「昨晩井上と激論したというじゃないか。まあ一切おれに委《まか》せてくれ。前政府の承認を取り消すのは、井上が間違っている。前政府の通りさせるから、喧嘩だけせんでくれ」

と調停の労を取り、前政府通り遂行することにまとまった。当時、山県、松方、桂の諸氏は私の意見に賛成であった。

また、明治三十一年（一八九八）の夏、京釜鉄道を二千五百万円の資本ではじめることになったとき、伊藤公のごときは、

「渋沢がまたアンナ事をして国を亡ぼす」

とまで極言された。

そのときも、山県、松方、桂、児玉の諸氏は私に賛成であった。井上侯も対露関係を持ち出して大いに反対された。しかし私は、どうしても将来のため必要と思って、同志と共に断行した。その後、明治三十六年（一九〇三）の九月の頃、銚子の暁鶏館《ぎょうけいかん》に滞在していたところが、井上侯から、相談があるから至急帰ってくれぬかと招きであるから、何かと思って早速帰京してみれば、伊藤公と共に京釜鉄道の経営を取り急いでもらいたいとの話である。

さきには国を亡ぼすとまで極言しておいてと、異様の感に打たれたが、そこが井上侯の直を直とし善を善とする正直な豪《えら》いところで、資金が不足だといったら、大いに尽力して金の心配までしてくれた。対露関係が危急に逼《せま》ったからである。その後は、用事のある毎に何でも渋沢を呼べという有様で、私もまた出来るだけの微力をいたした。

私の朝鮮経営は、故児玉源太郎伯なども大いに賛成されたものである。日露戦後には、財政の強固を図ることの急務を唱えられた。いわゆる消極主義と称せられる軍備縮小論であった。これは私の持論で、その主張の根本はむしろ私に発したろうと思う。

戦後事業勃興の折も、井上侯は図に乗っては危ないと大いに抑え、私が幾多の事業に顔を出したときも、侯は少しやり過ぎると懸念しておられたらしく思われた。

明治三十九年（一九〇六）、西園寺内閣時代に、鉄道国有の問題が面倒になったときも、二人で出かけて行っていろいろ談合し、私はこのとき、侯と反対に断然国有に反対であった。

それは、戦後二十幾億かの多額な国債を負う上に、内債二億円募集の必要に迫られ、あらたに鉄道国有のため五億からの国債を発行するのは、国家の前途に禍根《かこん》をのこすゆえんだと思惟《しゆい》して、これを井上侯に計ったら、侯も、

「おれも君の意見を聴いてみると、国有は面白くないとは思うが、西園寺内閣組織の保証を得ているからいたしかたない。おれは、いまさらそんなことはいわれぬから、せめて君が行って話してみてくれぬか」

とのことで、私が西園寺侯に会って、大いに論じたのであった。

その後、明治四十一年（一九〇八）十一月、井上侯と二人で首相西園寺侯に、政府が余り積極に過ぎはせぬかと苦言を呈したこともあった。大正元年（一九一二）の第二次西園寺内閣の成立に際しても、二人は盛んに消極論を唱えて内閣の反省を促し、行政整理、租税軽減を主張した。二人の意見が期せずして、いつも大同小異に合致したことは、むしろ不思議なほどであった。

とはいうものの、二人といえども、有望な事業、国運の進展に必須の計画には、最も積極的に出た。井上侯のごとき特に中国問題には留意したもので、かの漢冶萍《かんやひょう》の鉄山については、いろいろ目論《もくろ》んでおられた様子である。

何でも日本人が中国で仕事をして、その仕事のため、いわば日本の働きで外国の資本がしぜんに入ってくるようにせねばならぬ、というのが根本方針であった。

中国のことは、とうてい一朝一夕にどうということはないが、侯の眼識だけは確かに肯綮《こうけい》（かんじんな所。急所）に当たっている。私も大いに同感であって、およばずながら中日興業会社や日仏銀行の成立には、多少の骨折りを惜しまなかった次第である。

中日興業会社の前身は、孫文第一回革命ののち設立した中国実業会社である。

孫文が第二次革命戦に敗衄《はいじく》（戦いに負けること）して、日本に亡命客たるにおよんで、我々がいやしくも、一国の謀叛人たる人々と事業を共にするとあっては、中国の袁《えん》内閣に対しても名分が立たぬという訳から、私はわざわざ中国に遊んでその真意を語り、中国政府を納得せしめた。

中国政府でも南方の孫一派を除名するならば、当方から人も金も出そうと話が進捗《しんちょく》し、ついに中日興業会社が出来あがった次第である。

二十一、実業界引退

大正五年（一九一六）七月二十五日は、翁の生涯における数多き記念すべき日の中で、最も意義深きものの一つである。実業界の先達、財界の第一人者として活動してきた翁が、その関係を絶った日である。

さきに、明治四十二年（一九〇九）、古稀を機として、おもむろに経済界との関係を絶つため、大部分の職を辞したことは記した。このときから、翁の生涯に秋立《あきた》つを覚えたことも記した。しかし、数において多くの事業との縁を絶ったが、その質において、その内容において特別であった金融界との関係はそのままであった。

その沿革と歴史において特別であった第一銀行頭取を辞して、文字通り財界との関係を絶ったのは、実に大正五年（一九一六）であった。

翁が、半世紀の長きにわたり、その経営に鋭意努力しきたった第一銀行を去ろうと決心したのは、第三回のアメリカ旅行の帰途、船中に大正四年（一九一五）を送り、喜寿の新春を洋上に迎えて、思い定めたところであった。帰朝後、その意思を第一銀行の重役会において発表したが、第一に反対したのは、翁が後継者に推薦しようと思っていた、佐々木勇之助氏であった。佐々木氏のいうところは、

「あなたを頭取に戴いて、その部下として働くことならば、身命を賭《と》して努力いたしますが、自分が代わって頭取となることはとうてい出来ませんから、今あなたに辞職されては困ります」

というにあった。これに対して、翁は切に説き、また他の重役もしきりに勧め、余りに謙遜《けんそん》に過ぐるゆえんを明らかにしたので、ついに佐々木氏も意を決し、翁の後を継ぐことに強いて反対せぬまでになったので、翁は、頭取辞任のことを正式に発表することになった。

かかる経緯があったため、翁の決意後約半年を送り、同年七月の定時株主総会において、翁はこれを発表した。その告別演説は、次の通りであった。

今日の通常会議はこれで相済みましたが、この機会において申し上げたいのは、私はかねて当銀行の取締役を辞したいということを、取締役会に申し出してございますので、あえて総会に提出すべき事柄ではございませぬけれども、長い間勤続しきたったゆえに、あるいは近頃株主になられた諸君もございましょうが、実に古いお親しみの諸君が多々あるだろうと思いますから、かかる時機において、永年ご厄介になりましたお礼を一言申し上げますのは、私の衷情《ちゅうじょう》としてもぜひいたしたいと思いまするし、また諸君もご諒解くださるであろうと思いますので、ここに、辞表を提出しました理由を一言陳上いたして、諸君のご承認を請いとうございます。

私が第一銀行の役員になりましたのは、よほど古うございますから、お年を取ったお方でなければお覚えがないのです。明治六年（一八七三）の八月一日に第一国立銀行が創設されまして、そのときから私は関係しております。これより前、銀行は六月十二日に願書を提出しまして、それから創立の事務に従事しましたから、年を算《かぞ》えますと、ちょうど丸四十三年ほど勤めております。ただしその初めは、第一国立銀行が三井と小野という大富豪の主たる発起でございましたために、銀行制度は、頭取支配人などは一行一人に限るのでございましたけれども、特に第一国立銀行に限って、二人の頭取、四人の取締役、二人の支配人というような特例が出来ました。しこうして、私はそのときには頭取の教授役と申しますか、監督役と申しますか、総監という名をもって職に就きましてございます。頭取となったのは一年置いて翌々年、すなわち明治八年（一八七五）に、三井、小野が退職されてからであります。爾来、四十二年目に相なります。かかる長い歳月を経《へ》ておりますので、株主諸君にはだんだんに替わられて、もし継続した株主で在らしても、御祖父さんの代が御孫様になるという有様でありますが、私は幸いに健康を保ちましたために、今日まで頭取の職を勤続いたしましたのは、一身にとってこの上もない光栄で、まことに喜ばしく思うておるのでございます。

しかしながら、もとこの法人たる株式会社の重役席をいつまでも塞《ふさ》げるということは、心にも許しませぬし、ことに当年七十七、すなわち喜の寿の齢を迎えまして、身体も精力も共に衰えましたことは、強いて申し上げるまでもないのでございます。

よってもって、ここに職務を辞しまして、現在の取締役中に学識経験共に頭取たり得る御方がございますので、その御方にぜひ後任に立ってもらいたいという希望から、当春、実はそのことを重役会議にかけましたが、そのときの評決は、渋沢は年を取ったけれども、さように老衰したようには見えぬ、しかるに、突然と辞表を出し、吾々限りでこれを聴いたら、永年継続した頭取であるから、第一銀行と渋沢とは相関係したもののごとく世間が感じているのに、まだ一年の任期を持ちつつここに辞職しては、頽齢《たいれい》（おいぼれた年齢。老齢）になったということを世間が知ってくださるとよろしいけれども、さもないと、何か事故でもありはせぬかという疑いを起こすようなことがあってはならぬ、そんなことは必ずあるまいけれども、今日辞表を提出するよりは、いよいよ決して辞したいならば、七月の総会において、株主諸君多数の尊来を得たところで、その事情を詳しく陳述し、頽齢《たいれい》とはいいながら世務《せむ》（世の中の務め）に堪えぬというほどではない。しかしながら、法人組織の重役席をいつまでも塞《ふさ》ぐのはどうしても心苦しい、ゆえに、喜齢を迎えたを機会として辞退する。

しこうして、この銀行の事務はおいおいに拡張もいたし、年一年と堅固に相なって、後任の人も能力名望共に進みつつある、よってもって、頭取の位地は更迭していただきたい、辞職の理由はかようである、ということを丁寧に申し述べたら、株主諸君も十分にご了解くださるであろうという、重役会の希望でございましたために、実は当春提出しようと思った辞表を、今日持ち出す次第でございます。

一人の重役が辞職するについて、特に総会を期して申し上げる必要はございませぬけれども、当銀行創立以来引き続いてこの位地におります私ゆえに、事々《ことごと》（あれやこれや。あれこれ多くのこと）しい仕方かは知れませぬけれども、幸いにかかる総会において諸君にお目にかかり、その面前において、辞職の理由は、今年七十七の高齢になった、後任には適当の人がある、いつまでもこの席を塞《ふさ》ぐは真に心苦しい、また銀行には何らの事故もない、営業の景況も円満であるけれども、この職責はやめたいということを、一言《ひとこと》私の口から諸君のお耳に入れおきたいというに過ぎませぬのでございます。

辞任の理由は、前《さき》に陳上いたしました通りでございますが、さらに一言を加えますれば、元来私は銀行者となる前は、政治方面で世の中に立とうと欲したのでございます。

とて、一身の変遷を陳《の》べ、転じて明治四十二年（一九〇九）、各会社との関係を絶ったことにおよんだ。

第一国立銀行を組織しましてから、私が各種の事業に余りに手を出すということについて、世間からもだんだん誹謗《ひぼう》を受けました。はなはだしきは、部内の私を信じてくれる人々も、危ないとまで懸念したほどでございました。

あるいは鉄道に、あるいは海運に、あるいは工業に、——その工業も種々にして、来るものは拒まずに手を出しましてございます。

明治四十二年（一九〇九）に、各会社の重役を辞し、従来の関係を解くということを申し出ましたものが、詳しく記憶しませぬが、四十二、三もあったろうかと思います。ただし、一時にかかる多数の会社に関係したのでなく、おいおいに殖《ふ》えてまいったのであります。自分が不十分なる能力で、さように各種の事業に関係したのは、余りに無謀のきらいはありますが、実は余儀ないことと自分には思っております。

けだし、合本法をもって商工業をやってゆこうということについては、世間が未だ幼稚であったということは、過言ではないように思ったのであります。総て事業の成敗《せいはい》（成功と失敗）というものは、人に依《よ》ります。維新の初め、御用会社に向かって大層な保護を与えたけれども、すぐに倒れたのに徴《ちょう》して見ても、人に依るということが明らかに分かります。

しこうして、これを合本組織にしていこうというには、従来の伊勢町、伝馬町流儀ではいけないのです。今日このお席には、その向きの方々も多数ご出席になっていることを、私は深く喜びます。

けれども当時、第一国立銀行が営業を始めました時分には、洋服を着け時計を携えるというようなことでは、銀行がすぐに分散するから気をつけろという、伊勢町、伝馬町の方々からの注意は、私に直接ではないが、ほとんど公然の秘密であったのです。

しかし、私はおもえらく、さよういわれるけれども、将来をご覧なさい。どうしても個人組織ではこの商工業を完全に進めて行き、国家の富を十分に増進することは出来るものではない、中に優れた人、または僥倖《ぎょうこう》的に一個々の成金《なりきん》も出来ようけれども、完全なる組織的の進歩は、どうしても合本方法に依らねばならぬということを、その当時から今日まで、ほとんど四十年の間、専心一意に主張したのでございます。

しこうして、そこに進めて行くには、いきおい各種の会社に関係せざるを得ぬ訳になって、ついに一が二となり、二が三となり、知らず識らずだんだん進んでまいったのであります。

中には失敗したのもございましたけれども、幸いにそれが己を大いに蹉跌《さてつ》せしめ、または第一銀行に累《るい》をおよぼしたということが無くてすぎます中に、だんだん自ら考えてみますと、世の進歩と自己の老衰と相関連して、かくのごとく各種の事業を経営すべきものでないと深く覚りましたので、明治四十二年（一九〇九）に、各会社の関係を解きましたのでございます。

向後《こうご》（このあと。今後）も、ある事柄については、一部の相談に与《あずか》らぬとは申しませぬ。前に世話したものが、今こうなったが、この先はいかに処置したらよろしかろうということなどは、責任者としては答えぬけれども、ご懇親の談話としては意見を述べるのであります。

明治四十二年（一九〇九）に、各会社を辞職する際、当銀行の方も御免を蒙ったらよろしかろうと考えましたが、私が実業家になったのは、第一銀行に依ってはじめて生まれ出たのであります。その頃の重役諸君は打ち揃って、まだ早い、七十になったとて頽齢《たいれい》（おいぼれた年齢。老齢）で職に堪えぬというほどではない、他会社の関係を解いたのは第一銀行としてはよろしいが、第一銀行を辞するのは、他日その時機があろうから同意しがたいといわれました。

私も再三再四考えてみましたが、いかにもその通りである。政治家は疾《と》く断念して実業家になった、その一着手の第一銀行である、ここに、私が実業の種子を播《ま》いたのでありますれば、第一銀行の関係だけは今しばらく継続したいと思って、今日に及んだのであります。

しからば、七十七歳になったにつきて精力が全然衰耗《すいこう》（身体が弱り元気がなくなること。衰弱）したかと問われたら、私はしかりとは答えぬのであるけれども、前にも述べたごとく、法人会社の役員が死ぬまで職務を続けるということは、はなはだそのよろしきを失う。

いわんや、私の主義として、最初政治界に志して家を離れ、再び実業界に入って、一生の間にかかる有様にまで進めてみたいと思った理想が、いまだ完全に届いたとは申されぬかも知れませぬけれども、まず十の七、八はその位置に到ったと考えますから、もはや俗に申す給金取りはやめたがよろしかろうと思い定めたのであります。

しからば、私の一身に関して将来をいかにするかと、別に諸君がお問いくださいますまいけれども、自ら心に問うてみまするると、まったく老衰して、世務《せむ》を見ることは出来ぬというほどでもないようにございます。

ゆえに、倒れるまで国民の務めは已《や》むべきでないと考えまするので、国民の本分として、国交上に関することとか、あるいは教育に関係することとか、または社会政策とかに努力する考えであります。

しこうして、場合によっては、本来の持ち前が実業界に育ったのでございますれば、財政経済に対しては人の問いに対して答えるか、または意見があったらこれを述べるということは、精力のあらん限りは継続いたす覚悟でございます。

元来、この職を辞退いたしますのは、別に喋々《ちょうちょう》（多くを語ること）を要することではございませぬけれども、私が実業界の人となって最初に関係したのは第一銀行であります。

ゆえに、この第一銀行を辞退するにつきましては、自己の経歴を陳述いたしおくのも、まったく無用の弁ではなかろうと思いましたために、冗長に渉《わた》りましたけれども、諸君の清聴《せいちょう》を煩《まど》わした次第でございます。

どうぞこの職を退きましても、株主として第一銀行の一員に備わることはやはり同様でございまして、しこうして、私の勤務する場所は、第一銀行にはいたって接近しておりますゆえに、これから先も第一銀行を大切に思って、何か事有れば、遠くの親類よりも近くの他人で、一番先に駆けつけて力を尽くしますれば、諸君どうぞさように思し召《おぼしめ》しされとうございます。

さて、私が合本会社を経営するについて、常に二つの要綱をもって、四十三年間、拮据《きつきょ》（いそがしく働くこと）黽勉《びんべん》（精を出すこと。努力）いたしましたから、今日これを最終の言葉として申し上げます。

およそ合本会社の首脳に立つ者でも、事務に従う者でも、その職につくにおいて、人から命ぜられたのであるからと思うと、自己と他とを差別して、これは己の物でないという観念が生じます。そうなると、必ず本統《ほんとう》の精神は入りませぬ。ゆえに、そのことを処するには、総ての財産が自己に専属したもののごとく観念して、最善の注意と最善の努力とをいたさねばならぬ。さように、その事物を我が所有と思うと同時に、総ての貨財《かざい》（貨幣と財物。財産）はまったく委託されている他人の物である、この委託されている物を、いやしくも法度外に処置したならば、自己の職責を誤るので、大罪悪といわねばならぬゆえに、自己はまったくこの会社の公僕であるということを、寸時も忘れてはならぬ。

ところが、公僕を忘れぬようにすると、我が物と思って勉強する方がとかく留守になり、さりとて、我が物と思う勉強心が強くなると、公僕の精神を失う恐れがあります。これは、合本会社を処理する上における通弊であります。我が物と思うと、思い過ごして自由にしたくなる、人の物と思うと、精神が少なくなって形式のみに流れる、このごとき有様では、総ての事物、ことに生産殖利の事業において、成功するものではないということを、断言して憚《はばか》らぬのであります。ゆえに、事に当たっては、全然我が物と思って精励し、また、事を処するには総て人の物と思って整理する。この二つの要綱を維持すれば、合本会社の事業は必ず成功して、その間に何ら紛議の生ずることはない。

私は、事業に格別の成功はいたしませぬでも、この要綱を金科玉条《きんかぎょくじょう》としておりましたから、今日まで取り扱った事について、自ら疚《やま》しいことはないと信じております。

暑中、長々と申し述べまして、諸君の清聴を煩《わずら》わしました。

同感と哀惜《あいせき》とを籠《こ》めた拍手に迎えられたこの演説を最後として、第一銀行頭取を辞した翁は、同月二十七日、東京銀行集会所において会長辞任の意志を発表し、告別の辞を述べ、また東京貯蓄銀行取締役会長をも辞した。

これより先、大正三年（一九一四）十月、帝国劇場取締役会長を辞任していた翁は、実業界との直接関係は全然無くなり、明治四十二年（一九〇九）の決意を、ここに完全に実現したのであった。かくのごとく、半生の活動舞台であった経済界と絶縁した翁は、将来をいかにせんとするつもりであったろうか。当時、翁はこういっている。

私は自分の生産殖利のために働くことは、今回第一銀行頭取を辞するとともに、まったくやめてしまったのであるが、決して国民として勤めねばならぬ御奉公までも辞したのでは無い。私のみならず、いやしくも、人と生まれたものは、いかに齢をとったからとて、国民を辞職し得らるるもので無いのである。国民たる義務は、死に至るまでこれを尽くさねばならぬもので、死んでのちにはじめて、この義務から免除せられるものである。

藤田東湖《ふじたとうこ》の『回天詩史』と題する書に、

皇道奚患不興起　　皇道《こうどう》、奚《なん》ぞ、興起《こうき》せざるを患《うれ》えん。
斯心奮発誓神明　　斯《そ》の心《こころ》、奮発《ふんぱつ》して、神明《しんめい》に誓《ちか》う。
古人有云斃而已　　古人《こじん》、云《い》う有《あ》り、斃《たお》れて已《や》むと。

との句がある。

いかにもその結句にある一語のごとくで、国民たるの義務は斃《たお》れてのち、ようやく已《や》むもので、それまではいかに辞めようとしても辞め得られぬものである。

したがって私も、自分の生産殖利のために働くことだけは、今回第一銀行頭取を辞したので、まったくやめてしまうが、国民として果たさねばならぬ義務は、死ぬまで果たし続けるつもりである。されば、教育および慈善事業などのためには従前と異なるところなく、否、従前にも増していっそう尽くしたい精神である。

差し当たり、教育事業においては、東京高等商業学校、女子大学校、虎の門の東京女学館……は、あくまでお世話をいたしてまいるつもりである。

それから、慈善事業においては、東京市養育院、済生会、慈恵会、中央慈善協会の四つとは、従前とは毫《ごう》（少しも）も異なるなき関係を持続し、これまた、あくまで尽くしてまいりたい精神である。

日米関係および日支関係の親善を図るためにも、従前のごとく力を尽くし、ニューヨークにある日米協会協賛会会員、日米関係委員会委員としても、日米親善のために努力し、それから一見生産殖利事業のようにも思えるが、実は国際関係の増進を図らんとするのが目的で設立せられた、中日実業株式会社、東亜興業株式会社にも従前のごとく関係し、日支両国親善のために努力したい精神である。

二十二、理化学研究所

実業界引退によって、翁の生涯に一期を画した大正五年（一九一六）は、理化学研究所の成立によって、また記念すべき年である。理化学研究所は、高峰博士と翁との会談を萌芽として実現したものである。大正二年（一九一三）六月、アメリカに在って、世界的の声名《せいめい》（よい評判。名声）を博したる高峰博士が帰朝し、従前の関係から翁と会し種々懇談したとき、博士が国民化学研究所設立の必要を主張したのが、その第一声であった。

右によって、同年十二月十二日午後、翁および中野武営《たけなか》の名をもって、化学研究所設立調査会第一回委員会を東京商業会議所に開催し、翁、中野武営、日比谷平左衛門、大橋新太郎、団琢磨、中島久万吉、池田菊苗、田原良純、高松豊吉、桜井錠二、高山甚太郎などの諸氏出席し、種々協議したが、原案は、毎年百万円宛、五ヶ年間に五百万円の寄附を得、これをもって化学諸科の研究奨励をなし、日本の化学工業の発達を図らんとするものであって、根本の五百万円醵集《きょしゅう》ということが大問題であるのと、化学工業の発達は民間のみの事業にあらず、国家的事業であるから、これに対する政府の意嚮《いこう》（方針などの考え）をも確かむる必要あるにつき、そのあたりをさぐって、さらに考慮することになった。

かくて、翌大正三年（一九一四）三月十九日、翁、ならびに池田菊苗、田原良純、桜井錠二、高松豊吉、鈴木梅太郎、中野武営、七氏の名をもって、「化学研究所設置に関する請願」を、貴・衆両院に提出した。

翁はまた、時の首相大隈に説いて、政府を動かさんと努めた結果、政府もその必要を認め、同年六月、農商務省が全国実業者大会を開催せし際、大隈首相は、出席者一同を早稲田の私邸に招いて園遊会を催し、官民協力して大規模の化学試験所を設立し、学術の蘊奥《うんおう》（学術・技芸などの奥深いところ。奥義）を究め、工業の発達を図り、生産品を増加して国富を増進すべき旨主張したが、さらに翌七月三日、上山農商務次官、岡商工局長、翁、中野武営、高松豊吉の六氏は、農商務省附属工業試験所に参集し、種々凝議《ぎょうぎ》した。

政府の計画は、大体資金を一千万円とし、五百万円を民間より、五百万円を政府より支出し、事実上官民合同をもって進まんとするものであった。また、政府は同試験所の事業範囲につき、農商務、大蔵両省、帝国大学などより意見を徴しつつありとのことであった。

翌大正四年（一九一五）六月十九日、大隈首相は、早稲田の自邸に大浦内務、若槻大蔵、一木《いっき》文部、河野農商務各相、ならびに翁、菊池大麓、高松豊吉、古在由直、近藤廉平、大倉喜八郎、安田善三郎、豊川良平、中野武営、井上準之助の諸氏を招き、種々協議の結果、理化学研究所創立のことを決定し、その設立につき委員をして講究せしむることとなり、翁、江木内閣書記官長、浜口大蔵、下岡内務、福原文部、上山農商務各次官、山川健次郎、菊池大麓、桜井錠二、渡辺渡、高松豊吉、中野武営、大倉喜八郎、団琢磨、豊川良平の諸氏を委員に推した。

かくて、委員はしばしば委員会を開いて協議を重ねたのち、大正五年（一九一六）七月三日、首相官邸において、発起人会を開く運びに至った。
当日、午餐後会議に入り、大隈首相より従前の経過を述べ、政府はすでに補助金交付に関する法律案を制定し、今は民間の寄附金募集のみが残ることとなりたるにつき、十分奮発ありたき旨の挨拶を述べ、ついで翁より、準備経過につき詳細を報告し、河野農相の痛切なる希望的挨拶ありたるのち、「理化学研究所設立協賛規定」ならびにその他の書類を配布し、翁は再び起って左の動議を出した。

今日では既に実行に入り、いかにして民間の寄附金を募集すべきや、即ちその募集方法いかんの問題を決することが最も緊要であろうと信じます。過般十二名の委員は、政府に決議案を提出して、政府より二百万円の補助を仰ぎ、残額五百万円の寄附を民間から募集することとなったのは、諸君も既にご承知のことと思います。ゆえに、本日は具体的方法として、左のご決議を願いたいと存じます。

一、本日ご出席の皆様を発起人とすること、またご出席なくも、本日ご招待した方々にも、発起人たることをご承諾を請うこと。
一、地方の事情により、将来さらに発起人を増加することあるべきこと。
一、現在の創立準備委員において、少数の創立委員を推薦し、民間有志の寄附に関する運動をなすこと。

一同意義なくこれを可決し、ここにいよいよ理化学研究所設立は具体的になった。のちに、かのビタミンAをもって、アドソールをもって、世間に知られ、その他幾多の貴重なる業績を挙げ、また現に挙げつつある理化学研究所が出来あがったのは、大正六年（一九一七）三月で、翁は、創立とともにその副会長になり、爾来、容易ならぬ尽力をなしきたったのは、周知の事実である。

二十三、聖徳太子奉賛会

聖徳太子千三百年御忌奉賛会は、法隆寺貫首佐伯定胤《じょういん》氏の発願を起源とするもので、大正二年（一九一三）春、文学博士高楠順次郎、高島米峰、正木直彦、文学博士黒板勝美、菅瀬芳英の諸氏によって組織せられた法隆寺会によって、その基礎をつくり、大正五年（一九一六）秋に至って具体化されたものである。その目的は、

聖徳太子薨《こう》後《ご》まさに一千三百年に当たる大正十年（一九二一）の春を以て、法隆寺及び叡福寺に於ける太子追遠《ついえん》（徳を追慕して、心をこめて供養すること）の大法要を奉賛し、且つ太子を永遠に記念し奉るべき事業を計画し、その洪恩《こうおん》の万一に報じ、霊徳を後代に宣揚《せんよう》すると共に、漸く悪化せんとする我国民思想を、極力善導《ぜんどう》せん。

とするに在った。

翁の同会に関係したのは、大正四年（一九一五）、黒板勝美氏の懇談によるものであった。当時の事情は、のちに同会主事となった山岡超舟氏の談話に明らかである。

大正四年春に至って、黒坂勝美博士は、経営の具体案を提げて渋沢子爵を尋ね、その援助を乞われたのでありますが、子爵は水戸学派の流れを汲まれた人で、聖徳太子の御事蹟に反感を抱いておられました。

徳川時代の漢学者は、聖徳太子が政治を執られるに当たり、崇峻《すしゅん》天皇を弑《しい》し（臣下が主君を殺すこと）奉ったところの蘇我馬子《そがのうまこ》と相ともに事業をおやりになったことを非難したのでありますが、渋沢子爵はこの説を学んでおられたのであります。

黒板博士はこの説の誤れることを陳《の》べ、子爵は自分の考えの非なることを悟られました。ここにおいて、子爵も会のために御尽力を承諾なされました。最初会長を懇望したのですけれども、辞退されて副会長に就任され、一同と会長の人選に意を用いられた結果、徳川家達《いえさと》公を訪ねられてご相談になったのであります。

家達公は、徳川慶久公を推されましたので、渋沢子爵は慶久公に会長ご就任を願われたのであります。このとき慶久公は、聖徳太子のごとき貴い方をお祀りする会の会長としては、その任にあらずとご辞退になりました。よってさらに、家達公と子爵とご相談の末、徳川頼倫《よりみち》侯に会長お引き受けを懇願の結果、ついにその承諾を得た次第であります。

渋沢子爵は、副会長として寄附金募集のご指導役として力をつくされ、実際の事務は、日本郵船の加藤正義氏が理事長としておやりになりました。

大正六年（一九一七）三月、翁は関西に旅行したとき、特に一日を奈良訪問に費やし、法隆寺を訪ねたことがある。

要務をもって終始する翁としては、ただ単なる懐古的趣味のため、一日を費やしたことが不思議であった。今にして思えば、やはり単なる観光でなく、事業のためであったことが分かる。けだし、新たに関係を生じた聖徳太子千三百年御忌奉賛会のことに関し、発意者たる佐伯法隆寺貫首と懇談せんためであり、同会と離るべからざる法隆寺を見んためであった。

忙しい旅行の一日を特に割いて奈良を訪ねたほどの翁は、その初めむしろ関係するを躊躇したことは念頭になく、一意専心、会のために尽力を怠らなかった。

毎月一回開催される理事会には必ず出席し、寄附金募集の協議に熱心に参画した。

翁の熱心にかかわらず応募が思うにまかせなかったので、理事会の決議により、大正九年(一九二〇)春、上野東京府美術館において、純正美術、工芸美術の各派を網羅する聖徳太子一千三百年記念美術展覧会を催し、聖徳太子の御功績を宣揚するとともに、出品者に売上高の一部を奉賛の意味をもって寄附せしめ、また各地において、しきりに宣伝講演を行った。

翁も、東京において二回演壇に起った。かくのごとく努力した結果は、八十五万余円の寄附金として現れ、予定額の倍以上になった。

かくて大正十年(一九二一)四月十一日、法隆寺において、聖徳太子一千三百年御忌法要を厳修《ごんしゅ》し、総裁久邇宮邦彦王殿下、伏見宮文秀女王殿下、徳川会長、英仏両国大使、その他朝野の参拝者引きもきらず、奈良、法隆寺、貴志太子口の三駅はことに雑踏し、開駅以来の乗降客があった。

翁もまた、特に西下して法要に列し、頌徳文《しょうとく》を捧げた。このときの翁の旅行は、聖徳太子千三百年御忌法要に列することが目的で、四月十日午前八時半、東京駅を発し、同夜十時過ぎ奈良につき、奈良ホテルに投じ、翌十一日朝、奈良ホテルにおいて開催せられた聖徳太子千三百年御忌奉賛会評議員会に列席し、午前十時より奈良県庁における総裁宮奉戴式に臨み、転じて法隆寺における御遠忌に参列の上、同夜、奈良ホテルにおいて催された総裁宮御主催の晩餐会に出席した。

十二日午後、再び法隆寺における大遠忌に参列し、同夕、大阪に赴き、翌十三日を同地に送り、十四日、叡福寺における御遠忌に列して、京都に到り、十五日を京都に送り、翌十六日、岐阜県養老に遊び、十七日に帰京した。

聖徳太子一千三百年御忌奉賛会は、御忌祭典を行うことが目的であったが、その目的を予期以上の成績をもって了したのち、なお巨額の資金を残したので、これを基金として永続的の事業を起こそうということになり、大正十二年（一九二三）四月十一日の評議員会において、財団法人設立のことが議題となり、これを可決し、爾来、準備を怠らず、翌十三年二月、設立許可の申請をなし、同年九月、許可され、財団法人聖徳太子奉賛会が出来た。翁は引き続き理事副会長の任についた。

二十四、道路改良会

翁がこの頃関係した事業の一つとして、道路改良会を挙げねばならない。道路の改良は、翁のかねて心をいたしたところであって、これについてこういっている。

……総じて、人の踏み行くところを道といいます。この道なる文字は、あるいは道徳とか人道とかいって、精神上の用語に使われて、単に一般行路のみにいってはおりませぬ。これは、両者自《おの》ずから意義相通じて、人の歩行する道路も、人文の進歩に応じて改善されていくものであるから、その文字が相通ずることと思われます。

ゆえに、一国の文明の進むほど、道徳も道路も改善完備してくる。反対に、野蛮の国は、道徳もなく道路もない。はなはだしきは、昨日通った道路が、今日は通ることも出来ぬようなところもある。けだし、人類以前の動物には、道路というもののないのを見ても、いかに道路は文明と離るべからざるものかということが証明される。

かく定義すると、もしもその国の道路が粗悪で、かつ不便であったならば、その国家は決して文明とは称されぬといわねばならない。

ここにおいて、現に我が国なども、この道路に関しては、他の先進国に対して、恥ずべきことがすこぶる多いように思われます。ことに一般の風習が、まず家屋から先に造営して、あとで道路を造るのである。しかるに、欧米諸国の慣例は、道路から先にして、のちに家屋を作るというようであります。

帝国現在の都市を通観すると、北海道などは欧米に倣《なら》って道を先に定めてのち市街を区画し、また昔の都市でも京都は同じ有様であるが、他は多く家の方が先に出来て、のちに道を造ったようである。つまり、道を重んずる、道を学ぶという風習は、欧米諸国に比すれば少ないのであります。

我が国の道路が、前述のごとくであるとすれば、我が国民は、人たる能力を十分に尽くして文明の域に達したということは出来ないので、むしろお恥ずかしいことを恐縮せねばならぬのでありますから、この際、国民相共《あいとも》に猛省して、道路の改善に努力せねばならぬと信じます。

惟《おも》うに、往古《おうこ》我が国の制度は、五畿七道《ごきしちどう》というように区別して、相当の方法を設け、その道路を修繕したように見えます。ただし私は、昔の歴史を詳知しませぬが、前《さき》にいう道路の制は、武門武士の出来ぬ前と思いますから、古い歴史にも明瞭に伝えられておりませぬ。ことにその道路というものは、単に人馬の歩行だけを主要としたために、道幅も狭く、坂道もこれを切り開くということは少ない。

いわんや、その工事に機械の応用乏しくて、実に貧弱極まるものであった。

武門武士の時代、すなわち封建の世には、道路の険阻《けんそ》なことは自己領域の防備になって、その頃の道路はむしろ不完全な方が必要であった。徳川時代においても、箱根の険《けん》のごときは、江戸の守りとするくらいで、いわゆる一夫これに当たれば万夫も通ずるあたわずというようなことで、今日から観ればいかにも滑稽であります。

この習慣から、どうも道路に対する知識も進まない。したがって、世人のこれに対する注意も乏しく議論も少ないから、その改良進歩が遅々《ちち》たることもやむを得ないのでありましょう。

維新以後においては、或る種類の人士が大いに道路について心配され、例の三島通庸《みちつね》氏のごときは、栃木県知事の際に非常に努力された。現に塩原温泉に旅行しても、三島氏の道路ということが目前に効果を示している。

けれども、全体としては、道に対する注意がはなはだ足りない。

明治二十年（一八八七）、東京市の市区が改正され、引き続いて斯業《しぎょう》に学問知識のある人々が相集まって、しきりに考究しておりますけれども、今日に至るまで、帝国の首府たるこの東京の路面が、旧来と格別面目をあらためないで、雨が降れば田植えの出来るような状態になり、風が吹けば塵埃《じんあい》が立ちのぼって歩行することが困難である。

現に、豊富なる能力と雄大なる計画ある当局者も存在しながら、数年を経過するも僅少の部分に着手したというまでにて、大袈裟にいうならば、全体は旧のままであるのは嘆息の至りであります。

道路改良会の起因は、東京市の路面にのみ関係した訳でなく、前に述べきたりたる一般の希望が凝結して、ついに各方面の有力なる人士がさまざまに尽力され、老衰の私などまでも参加して有識の人々と相謀り、余りといえば文明に副《そ》わない道路であるといって、いわゆる期せずして時機いたり組織されたのである。

ただし事物には機会というものがあるが、あたかもよし、その頃アメリカからサミュエル・ヒルという人が東京に渡来され、この人が日本の道路に対して無遠慮に批評し、ことさら、このヒル氏は道路改修に経験のある人であるから、我々の参考となる忠告も多くして、この道路改良会を設けるためには、一つの刺戟を与えたのであります……。

二十四、道路改良会

道路改良会は、大正八年（一九一九）一月下旬、渋沢事務所における協議をその萌芽として発達した。アメリカ人サミュエル・ヒルの痛烈なる批判によって刺戟され、年来の希望を具体化して生まれた当時、議に与《あずか》ったのは、首唱者たる翁はもちろん、水野錬太郎氏、石黒、林両工学博士、堀田貢、山田英太郎、松本幹一郎などの諸氏であった。

かくて、正式に道路改良会の組織されたのは、同年三月で、水野氏が会長となり、翁は顧問になった。越えて八月初旬、東京銀行集会所において理事会を開き、東京市路面改良に関し、内閣総理大臣、内務大臣、大蔵大臣、東京府知事、東京市長、東京府会議長、および東京市会議長に建議すること、東京神戸間における国道改修計画、および東京市付近における幹線道路に関する調査をなすこと、パンフレットを発行し、講演会を開催して、道路改良を鼓吹《こすい》することなどを決議し、かつ、水野会長は、朝鮮総督府政務総監として赴任することとなりたるも、議会の関係などより在京の機も少なからざるをもって、引き続き会長の位置におり、不在中は、翁がもっぱら会務を担当することとなった。

この決議に基づき調査研究の結果、東京市長に対し意見書を提出した。その趣旨は、総予算三千五百七十五万円、施行期間八ヶ年継続をもって、欧米大都市の例に倣《なら》い改良工事を行い、その財源としては、路面改良によって利益を受くべき自動車、自転車所有者に対する課税、および沿道土地ならびに店舗所有者に対する受益金を徴して、合計千九百十六万円を得、残額は国庫の補助を仰ぐというのであった。

さらに大正九年（一九二〇）六月九日、水野会長および翁の連盟をもって、文部大臣、各帝国大学および全国各種専門学校に対し、土木工学振興に関する建議書を提出した。

爾来、機に臨み時に応じ、各方面に活動を続ける中、大正十二年（一九二三）の大震災を一期とし、東京、横浜、ならびに付近の道路が全然面目をあらため、極言すれば、道路と橋梁の都、東京を現出したことは、あらためていうまでもないであろう。道路改良会の努力によって、ここに至ったとはいわない。しかし、その主張がかく実現したことは、翁ら関係者の本懐、察するに余りがあるのである。道路改良会の創立当時からの関係者、山田英太郎氏の記述があるから掲げておきたい。

そもそも、道路改良策は、過ぐる大正七年（一九一八）中、子爵が大日本国防義会の会長として在任された当時のことである。歳の十二月二十九日といえる節季《せっき》（年の暮。年末、歳末）切迫の一日を択《えら》び、その大日本国防義会の主催として、折から来遊中なるアメリカの道路改良家サミュエル・ヒル氏を招請し、東京商業会議所において、「国防と道路」と題せる臨時大講演を催したる、その夜の晩餐会席上、ヒル氏がさらに一場のテーブル演説を試みた終わりに、「今夕の主人公たる大日本国防義会会長、渋沢子爵の前に、予が携えきたれる幻灯機を献上して、道路改良希望の記念とする」旨の付言をしたのに発端し、ヒル氏の退出後、子爵が水野錬太郎、床次《とこなみ》竹二郎、石黒五十二、堀田貢、浅野総一郎、ならびに、予ら国防議会の常任理事を合わせ約十六、七人を別室に会し、ここに一個の新団体を創立し、道路改良の促進に任ぜんことを発議して、満場の賛同するところとなり、万事は来たる新春早々の会合に期すべしと約されたのが、まったく糸口となって、明くれば大正八年（一九一九）一月二十四日、子爵は水野錬太郎氏と連署して、その兜町なる事務所に第一次道路改良会創立の準備会を召集し、同二十九日に第二次会、二月十二日に第三次会、同二十二日に大四次会と、たびたび集議を進め、なお、二十三日より二十八日に渉《わた》る連日の会合に着々準備を整え、翌三月一日、朝野の有力者二百六十余人を丸の内なる銀行倶楽部に招集して、発起人会を開き、子爵が設計計画の経過報告演説をなし、これについで、趣意書および規約の議決、役員の選任など、型のごとく終わりて、いよいよ本会の成立を告げ、事務所を丸の内仲通なる大日本国防義会の一室に置き、義会の事務員と内務省の専門家などに兼嘱《けんしょく》（本職以外に兼ねること）して、事業および予算の調査を急ぎ、兼ねて東京市路面改良計画の調査に着手した次第であった……。

かくして道路改良会は、まったく子爵の尽力で成り立ち、子爵と床次《とこなみ》竹二郎氏とを顧問とし、水野錬太郎氏を会長に、内田嘉吉氏を副会長に、歴代の内務省、土木局長を庶務主掌の常任理事とし、予もまた、創立当時より、子爵と水野氏の嘱により、これを経理主掌の常任理事に承《う》け、官民各方面十余人の理事、監事、その他数十の有力者を評議員としたる組織であって、いずれも中央地方全国道路改良の促進に努力し、創立一、二年ののちは、事務所を内務省の一室に移して、官民協調連絡の便を計り、大正十年（一九二一）には、規模をあらためて社団法人の組織をとり、会員、賛助会員も全国に普遍して、その数七、八千人を超え、蔚然《うつぜん》（物事が盛んなさま）と一大団体をなして、すでに国家に貢献した事蹟も少なくない。

かの大正八、九年にわたりて、道路法、道路公債法などの制定されたるがごとき、また年々の政府歳出予算に、国道、府県道、軍事国道、都市街路の改良費補助金数百万円（三百五十万円ないし五百六万円）を計上する事実を見るようになったがごとき、いずれも改良会が促進運動に繋がるところなしというべからず。

特に、毎年政府において、この改良費予算を調製する際のごとき、道路改良会はいつも子爵と私とに当路者歴訪の運動を課するの例であって、いちいち首相、内相、蔵相と順次に予算関係の当路を訪問し、陳情し、勧説し、ときとして侃諤《かんがく》（遠慮することなく、直言すること）の論議を試むることもあり、先年、加藤憲政内閣がはじめて組織されて、大正十四年（一九二五）度の道路改良費予算を廃滅せんとするやの噂ありたるときのごとき、改良会の驚きはひとかたならず、だいぶやかましき議論の末、子爵と私とは建議書を携えて三相を歴訪せしが、加藤首相に対し、私はちといいすぎたほど遠慮なく希望を披瀝したこともあった。

がしかし、予算は十三年度の四百二十五万円から七十五万円を低減されて三百五十万円となり、昭和二年（一九二七）度予算まで三ヶ年度を通じて、三百五十万円宛《ずつ》に据え置かれ、大正七年（一九一八）度以降八年度間の予定計画に対する成績は、三千三百万円を実行し、二千九百万円を繰り延べた実際となり、全国道路改良の状態が漸次緩慢、不良になりゆくの恐れありたるにより、昨秋政府が、昭和三年（一九二八）度の予算案を定めんとする時期に際しては、改良会内の熱度もいっそう高まり、例により理事会の決議をもって長文の建議書を作り、子爵と私とに附して三相歴訪の運動を課した。

すると子爵の熱誠なる、十月十二日午前十一時を期し、まず永田町なる文相官邸に会して、水野会長と一応の打ち合せを終わり、三土蔵相、鈴木内相、田中首相と、予約時間の順次歴訪に、午後三時までを費やし、首相官邸の玄関先でお別れしたことであったが、アノ多忙な子爵が、こうして半日を割愛し、しかも八十八歳の老軀を挺しての、この運動尽力には、改良会のだれかれとなく感謝を禁ぜざる次第であった。

されば三相も、深く子爵の誠意と道路政策の急務に感激せしものか、昭和三年（一九二八）度の改良費予算は、前年度の三百五十万円を倍加して、七百万円を上案せしやに伝聞せしも、折あしく衆議院の解散に会し、子爵の誠意もいまだ報いらるるに至らざれども、顧みれば大正八年（一九一九）はじめて道路改良会の創立せられた当時にあっては、我が東京市の都大路ですら一尺の舗装道路をさえ見出すに由なかったものが、今日では中央といわず地方といわず、だいぶ改良舗装の道路も出現して、自動車諸車の運行もようやく軽快に、一般の交通往来もだんだん秩序立ちていきつつあり、これぞ子爵の周旋尽力に成った道路改良会の促進運動が与《あずか》って力ありたる効果なりとすれば、子爵が鉄道事業に貢献せられたる軒輊《けんち》（優劣。軽重）あることなく、いわゆる人の憂を憂うるものは人またその憂を憂い、人の楽を楽しむものは人またその楽を楽しむというので、常住不断報いられつつあるのである。

これ子爵が、かのごとく老軀を駆って倦色《けんしょく》（あきた様子）なきゆえんではないか。

二十五、協調会

労働問題に対する態度

翁と労働問題は、かなり古い因縁がある。明治十四年（一八八一）の春、翁は「当来の労働問題」と題して、意見を発表しているからである。

……労働者と資本家との間柄が、自《おの》ずから円滑を欠くに至り、反目衝突の極、ついに社会の秩序をみだし、国家の安寧を害するがごときあるに至るは、欧米先進国において往々見るところの実例である。

これ真に貧富懸隔《けんかく》（かけはなれていること）にともなう悪果《あっか》（悪い結果）であるが、欧米の学者、政治家は、早くよりこれが救済について頭脳を痛め、何とかして両者の間を調和し、その関係を円満ならしめたいとは、彼らが居常《きょじょう》（ふだん。日頃）忘るるあたわざる研究題目である。

幸いにして我が国は、西洋諸国から文明輸入の年月が短いのと、一般の風習に差異あるとによりて、いまだ欧米のごとく労働問題が切迫しておらないから、今日のままに打ち棄てておけばおかれぬというほどでもなかろうが、欧米の先蹤《せんしょう》（先例。前例）によれば、早晩そういう時代も見舞ってくるに相違ないとの観測がくだされる。

はたして、しからば、我が国の現在のごとく、いまだ険悪の性質を帯びないうちに、これを未発に防ぐだけの用心が肝腎であろう。さきに我が国の学者間に、「社会政策学会」などいえるものが設立され、それらに関する研究を試みんとされた。誠に機宜《きぎ》（ちょうどよい機会）を得たるものというべく、余もまた大いにその趣旨に賛同するものである。

けれども、かかる社会問題などは、その性質上得《え》て（えてして。ともすれば）行き違いの生じやすいもので、彼らを煽動する気はなくとも、動《やや》もすれば彼らはその唱道するところの趣意を誤解し、または曲解して、ついには、不慮の間違いを惹起《じゃっき》するようなことがないともいわれない。

……近時、政府当局者も、社会問題、労働問題などにつきて、大いに自覚するところがあったものと見え、労働者保護の名のもとに「工場法」を制定するに至った。

そもそも、工場法制定の必要を唱道せられたのは、日本に紡績業のはじめて起こった当時のことであった。余はその頃の社会一般の情態に徴して、それに対して尚早説を唱えたのであったが、今日になってみれば、余はもはやその制度に反対するものではない。

ただ恐るるところは、労働者保護という美名のもとに、かえって後日に幾多の禍根《かこん》を残すに至りはしないかとの懸念である。たとえば従来は比較的円満であった、労働者と資本家との関係を、工場法の制定によって乖離《かいり》せしむるようなことはあるまいか。

また、年齢に制限を加えるとか、労働時間に一定の規定を設けるとかいうようなことは、かえって労働者の心にそむくものではあるまいか。なんとなれば、彼らは子供にも働かせ、自分も出来るだけ長時間働いて、たくさんの賃金を得たいとの趣意であるが、もし子供は工場に用いぬとか、時間も一定の制限があるとかいうことになれば、彼らの目的は、まったく外《はず》れてしまうようになるからである。

また、同じ工場法の中に、衛生設備について、なかなかむつかしくいってあるようであるが、これも一見立派のように聞こえるが、その実内容の伴わぬものではあるまいか。

なぜならば、衛生設備をやかましくいうのは、すなわち、職工などの衛生を重んずるからのことであるに相違ないとしても、それがため、資本家側は少なからざる経費を特に支出して、その設備を完全にしなくてはならぬ。経費が嵩《かさ》めば、その結果、職工の賃銭を引き下ぐるようにしなければ、収支相償《あいつぐな》わない。それでは、せっかく労働者の保護の名としても、実質はこれに伴わぬものとなってしまうではないか。

一方、労働者が自家における生活状態を見るに、十人が十人、衛生設備の完全な家屋に住居しておらない。彼らにとっては、少しくらい衛生設備に欠くる点はあっても、なるべく労働賃金の多からんことを希望しておるのであるのに、いたずらに衛生設備ばかり際立ってほどよく行き届いても、命と頼む賃銭がかえって減却されては、彼らはむしろ、それをより大なる苦痛と心得るであろう。

かかる次第であるから、労働者保護という美名のもとに制定された工場法も、その実際においては、かえって労働者を泣かす結果をきたさねばよいがと、すこぶる寒心《かんしん》（心配していること）に堪えぬのである。

惟《おも》うに、社会問題とか労働問題などのごときは、単に法律の力ばかりをもって解決されるものでない。たとえば一家族内にても、父子兄弟眷族に至るまで各権利、義務を主張して、一も二も法の裁断を仰がんとすれば、人情は自ら険悪となり、障壁はその間に築かれて、ことごとに角突《つの》き合いの沙汰のみを演じ、一家の和合円満は、ほとんど望まれぬこととなるであろう……。

かの資本家と労働者との間は、従来家族的関係をもって成立してきたものであったが、にわかに法を制定して、これのみをもって取り締ろうとするようにしたのは、いちおう尤《もっと》もなる思い立ちではあろうけれども、これが実施の結果、はたして当局者の理想通りにゆくであろうか。

多年の関係によって、資本家と労働者との間に、せっかく結ばれたところの、いうにいわれぬ一種の情愛も、法を設けて両者の権利、義務を明らかに主張するようになれば、いきおい疎隔《そかく》（へだたりができること）さるるに至りますまいか。それでは、為政者側が骨折った甲斐もなく、また目的にも反する次第であるから、ここは一番深く研究しなければならぬところであろうと思う。

試みに余の希望を述ぶれば、法の制定はもとよりよいが、法が制定されているからといって、一も二もなくそれに裁断を仰ぐということは、なるべくせぬようにしたい。もしそれ、富豪も貧民も王道をもって立ち、王道はすなわち人間行為の定規であるとの考えをもって世に処するならば、百の法文、千の規則あるより、はるかに勝《まさ》ったことと思う。

換言すれば、資本家は王道をもって労働者に対し、労働者もまた王道をもって資本家に対し、その関係しつつある事業の利害得失は、すなわち両者に共通なるゆえんを悟り、相互に同情をもって終始するの心掛けありてこそ、はじめて真の調和を得らるるのである。

はたして、両者がこうなってしまえば、権利、義務の観念のごときは、いたずらに両者の感情を疎隔《そかく》せしむるほか、ほとんど何らの効果なきものといってよろしかろう。

余が往年、欧米漫遊の際実見したドイツのクルップ会社のごとき、またアメリカ、ボストン付近のウォルサム時計会社のごとき、その組織が極めて家族的であって、両者の間に和気靄然《わきあいぜん》たるを見て、すこぶる嘆称を禁じ得なかった。これぞ、いわゆる王道の円熟したもので、こうなれば法の制定をして、幸いに空文《くうぶん》に終わらしむるのである……。

翁は、労働問題に関しても、協調主義を持するものである。立法による解決をも好まざる翁は、階級闘争のごときは、もちろん採らざるところである。

創立まで

協調主義によって、労働問題を解決し得るや否や、主義として妥当なりや否やは、ここに論ずるかぎりでない。ただ翁がこれを信じ、強く主張しつつあったことを指摘して、記述の筆を進めたい。

明治の末期に、この意見を発表した翁は、爾来、常に心して労働問題を注視し、世界大戦勃発以来、しだいに険悪を加えきたれるに憂慮禁ぜず、ついに協調会を首唱設立するに至った。

協調会は、徳川貴族院議長、大岡衆議院議長、清浦枢密院副議長、および翁の発起にかかり、朝野の有力者二百余人の賛同を得て設立されたが、その設立に先だち大正八年（一九一九）七月下旬、新聞界の人々にその趣旨を内示した。席上、徳川公爵の挨拶に次いで立った翁は、設立に至るまでの経過を詳述し、将来の希望を述べた。その要旨を摘記しよう。

……私ども四人が、ここに本会を発起しましたのは、資本家、労働者、双方の外《ほか》に在ってこれが協調に努めんとするためであります。

労働、資本両者間の問題は、日一日と重要の度を増しつつある次第でありますから、本会成立後は、熱誠もってことに当たり、公明正大の態度をもって両者に勧告を加え、一方に過ぐるところをもって、他方の足らざるところを補わんことに微力をいたす覚悟でありますが、ときには、社会政策にまでも立ち入って尽力するつもりであります。

目的はかくのごとく明白でありますけれども、はたして、よく私どもの微衷《びちゅう》が世の容《い》るるところとなりますかどうか。すなわち、資本家からも労働者からも信頼を受け、本会の目的を達成し得るか否かにつきては、大いに懸念に堪えないところであります。現に、本会の創立に際し、資本家側からも、労働者側からも、各種各様の不平を聞きましたが、私どもは信ずるところにしたがい、ただ熱誠もって事に当ろうと覚悟しております。

今や我が国は、欧米思想の流入により、混乱状態に陥《おちい》らんとし、社会政策の必要を痛感するのでありますが、滔々《とうとう》として流入しきたる勢いは、とうてい日本旧来の温情主義のみをもって解決することは出来ません。

ここにおいて、本会は資本、労働の中間に立ちて、各種の施設と種々の尽力をなし、将来資本家のわがままによって、もしくは労働者の無自覚のため、生ずることあるべき両者の衝突を、最も公平に判断し調停せんとするものであります……。

本会の発起人中に、労働者側の代表者が加わっていないのを理由として、本会の趣旨を危ぶむ向きがないでもありませんが、申すまでもなく、本会は資本家のための機関ではありません。資本家のわがままに対しては十分監視する考えであります……。

越えて八月十六日、帝国ホテルにおいて発起人会を催し、首唱者四名のほか、原首相、床次、山本、野田各相、貴・衆両院各派代表者、実業界、官界、学界、および宗教界の有力者など二百余名出席の上、劈頭《へきとう》徳川公爵の挨拶あり、次《つ》いで翁は立って設立の趣旨を述べた。

本会の趣旨綱領は、すでにお手許に差し上げておきましたから、ご一覧くださったことと存じます。私どもはもとより、確乎たる成算があって本会を設立したのではありません。

かく申せば、あるいは無策のように聞こえるかも知れませんけれども、必ずしもさようではありません。要するに、今日のまま放任しあたわざるを感じ、あえて確信はないけれども、至誠もって事に当たらんことを期し、今回の計画を樹《た》てた次第であります。

事業の進歩によって、経済界ならびに一般社会が大なる変化を生じたことは、いまさら喋々《ちょうちょう》を要せざるところでありまして、労働問題は現下の喫緊《きっきん》問題でありますから、政治、経済、学問、精神、各方面の名士諸君にご会同を希《ねが》い、本問題の円満なる解決を期する次第であります。

我が国の事業は、古来家庭的工業として発達し、主従子弟の関係にあります。これがため徹頭徹尾、温情主義によって両者関係を維持し、何らの物議紛争を起こすことがありませんでしたが、近時、我が国工業は年一年いちじるしく進歩し、ヨーロッパ戦争以来急激に変化して、その面目を一新しました。

その結果、政治上、経済上、生活上、資本家と労働者との関係は大なる変化を見るに至りました。政府もすでにこれに見るところがありまして、工場法その他の立法施設に努むるところがありましたけれども、変化の度が強いため、十分という訳にまいりません。このいちじるしい変化は、ただに物質上のみでなく、思想上にもまた現れてまいりましたので、心ある者は深憂を禁じ得ないのであります。

ゆえに、私ども四人は、資本家、労働者の間に立ち、その争議を調停せんとしたのであります。学理上からも、また実際的にも、深い修養もなく経験もありませんけれども、いまだ雨降らざるに牖戸《ゆうこ》（窓と戸。出入り口）を綢繆《ちゅうびゅう》（結び合わせること。すなわち、牖戸綢繆《ゆうこちゅうびゅう》で、災いを未然に防ぐ意）

するにあらざれば大事に至るべきを憂え、これに赤誠《せきせい》をもって起こった次第であります。

もちろん、法律その他により、両者の関係を律するの方法なきにあらざるも、一片の理屈のみをもってしては、円満なる解決を得ることは至難であります。内務大臣もこれに見るところがありまして、私どもと数回協議を重ね、ついに本会を組織するに至ったのであります……。

次いで原首相は、政府側を代表して、民間の協力を希望し、さらに山本農相および床次内相また立ってこれが実行に関して一言し、次いで翁の発議により、徳川公爵を座長に推して議事に入り、寄附行為を議定し、設立者の選定に移り、満場一致、発起人四氏を推し、評議員の指名もまた四氏に一任し、ここに協調会は成立したのであった。

活動

翁の主張により、尽力により設立の道程を辿《たど》った協調会が、内務、農商務、両大臣の許可を得て正式に財団法人として生まれ出でたのは大正八年（一九一九）十二月二十二日で、会長に徳川公爵、副会長に翁、および清浦伯爵、大岡育造、常務理事に桑田熊蔵、松岡均平、谷口留五郎の諸氏が就任した。

越えて大正九年（一九二〇）三月二十九日、築地精養軒において、第一回評議員会を開催し、大岡副会長以外の幹部全員出席し、団琢磨、和田豊治、大橋新太郎、大谷嘉兵衛などの有力者諸氏列席、すこぶる熱心に質問し、翁は立って答弁をなし、懇切真摯《こんせつしんし》に説明したのち、寄附行為、施行細則、および予算を審議可決した。

協調会創立後、日なお浅き大正九年（一九二〇）七月、友愛会紡績労働組合押上支部と富士瓦斯《ガス》紡績

会社押上工場との争議に関し、友愛会本部は協調会に対して公海上を発し、その態度の声明を要求した。

けだし、同社長和田豊治が協調会設立につきての功労者であり、現に理事として会務に参与せるにつき、該争議につきての和田社長の態度と、協調会の態度との間に関係あるべきを考えてのことであった。公開状に接した常務理事は、その対策につきて種々凝議《ぎょうぎ》したが、問題が問題だけに、常務理事のみでも決しかねたため、桑田常務理事は、折から大磯に避暑中であった翁を訪問、懇談した結果、翁は帰京の上、協調会の態度を決定することになった。

会の態度決定は、翁帰京の上公表するはずであったが、翁の腹はきまっていた。それは、当時の談話によって窺われる。

友愛会の発した公開状も理由はあるが、また和田氏の会社社長としての地位と、協調会理事との立場には、自《おの》ずから相違がある。ことに、会社側は、三名の馘首《かくしゅ》(免職にすること。解雇)は友愛会の会員であるためというのではなく、工場規則に触れたに因ると明言しているのであるから、両者の主張は畢竟《ひっきょう》水掛論《みずかけろん》に過ぎない。

しかしながら、今日の時勢に、会社として労働者の組合権を認めないなどということは想像出来ないが、ただ組合の会員数が増加すると、組合はとかく問題を起こし、それを多数の力でもって解決しようとするので、会社がこれを忌避《きひ》する傾向を持つようになるのもやむを得ない。こんどの富士紡の事件も、両者の立場はかく解釈することが出来ると思う。

そこで、協調会に対する友愛会の公開状であるが、同会としても創立日なお浅く、これら実際問題を解決する準備は整っていないから、はたしてどの程度まで調停の任をまっとうし得るかは言明できないが、我々の立場として、ことの成否はまず措《お》き、誠意をもって最善の努力を尽くして、両者の諒解を得せしめたいものである。

かくて翁は、七月十九日帰京し、翌々二十一日午後、華族会館において理事会を開催し、会長、副会長、常務理事全員、ならびにその他の理事列席し、同問題について協議を重ね、公開状に対しては答弁の必要なし、また争議にも干与《かんよ》すべきにあらずと決し、ただ労働者団結権に関しては、態度を明らかにする必要ありとなし、桑田理事の名をもって、右に関する宣明書を各新聞に発表した。

友愛会の公開状に関連して、外部との関係において意義ある折衝をした協調会は、さらに内部関係において変化を生じた。それは、常務理事桑田熊蔵博士の辞任問題であった。協調会創立当時、三常務理事の就任をみた。そのトリオの一角、事業部長の職にあった松岡均平博士は、イタリアのジェノヴァで開かれた国際海員労働会議政府側委員として海外に赴いたので、爾来、調査部長桑田常務理事においてこれを兼任してきたが、同年九月、辞職した。このことにつきて、翁はこういっている。

私の口から、かようなことをいうのはどうかと思うが、まったく協調会の事業は振るわぬ。弁解ではないが、私の意見としては、事業部の活動を望み、各会社の人々や労働者とも接触して、実際的に研究し、資本家対労働者との協調を図り、または失業者に対する職業紹介にも骨を折りたいのであるが、事業部長であった松岡均平博士が去って、調査部長桑田熊蔵博士がこれを兼務することになったが、同博士はこの事業に重きを置かず、調査部と合併した方がいいとの意見である。

しかし私は、事業部に重きを置いているので、ここに意見の相違をきたし、遺憾ながら桑田博士の辞職を見るに至った次第である。

協調会創立当時、事務の分担を事業、調査、庶務の三部に分かち、各部を常務理事が主宰することに定め、事業部長としては松岡均平氏、調査部長としては桑田熊蔵氏、庶務部長としては谷口留五郎氏が当たり、事業部においては主として宣伝および労働争議、調査部においては社会政策に関する一般調査、庶務部においては庶務および会計を担任した。

しかるに、事業部長松岡氏まず去り、次いで調査部長桑田氏が辞したので、翁は、同会創立当時からの関係により、内務大臣床次《とこなみ》氏に懇談して、後任の選定を請うた。しこうして、推薦せられたのが、当時地方局長の任にあった添田敬一郎氏であった。

まもなく、庶務部長たる谷口氏も辞任したので、事務分担をあらためて、総務、第一、第二の三部とし、添田氏のほか、永井亨、田沢義輔の二氏があらたに常務理事に就任し、総務部長に添田氏、第一部長に永井氏、第二部長に田沢氏が当たることになった。総務部に庶務、会計、情報の三課を、第一部に調査、労務の二課を、第二部に教務、社会の二課を設け、各課に専任課長を置き、同時に事務員も必要程度まで増加し、充実を計った。

その後、事情の変化により、総務部においては、庶務、会計の二課を合して総務課を設け、従来情報課において管掌《かんしょう》してきた小作争議および農業労働に関する事務を処理するため、あらたに農林課を置き、第一部においては調査、労務の二課を廃して、さらに事務の内容により、調査、図書の二課を置いた。

かくのごとく、時勢の進展に伴い分課の廃合を行い、順応発展を期しつつある間に、経営次第に困難を加え、また他に種々の事情もあって、永井、田沢両氏は辞任し、その補充をなさず、久しく添田氏のみ常務理事として事務を見ていたが、同氏もまた去り、今は添田氏の後任として社会局長官から転じた、吉田茂氏が事務を主宰していることは、あらためて記すまでもないであろう。

協調会の事務の範囲、活動の状況については、ここに記すかぎりでないと思うから省略するが、協調会と翁の関係について、添田氏の記したものがあるから、掲げておく。

封建制度の下に人格の自由を失い、階級的圧迫の下に人として伸びることの出来ない事情を、どうしても忍ぶことが出来ないと、「尊皇攘夷」の旗印を立てて、これが打破に志し、さらに官尊民卑の弊風《へいふう》を打破して、人格平等の大道を布かねばならぬと心掛けられた子爵にとっては、今日階級対峙《たいじ》の形をもって闘争を事とする社会問題、労働問題を軽々に見逃すことは出来ない。子爵がこれに対して細心の注意を払い、人一倍の苦辛《くしん》（非常に辛い思いをすること）をされているのである。

特に子爵が製紙業に、紡績業に、そのほか幾多の事業に関係された体験を通じて、産業支持者たる労働者の問題をいかに扱うべきかについては、相当の苦辛もし、研究もし、また相当の識見も持たれると同時に、この問題の推移については十分なる注意も払われ、また非常に心配もせられたのである。

そもそも、このことたるや、欧州大戦争の影響により、急激なる財界の変動をきたし、常道をもって律することの出来ない経済異状と、世界的思潮の動揺とによって惹起《じゃっき》されたものであって、その結果幾多の事件が一時に勃発《ぼっぱつ》するのやむなきに至り、世は挙げて社会問題、労働問題のために幻惑さるる有様となったのである。

このときに当たって、渋沢老子爵は、我が国の産業界を健全に発達せしむるためには、むしろ労働組合を認め、これを助長し、これが堅実なる発達を期して、労資の協力を求むるほかなしとまで考うるに至ったのである。実際において、我が国の資本主義経済組織を建設したとも見られ得る同子爵によりて、このことがいわれるということは、実に驚くべき卓見である。

過去に囚《とら》えられず、いたずらに未来を怖れず、着々現在の問題を道義的に解釈せんとする、定着固執なき翁にして、はじめていい得ることである。しかし、その根拠はあくまでも経済と道徳の一致であって、経済の道徳化、道徳の経済化こそ、子爵の念願であり根本精神である。

しかしながら、資本主義に立つ現在の経済組織は、東西共に決して道徳化されたとはいわれない。資本独裁の力も現れ、労働専制の運動も行われて、世は混雑を重ね、紛糾に紛糾を重ねているのである。ために、老子爵の憂いは決してやむことがないのである。

労資協調を目的とする現在の財団法人協調会設立の当初においても、老子爵は率先その発起人となり責任者となりて、産業の健全なる発達を期するために、労資の協調諧和《かいわ》（やわらいで親しみ合うこと）を念願されたのである。

当時、この会の創立に犬馬《けんば》の労《ろう》（他のために力を尽くすことをへりくだっていう語）を取りし自分は、幾度か子爵と懇談を重ね、かつ、その指導をうけたのであったが、当時自分をして最も感動せしめたことは、老子爵がこの会の創立につき非常の決心をもって、国家に対する最後の御奉仕として老軀を捧げんとの意気を示され、あるいは趣旨綱領の作製に、あるいは寄附金募集に、実に壮者も及ばざる努力をいたされたることであって、その努力とその誠意それ自身によって、自分は尊き教訓と感化を受けたのである。

当時、労働運動を阻止するものとして考えられた治警第十七条の撤廃のごとき、また労働組合法の制定のごときにも論及された。

撤廃すべきものは早く撤廃し、制定すべきものは早く制定して、労働者も資本家も共に立ち得るようにいたさねばなるまいと主張せられたことは、かえって一部資本家の誤解を招くほどであったが、これこそ仁義道徳を本とし忠恕《ちゅうじょ》を旨として、もって総ての基調となさんとする、子爵の面目が躍如たるのみならず、眼を世界の大勢に注ぎ、いたずらに防圧手段を講ずるは、かえってその反動をきたすとの、公明にして卓越せる識見に基づくのであって、誠に敬服の外《ほか》ないのである。

すなわち子爵の労働問題に対する態度としては、労働組合の発達しない我が国においては、組合の認むべきものはこれを認め、これを助長し、組合をして健全なる発達を遂げしめ、指導誤りなきを期するとともに、根本精神においては、協調主義を深く奉じて、労資両者が平等なる人格の基礎の上に立ち、自他の正当なる権利を尊重して、自制互譲《ごじょう》、もって産業の発達、文化の進展、国家社会の安寧《あんねい》福祉を増進せしめんとするにありということが出来ようと思う。

上述の信念と態度とを持って、老子爵は労働問題に臨まれ、それの正しき進みを期してやまぬのである。協調会の最高責任者として、その創立より今日まで、ときには鞭撻《べんたつ》し、ときには指導し、関係者を督励《とくれい》せられている。

協調会が合理的な基礎に立って進まんとするところより、一面には資本家の誤解非難となり、他面には労働者の排撃するところとなって、困難に遭遇する場合も幾度かあったが、老子爵は、常に内外に対し慰撫《いぶ》奨励《しょうれい》よく努められたのである。

老子爵のごとく解った人、育てんとする人、調べんとする人あってこそ、現下の複雑なる社会問題、労働問題も、その解決の道を見開くのである。

著者
白石 喜太郎（しらいし きたろう）

1888（明治21）年、土佐（現在の高知県）生まれ。一橋学園出身。第一銀行に勤めた後、渋沢栄一事務所に勤め、二十年にわたって秘書として渋沢の仕事を助けた。1945（昭和20）年没。著書に『渋沢栄一翁』（刀江書院、1933）、『渋沢翁の面影』（四条書房、1934）、『渋沢翁と青淵百話』（日本放送出版協会、1940）など。

企画：西脇修二
現代文テキスト作成：佐藤義光
組版・編集協力：国書サービス（割田剛雄・吉原悠）
カバーイラスト：三村晴子

渋沢栄一 92年の生涯 秋の巻

2021年2月22日 第1版第1刷発行

著 者 白石喜太郎
発行者 佐藤今朝夫

〒174-0056 東京都板橋区志村1-13-15
発行所 株式会社 国書刊行会
TEL.03(5970)7421(代表) FAX.03(5970)7427
https://www.kokusho.co.jp

ISBN978-4-336-07097-5

印刷・株式会社エーヴィスシステムズ／製本・株式会社ブックアート

論語と算盤

B6判・並製　266頁　定価：本体1200円
978-4-336-01455-9

我が国近代化のためにその生涯を捧げた渋沢が晩年、折にふれ語った、処世から人生全般にわたる、滋味溢れる講話を集大成。

半世紀を経た今日でも、彼の肉声は私たちの心に強く響いてくる。

先見と行動
時代の風を読む

四六判・上製　294頁　定価：本体1800円
978-4-336-05314-5

旺盛な好奇心、柔軟な思考、鋭い洞察力の持ち主…大著「青淵百話」より、その驚くべき先見性を中心に再構成。渋沢の言葉には先の時代を読み取る要素にあふれている。

立志の作法
成功失敗をいとわず

四六判・上製　302頁　定価：本体1800円
978-4-336-05313-8

大きく迷い大きく育った渋沢の志。紆余曲折の人生を歩んだ渋沢栄一の言葉だからこそ、多くの生きる術が得られる。大著「青淵百話」より、若者に贈ることばを中心に再構成。

徳育と実業
錬金に流されず

四六判・上製　270頁　定価：本体1800円
978-4-336-05312-1

本来の社会的使命を忘れた現代の金融、資本主義…いまこそ一番注目すべき経済道徳の真髄を渋沢の言葉から学ぶ。

国富論
実業と公益

四六判・上製　276頁　定価：本体1800円
978-4-336-05311-4

虚業に走り経済道徳をなくした現代こそ、渋沢の声に耳を傾けたい。個々人の公益と利益の追求とは何かを問う名著。大著「青淵百話」より、公利公益の哲学を中心に再構成。